河合隼雄著作集

第II期

心理療法の展開

2

岩波書店

序説　心理療法と現代

癒しブーム

現代社会の特徴のひとつとして、「癒し」ということの流行がある。メディアのあちこちに「癒し」という言葉が目につく。「癒し系」などという分類もあって、音楽や景観などで、それに属するものがリストアップされたりする。あまりにもブームになって、あちこちに「癒し」が乱用されると、イヤシイとかアヤシイとか感じさせられる。

どうして、これほどまでに「癒し」が流行するのか。それは癒して欲しい人、心に傷をもつ人が最近になって増加したからだ、と言う人もあろう。このような人は、そのことを現代社会の「荒廃」に結びつけて考えるかもしれない。虐待、いじめ、などの子どもの問題のみならず、中年男性の自殺の著しい増加、高齢者の孤独、などなどをあげてゆくと、現代社会においては、傷ついている人、苦悩している人の数が非常に多いと感じられるからである。

果たしてそうだろうか。もし、心に傷のある人の増加が「癒し」を求めることに直結するのだったら、終戦後の日本にこそ「癒し系」の何やかやが大流行しそうなものである。阪神・淡路大震災の後では、心のケアということにずいぶんと関心がもたれたが、それよりももっと災害規模の大きかった関東大震災のときは、そのようなことを言い出す人はまずいなかった。

考えてみると、人類の歴史はじまって以来、人間はそれぞれに苦悩や心の傷をかかえてきた。戦争や災害などによって、それが特に著しいときもあったであろう。これらのことを考えると、現代社会が特に「荒廃」しているとか、心に傷をもつ人を多くしている、とは言えそうにはない。それではなぜ、最近になって急に「癒し」がブームとなったのだろうか。この点についてよく考えてみなくてはならない。

現代社会において、特に心の傷をもった人が増えたのではない。しかし、自分の心の傷や他人の心の傷のことを意識し、それを癒したいと希望するのみならず、それが可能——あんがい手軽に、と考える人も多い——と期待されるので、急に「癒し」が注目されることとなったのではなかろうか。それに、心の傷を意識するようになったのは、「物」の方は相当に手に入れたので、心のことを取りあげる余裕ができた、とも言えるのである。関東大震災のときも、心の傷を負った人はたくさんいたに違いない。しかし、食べること、住むことなどの問題があまりに大きく、心のことなど考える余裕がなかったとも言えるのである。

これは「福祉」ということについても言えるであろう。福も祉も、もともと幸福ということである。人間の「幸福」について考えるとき、誰でもがまず思いつくのは、「物」だったのではなかろうか。食べるものを十分に与えられること、衣類、住居など、「物」があれば幸福になる、というわけである。しかし、いま、物質的に豊かになって、人々は幸福になったであろうか。たとえば、衣食住に関して十分すぎるほどの状態にある高齢者はすべて幸福であろうか。それらのことは十分でないまま、家族に囲まれて死んでゆく高齢者と、物質的に豊かであるのみならず、十分すぎるほどの医療の手当を受け、医療関係者に囲まれて病院で死んでゆく高齢者と、どちらが幸福であろう。それを他から判断してどうのこうのというのではなく、死んでゆく本人はどう感じ、どう考えているのか。おそらく、物と金を充分にもちながら、不幸な死を迎える人は多いのではなかろうか。

心の傷をもつ人が特に多いというのではなく、心の傷を感じ、それを何とかしたい、何とかしようとする余裕をもつ人が、現代社会においては多いということがわかった。次の問題は、ここで「癒し」ということが可能だ、と期待する点にある。何とかそれは手に入れられるはずだという期待が、多くの人にあるのだ。それはどうしてだろう。

人間はその歴史はじまって以来、他の動物と違って、自分の望むいろいろなものを手に入れてきた。二十世紀はそれが極端に増加した時代と言えないだろうか。二十世紀のはじめと終わりの人間の生活を比較してみるとよくわかるだろう。現代人の生活を百年前に予想できた人は、一人としていないだろう。核エネルギーの利用、宇宙旅行、生命科学の発展などは、これまで人間が可能にしてきたことと異なる段階へと、人間の可能性が拡大されたことを示している。科学技術の発展によって、人間はなすべきことを間違いなく、手順を踏んでやれば、これまで「不可能」と考えられていたことが「可能」になることを、身をもって知ったのである。

そこで、「癒し」が考えの対象となる。ここまでいろいろなことが可能になったのだから、「癒し」が不可能なはずはないし、何か「よい方法」があるはずだと考える。

このとき、多くの人は意識的・無意識的に近代医学のことを、ひとつのモデルとして考えるのではないだろうか。近代医学がヨーロッパに生まれてくるまで、人間は多くの病気に対して無力であった。ところが、人体の仕組み、そこに生じる多くの因果関係が明らかになるにつれ、病気を治す方法が見つかってきた。薬や手術によって、これまで不治と考えられていた病気が「治せる」ことがわかった。それと同じように、心の傷に対しても、それを「癒せる」よい方法があるはずだ、というので、薬が効くように、癒しに効くものが、つぎつぎと考えられた。音楽、匂い、環境、いろいろと「癒し系」のものが考え出され、それらがマスメディアを賑わしている。それについて考えてみる前に、現代人のかかえている心の傷の性格について考えてみることにしよう。

関係の喪失

現代人の心の悩みや苦しみの中核にあることは、「関係の喪失」ということである、と筆者は考えている。人と人、人ともの、人と神、心と体、などの関係において、現代人は「関係の喪失」あるいは「切断」の苦悩を背負っている。

中学生のときから非行少年の群に入り、遂にはやくざにまでなってしまったが、生き方を変え、独学で弁護士になり、現在は弁護士として活躍しつつ、非行少年の更生に取り組んでおられる、大平光代さんと対談したことがある。(1) 著書も読ませていただいたが、直接に話を聞くと実感が伝わってきて、実に感動的な体験をさせていただいた。中学生のときのある事件がきっかけで、自分が友人と思っていた同級生の裏切りを体験し、級のなかでまったく孤立してしまい自殺を図る。ところが、回復後も同級生はもちろん、自分の両親も理解してくれず、関係は切れてしまう。ここで、関係回復の唯一の手段は、非行少年の集団に入ることであった。彼らだけが自分を受けいれてくれると感じたのだ。しかし、彼らとの「関係」を強固にし、それを実感するためには「悪」を重ねねばならない。

そのような彼女を更生に導いてくれたのは、知人で、その後彼女の養父になった人である。その人は彼女に会うたびに説教を繰り返し、彼女はそれに反撥していたが、ふとあるとき心が通じて、彼が自分のことをほんとうに心配してくれていると感じ、これが更生のきっかけとなる。ここに彼女としては、はじめて信頼し得る人間関係の存在を感じ、それが生き方を改変してゆく基盤となったのである。その後の大平さんの大変な努力については省略するが、この対談のなかで、印象に残る大切なことがもうひとつあった。

親や同級生などを離れ、大平さんが非行少年のグループに入り、暴力団にまで入っていったのは、言うなれば「人間関係」を求めてのことだったが、そのようにして「自分の望むような人間関係が得られましたか」という筆者の問いに対して、大平さんは、はっきりと否定された。何かほっとするような関係があると思っても、それはすぐ不安になり、関係を深めようとして、悪を重ねる。しかし、結局のところは、それはほんとうの関係ではなかった、というのである。

それが、養父となる人との間に、ほんとうの信頼関係が得られると、それを基盤として、他の人々との関係も広まり、関係の切れていた両親との関係を回復させることもできたのである。

人間関係の回復がどれほど大切であるかは、このような例を見ても明らかであるが、どうしてこれほどまでに、関係喪失という現象が生じるのだろうか。これは、科学技術の急激な発展により、人間は機械を操作して、思いどおりの結果を得る、というパターンに慣れすぎたからではなかろうか。ここで非常に大切なことは、人と機械の関係は、操作するものと操作されるもの、として一義的であり、マニュアルどおりにすれば、必ず自分の望む結果が得られるのである。人間はこれがあまりに効率的なので、機械以外のものにまで対象を拡大し、植物や動物にまでそれを応用しはじめた。農業や畜産業が「工業」化してきた。そして、医学の場合も、「人体」に操作を加えることによって成功することが増えてきた。

これらの場合、人間と対象との間の関係が明確に切れているところに特徴がある。手術をするときに、うっかり「人間関係」があると失敗するかもしれない。あるいは、これまで人間関係があることによって、面倒だったり、時間がかかったりしたことを、人間関係をなくすことによって、効果的に能率的に行おうとすることは、二十世紀の文明が必死に努力してきたことである。自動改札機などを上手に利用することによって、人間は相当遠くにまで、人間関係抜きで旅行できる。交通事故の場合も、かつては大変だった加害者と被害者の人間関係抜きで、できるだけ「機械的」に処理されるように考えられている。

　このような傾向が強くなってゆくと、日本人は人間関係を「しがらみ」と感じる人が多かったので、その「しがらみ」を切って能率よくものごとを進めているうちに、ふと気がつくと、人間関係を喪失してしまっている、ということになる。自分が操作する側になって、他人を動かしたり、支配したりしている間は、それに生き甲斐も感じられようが、そうでなくなったとき、途方もない「孤独」に襲われる。

「関係喪失」は人間のなかだけではない。人間と自然の関係においても言えるだろう。もともと、近代科学が発展してくる基礎には、ヨーロッパにおいて、神と人、人と他の被造物を明確に区別する世界観があったのである。したがって、人間は自然を客観的に研究する科学を発展させてきたのだ。しかし、それは、神と人という関係によって補償され、人間が自分勝手に行動することを抑制する力がはたらいていた。ところが、科学技術の発展と共に、神と人との関係は弱くなり、人が自然を支配する構図があまりにも強くなってきた。それと共に、人間と自然との関係も昔のような、深い関係を保てなくなった。

　人と自然の関係に似ていることだが、心と体の関係も問題である。西洋の近代は、すべてのことに区別を明確にし、その後に、区別したものをさらに区別して、その関係のあり方を明らかにするという方法によって科学を進ませてきた。その際、心と体を明確に区別し、体を客観的対象として研究することによって、近代医学を発展させ、成功を収めてきた。しかし、「生身《なまみ》の人間」について考えると、実際は心と体はそれほど明確に区別できない。

このために、現代人は多くの心身症に悩まされることになった。これらのなかには、近代医学的アプローチによって治癒に至るものもあるが、多くの場合、それはあまり有効ではない。ここでは、心と体を分離せず、それを全体としてみるアプローチが必要となっている。しかし、この試みはなかなか困難で、子どもたちのアトピー性皮膚炎など、どんどんと増えているのが現状ではないだろうか。

数えたてていくときりがないほどに、現代社会における「関係喪失」の問題は深刻と言わねばならない。これに対してわれわれはどのように対処するべきなのか。

「関係性」の科学

現代社会は急激に変化している。その変化に対応しきれなくなって、多くの人が心の悩みをかかえ、心理療法家のもとを訪れる。これらに対して、心理療法家は何をなすべきであろうか。あるいは、心理療法家などと関係なく、社会のなかで何かよい方法を見出すことはできないだろうか。

ここで、科学技術の方法によって人間は実に多くのことを可能にしてきたので、それと同様の方法を用いて、解決をはかろうとする考えが生じてくる。自然に触れる、芸術に接する、などなどのいわゆる「癒し系」の体験をさせる。これらの方法が有効なときもある。あるいは、もっと「心理学的手法」を用いることもある。上手にリラックスさせる方法、行動をだんだんと変化させてゆく方法、などといろいろなことが考えられる。

これらが有効であるときもあるが、何も有効でないときもある。そのことよりもっと本質的なことは、すでに述べてきたような「関係の喪失」が根本問題としてあるのに、むしろその延長線上にあるような科学技術的方法を用いることについて、何らの反省もないことである。「このような方法によって癒される」と考えるとき、どうしても「操作的」な思考が入ってくる。つまり、そこには何らかの関係の切断が生じる。

人間を対象として考えるとき、人間が主体性と個別性をもつことが大きい要因として浮かびあがってくるときと、それほどでもないときがある。人間の「心」に関するとき、どうしても前者の要因が重要になる。このことの上に、すでに述べてきた「関係」を重視するとなると、近代科学の手法は通じない領域になる。このことをよく自覚する必要がある。さもなければ、どうしても近代医学のモデルによって心理療法を考える誤りを犯す。

これを避けるためには、われわれは心理療法においては、観察者と被観察者、あるいは、セラピストとクライアントとの「関係」こそ非常に大切であり、その関係の存在を前提として仕事をしていることを、はっきりとさせねばならない。これは、観察者と被観察者とを明確に区別する近代科学の方法と異なるものである。関係のないことを前提として、現象を研究する近代科学の方法ではなく、われわれは、逆に、セラピストとクライアントとの関係のあることを前提とし、その関係のあり方によって、そこに生じる現象が異なってくることを明らかにし、どのようなことが生じるかを研究しなくてはならない。これを「関係性の科学」と呼んではどうであろう。近代科学を超える新しい科学を目指すのである。

セラピストとクライアントとの関係は、フロイト以来、転移／逆転移の問題として論じられてきた。最初は、クライアントの過去を「分析」することに主眼がおかれ、逆転移はそのような作業の邪魔をすることとして考えられてきたが、だんだんと転移／逆転移そのものの重要性が認識されるようになった。特にそれまで否定されたり、無視されがちだった、逆転移が注目されるようになったのは、筆者の考える「関係性」の重視のひとつと見ることができるであろう。

ただ、逆転移を重要視するにしても、そのことと関連してセラピストの幼児体験について考え、それを素材としてセラピストのパーソナリティを考える、というように、要素還元的な考えにのみ限定するのは、どこかで近代科学の思考法にとらわれているのではないだろうか。転移／逆転移をひとつのこととしてとらえ、そのような状況のなかにおいて生じる、クライアントの話題、イマジネーション、夢などのイメージもこめて全体として観ることが必要だと思う。そのような見方によってこそ、新しい知見が見出されるのである。

近代科学の方法によってある現象を研究し記述する場合に、数式によって表わすことができれば便利なことであるが、そこまで可能でないにしても、客観的な事実の記述が可能である。これに対して、「関係性」を基にして現象を見るとき、それは「物語」によって記述されることになる。

このために、心理療法においては、「物語」ということが非常に重要になってくる。人間の一生を誕生から死に至るまで客観的に記述できる。しかし、その人にとって、「私の生涯」として見るときは、それは物語るより他に方法はない。各人は自分の物語を生きているとも、生きることによって自分の物語をつくりあげるとも言うことができる。したがって、心理療法は、クライアントの物語の作製を援助しているのだ、ということもできる。

「物語を生きる」などと言うと、このことは「科学」ではなく「宗教」によって扱われてきた、と主張する人もあろう。「関係性」という点で言えば、ここでは人と神の関係が問題になる。「キリストにまねびて」という表現があるように、イエス・キリストの生涯の物語が、各人の範として存在すると考える。自分の物語のなかに「死」ということを入れこんで考えようとする限り、それは「宗教」とかかわってくるのではなかろうか。つまり、「新しい科学」などと表現したが、それは科学ではなく宗教の領域に属することと考えるべきではないだろうか。こう考えた場合、日本人の多くは宗教に対して、何となくウサンクサイという考えが強いので、心理療法を「科学」の領域に閉じこめておくべきだということになる。そして、この場合「科学」は「近代科学」を意味するので、困ったことになる。

ここで近代科学へと逆もどりせずに留まるとしても、心理療法は「宗教」ではない。というのは、それは教義《ドグマ》に基づいて、何が正しい、何をすべきである、と決めることがないからである。一応「理論」をもっているが、それを反証する事実があった場合に、それを変更するからである。したがって、心理療法は、宗教性とでも呼ぶべきことを扱いつつ、「宗教」にならないようにすべきであるし、「新しい科学」としての自覚をもって行うことになる。それはまさに近代において、「宗教」と「科学」として分離されていたものの間の領域を探究することになるであろう。そのような意味で、心理療法は現代社会においてもっとも先端的な領域にかかわる仕事をしている、ということができる。

今後の課題

以上、心理療法の根本にかかわるような点について論じてきたが、現代社会のもつ効率主義、能率主義の考えに乗って、何とか簡便な操作によって「癒し」を手に入れようとする動きも、今よりもっと活発になることも予想される。現代は科学技術によって、これまで不可能と思われてきたことがどんどんと可能になったので、何か効率的な「よい方法」がないか、と多くの人が望むのも無理ないことである。

ここで極めて重要となってくるのは、「無意識」の問題である。これを「無意識」と呼ぶにしろ呼ばないにしろ、われわれの通常の意識状態の背後には、それとは性質を異にするが、日常の意識とはある程度連続している意識の状態がある。心理療法家は、この領域の活性化をはかり、その動きを敏感に察知しつつ、その人の意識の変革を、その人の主体性を尊重しつつ行なってゆく。この場合に、その人の「主体性を尊重しつつ」というところに大きい意義があり、また困難を伴う。

酒や煙草をやめた経験のある人なら、自分の習慣をひとつ変えるだけに、相当な努力と困難が伴うことを体験したことと思う。それは単にひとつのことをやめるだけではない。端的に言うと、酒を飲むということを組み込んだシステムを、酒を飲まないというシステムに変更するのであって、何かの集合のなかから「酒」ということを取り去る、ということではないのだ。したがって、酒をやめると決心しても、システム全体を変更する苦しみが伴うのである。このとき、酒ということがその人の人生全体や世界観などと関連する度合によって異なるわけであるが。

こんなとき、催眠誘導をして酒をやめるように暗示を与えた場合、努力をせずに操作的にやめられたように見える。したがって、これは能率的であるが、やはり、前述したようなシステムの変更は自前でしなくてはならないのである。人間には個別性があるので、一般的結論は出せないが、このような一見操作的で便利な方法は、極めて危険な状態を引き起こすことがあるのも事実である。このようなことにどう対処するかは、今後のひとつの課題であろう。

次の問題は、「科学的方法」ということで近代科学類似の方法に固執することである。この傾向はアメリカにおいて特に強くなっている。人間の認知や行動の変容を狙っての方法は、これまでの堅い科学を脱却し柔軟性をもつが、できる限り科学的な粧いをもつことに努力をつくしている。この場合、一番心配になるのは、どうしても「操作的」な態度が前面に出てきて、ここに述べてきた「関係性」への配慮が薄くなることだと思われる。

アメリカにおいては、保険料の関係で、保険会社の心理療法への発言力が増大し、その際はどうしても旧来の論理実証主義的な態度が強くなるので、その線に沿って事をすすめてゆくために、「関係性」「宗教性」ということは無視され、効率的に短期間に終了させるべきだという考えが強くなる。このことが、心理療法の本質を誤ってしまうと、筆者のアメリカの知人たちが嘆いているが、このことは、アメリカのみならず、早晩日本の課題となってくることであろう。

日本の今後の極めて実際的な点について考えてみる。日本の現代社会が心理療法家を求めているし、もっともっと多くの臨床心理士を必要とすることは目に見えている。このため、高度の専門職業人を養成するための大学院も急激に質量ともに充実してきた。ここで非常に大切なことは、スーパーバイズのシステムを適切に確立することだと思われる。一応、臨床心理士の資格を得たとしても、実際には個々に対処すべき問題は、それほど簡単に自分一人で背負えるものではない。このとき、スーパーバイザーが必要なことは論を俟たない。筆者の体験から考えても、スーパーバイズによって、個々の事例、個々の場面に即して適切な指導や指示を受けることは、極めて必要かつ重要であった。このことによって、実に多くを学んだと思う。もっとも、いかなるシステムもその影の部分をもつもので、わが国でスーパーバイザーのシステムをつくると言えば、また光と影の混じり合った混乱も生じるだろう。しかし、そのようなことを克服し、改善しつつ一歩一歩前進してゆくより他ないであろう。

臨床心理士養成のカリキュラムを作ることにも問題はある。「大学院」のカリキュラムというと、どうしてもこれまでのアカデミズムの影響を受けがちである。しかし、われわれは、高度の専門職業人の養成としての大学院というのは、わが国においてははじめての試みであることを自覚して、実状に照らして相当に思い切ったことをしていいのではなかろうか。一人前の臨床心理士になるためには、相当に多くのことを学ばねばならない。たとえば、本書に収録している「ブックガイド心理療法」を見るだけでも、その広がりを実感されることだろう。このような広い視野に立って、臨床心理士の養成と訓練を考えてゆかねばならない。

最後に、筆者が常に問題にしてきた「日本文化」ということも、今後の課題としてずっと続いてゆくと思われる。グローバリゼーションの波の高まりのなかで、日本人の生き方を常に実際的に考えさせられる臨床心理士として、心理療法の現場に生じる現象を日本文化のあり方との関連で考えることが必要であろう。そして、その結果を世界に発信してゆくことが、世界全体にとっても意義あることとして考えられるのである。アメリカにおいては、前述したような保険会社の影響力や、いわゆる科学的方法に対する信仰とでも呼びたいほどの固執性のために、心理療法を操作的に、あるいは深い人間性や関係性を断って、短期にある種効率的にしようとする傾向が強くなるだろう。わが国においても、その影響を受けるだろうが、それに対して、長期間にわたるとか非効率的と言われるにしても、すでに述べたような関係性や宗教性を大切にする心理療法を地道に続けることが望ましい、と考えている。

(1)「人づくりフォーラム」二〇〇二年二月一一日、国立京都国際会館にて。人づくり二一世紀委員会主催。

河合隼雄著作集第Ⅱ期 第２巻　心理療法の展開　目次

序説　心理療法と現代

I

II

ブックガイド心理療法

III

I

心理療法入門

はじめに

心理療法に対する社会の要請は、最近ますます高まりつつある。事故・災害・犯罪などによる被害者のこころのケア、育児の支援、高齢者のケアなど、多くの領域において、臨床心理士の仕事に期待がかかり、実際に、いろいろな場面において臨床心理士はそれに応えて活動している。このような仕事の根本に、心理療法ということが存在している。

心理療法という言葉は、英語の psychotherapy の訳語である。本書にも詳しく述べているように、それは医学モデルによる「治療」とは異なるものである。医学の場合は、病気の原因を明確にし、それに対して薬によったり、手術によったりして、原因を除去するという方法がとられる(もちろん、東洋医学、ホリスティック医学などの場合は、これと異なるが、これについては後に触れる)。これに対して、心理療法の場合は、根本的にはクライアントの潜在的可能性に頼る、というところがあり、「病気を治す」というイメージよりも、その人の本来的な生きる道筋に沿ってゆく、というイメージの方が強いのである。

それでは「心理療法」などという名称を棄てて、「心理的援助」とか、「成長促進」とでも言えばよいではないか、と考えられるであろう。事実、心理学者のなかでもそのようなことを称える人がある。自分たちは「病人」を扱っているのではなく「正常」な人の成長のために仕事をしている、という主張である。このように考える人のなかには、自分たちの仕事の方が、心理療法よりは「高尚な」ことをしている、ということを感じている人もいるようである。フロイトのようにセックスのことばかり考えるのではなく、もっと人間のこころの輝かしい面に焦点をあてているのだ、などという人もある。

これも確かに一理ある考えである。それに医学的「治療」と異なる点を明らかにする上では、心理療法という名称は使わない方がいいかもしれない。この点については、いろいろと考えているので、筆者も「心理療法」という用語を用いなくなるかもしれないが、あえてこの言葉を未だに使用しているのは、前述のような考え方をするときに、ともすると安易な考えになりがちなことを反省したためである。

「正常」な人の「成長」に役立つ、と言えば聞こえがいいが、それと真剣に取り組む限り、正常と異常、成長と後退、善と悪などは、それほど簡単に分けられるものではない。ユングがかつて言ったように、「宗教性の問題と思って来談した人が、セックスの課題に直面したり」、「セックスの問題と思って相談に来た人が、宗教性について取り組まざるを得なくなったり」することは、われわれがよく体験していることだ。重い病いを克服する苦しみを体験することなく、本格的に、人間の「成長」のことにかかわることなどできないのである。それは、下水工事抜きの都市計画のようなことになってしまう。

このような点を明確に認識しておく意味で、「心理療法」という言葉は未だ残しておいた方がいいのではないか、と思う。しかし、本書を読んで下さるとわかるように、それは人間が「生きる」ということに深くかかわるものである。したがって、心理療法家には、人間が生きることに関する「体験知」が要求される。単なる知的な知識のみをもっていても心理療法はできない。それは「体験知」であるという意味において、書物によって伝えるのは非常に難しい。その点を少しでも克服しようとして、いろいろと工夫をしながら本書を書いたので、一般的な心理療法の「入門書」とは相当に趣きを異にしている、と感じられることであろう。しかし、筆者としては、心理療法家になろうとする人は、ここに書かれていることぐらいは「入門」として読んでいただきたいと願っている。

もちろん、心理療法にはいろいろな考え方や方法がある。もっと「科学的」な心理療法を目指している人もある。しかし、本書に述べているように、心理療法の根本にある「関係性」ということを無視することは、どうしてもできないので、その点をどう考えるかを不問にして論をすすめないようにして欲しいと思う。心理療法は、まさに生きている人間にかかわることだから、人間一人ひとりすべて異なることを考えても、いろいろな心理療法があるのは当然である。したがって、本書を読んで得たヒントによって、読者がそれぞれ自分の個性にふさわしい方法なり考え方を見出して下さるといいと思っている。

アメリカでは、一時は心理療法、特に精神分析が流行のようになって、それの効果が過信されたりしたために、その後に反動が生じて、心理療法によるよりは何とかして生理的、薬理的な方法に頼ろうとする力が強くなった。たとえば、抗うつ剤が大いに開発されて、抑うつ症の人に対して、心理療法などするよりは、抗うつ剤を服用する方がはるかに効果的である、とされた。ところが、最近の研究によると、抑うつ症の人が抗うつ剤のみによってよくなっても、しばらくすると再発することが多く、結局は、薬物治療と心理療法を併用する方が、はるかに再発率が低いことが明らかになった。これは、抑うつ症に限らず、心身症の場合なども、身体的な方法と心理的な方法と両者を併用することが効果的であると考えられている。

このような状態のなかで、こころと身体との関連についての関心が高まってきた。西洋近代の医学は、こころと身体、医者と患者の区別を明確にすることによって成立したわけであるが、実際の医療の場面においては、それらの区別をむしろ明確にせず、「関係性」に注目すべきと考えられ、そこに、ホリスティック医学や東洋医学などの有効性が考えられるようになった。このことは、言うなれば、医療の実際においては、心理療法的な接近法が、身体医学と共に重要である、ということになる。医学チームの一員としての臨床心理士の役割は、今後ますます重要となることであろう。

最近のわが国の大きい社会問題のひとつとして、中年男性の自殺の増加現象がある。「中年の危機」の問題については、筆者は早くから論じていたが、現在の不況とも関連して、それが非常に深刻な形で顕われてきたと感じている。一家の支柱であり、社会の中堅である人が自ら命を絶ってしまうことは、実に大きい損失であり、これらの人に対して何らかの援助ができなかったのだろうか、と思ってしまう。

とは言うものの、中年の危機に直面している人に会うには、心理療法家も相当な体験知を身につけていなくてはならないのは当然である。正直なところ、それがしっかりできる臨床家は社会の要望に比して、まだまだ数が少ないのではなかろうか。筆者が臨床心理士の養成や研修にできる限りの力をつくしているのも、このためである。臨床心理士は心理療法の能力を高めるために、常に研修を怠ってはならない。この書物があくまで「入門」の書物であることを心に留めて、これを入口として、ますます研究、研修に励んでいただきたいと思う。

本書の最終章に記しているように、個人と社会とは、思いがけなく深くかかわっていると思う。個人のことにかかわるのは、社会にかかわるのと同じであるし、社会のことを考える人が、そこに含まれる個々の人間のことをないがしろにしていては、あまり有効な考えはでて来ないだろう。

筆者は、自分の前にいる個人をひたすら大切にして考える心理療法を主として仕事をしてきたが、そのことを基にして社会に対して発言し、社会のことについても実際にいろいろ仕事をしなくてはならなくなった。それもある程度一般に認められるようになったのは、筆者の方法論がそれほど間違っていなかったからだ、と思っている。これからは、社会や国に対してしなくてはならぬことも増えてくるが、やはり基本に、一人の生きた人間を大切にする、ということがあるのを忘れないようにしたいと思っている。

本書は心理療法の入門書であるが、以上に述べてきたような趣旨によって、臨床心理学のみならず、人間の生きることに関連する他の領域の方々が読まれても、あんがい役に立つのではないかと思っている。人間の生き方について考えようとする人たちに、本書が少しでもお役に立てば、筆者としてまことに有難いことと言わねばならない。

第1章　イメージと心理療法

一　イメージと人間存在

心理療法を行う上で、イメージはきわめて重要な役割を担っている。もっとも、心理療法と言っても実に多様な考え方があるので、厳密には「私の行なっている心理療法」と言うべきかもしれない。しかし、イメージという点についてほとんど意識していない心理療法家でも、その仕事においてイメージということが何らかの関係をもっていることを認めざるを得なくなるのではないかと思う。それは心理療法における治療者もクライアントも共に人間であり、人間であることはすなわちイメージと無縁に生きていけないと思うからである。

それをどのように提示するかについて相当に迷ったが、結局は表題に掲げたようなところに落ち着いた。心理療法について考える前に、まず「人間」という存在についてイメージとの関連において考えようと思ったのである。

田中康裕は錬金術師の仕事が「自然に反する作業」(*opus contra naturam*)であると述べている[1]が、そもそも人間存在というのが、「自然《ネーチャー》に反する」本性《ネーチャー》をもっていると言うことができる。これは、C・G・ユングがくり返し述べているところである。人間が自然に反するものとしてもっている多くの特性のなかで、「意識」、「言語」

(これは意識の道具とも言える)をもっていることは、もっとも重要であろう。

人間が一本の木を見る。それを「木」として(あるいは、糸杉として)、言語によって認識している。しかし、動物はそんなことをしない。その木にとまっている鳥、それに何とか登ろうとしている猫、それらはその木を何らかの方法で認知しているし、その木は彼らの生きてゆくことのなかに組みこまれているのだが、それはどうなっているのだろう。その体験は「!」としてしか表現できないのか。もちろん、それは鳥や猫のそのときその場での「生きる」ことの体験に組みこまれている。それは相当に多様で多彩なものではなかろうか。これに対して、人間は「そこに一本の糸杉がある」と思った途端に、自分の体験を一義的に限定してしまう。「糸杉」という言語が人間を縛ってしまうのだ。

このようなとき、「糸杉」という言語にとらわれず、その木そのものを見て、しかも自分の見たものを表現してみせる才能をもっている人、たとえば、ゴッホのような人がいた場合、われわれはその絵を見て、何か霧に覆われてよく見えなかった景色の霧が晴れたように、本来のものを直接的に見たように感じる。それは、ひょっとして人間が言語を獲得する以前に見ていた木の姿なのかもしれない。あるいは、ある種の動物の見ている木かもしれない。

しかし、人間は言語を獲得するとともに、一本の木を見た体験を「糸杉を見た」というふうに言語化し、それを記憶のなかに組みこむようになった。そして、そのような記憶をある程度体系的に保持し、それによってものごとを判断、行動を決定する主体としての自我が強固につくられてくる。

このような自我ができてくるのも「自然」の傾向と言えるのだろうが、この自我こそ反自然の元兇と言える。人間の自我はいろいろな文明を築き、近代になって科学技術を用いて、相当に自然に操作を加えコントロールすることを行なってきた。したがって、人間は他の動物と比較にならないほど便利で快適な生活をするようになった。とは言っても、人間は自然の一部であることにはまちがいないので、人間の自我が自然と著しい乖離をすると、神経症、心身症などの病に悩まされる。あるいは、自我の一人歩きが強くなったとき、人間存在の全体性を回復しようとする補償作用として、神経症、心身症などが生じる、とも言うことができる。

このように極端な行動をとらずとも、人間存在の全体性回復のはたらきは常に生じているのだが、それは意識されることは少なく、意識と無意識との呼応関係が成立するときに、それはイメージとして把握される、と考えられる。イメージは、もちろん意識のはたらきであるが、そこに無意識の作用が多分に認められるのである。

心理療法は実際的にはいろいろなレベルで行われるものであり、意識的レベルにおける認知の改変や、態度決定などによってある程度の解決を得ることもある。しかし、多くの場合は、それよりも深いレベルにおけるこころのはたらきが重要になってくる。たとえば、先に述べたように、人間の自我と自然との著しい乖離が問題となるようなとき、その回復のためには、イメージが重要な役割を占めてくることは容易に推察されるであろう。したがって、心理療法においては、人間の心の奥から生じてくるイメージである夢が、素材としてよく用いられるのである。あるいは、イメージを外在化したものとしての、絵画、箱庭などの造形物や、身体を用いてのダンスなどの表現が用いられる。

自我と自然との乖離と述べたことは、身体性の喪失として意識されることもある。人間のこころと身体とがバラバラになって切れている。ここに「身体性」と表現したのは、医者に診てもらう客観的存在としての「人体」ではなく、自分が生きている身体のことである。身体性の喪失は「頭でっかちの生き方」とも表現できる。いろいろと考えることはよく考えるのだが、考えが宙に浮いてしまって、生きているという実感が薄れてしまう。このような人が増えてきた。たとえば、無気力な若者にも、このような類の者が多く含まれるだろう。その存在を活性化するイメージが枯渇している。

そこで、そのような状態の治癒をはかるために、イメージに注目するのだが、そのイメージの特性について次に少し述べておく。

二　イメージの特性

心理療法においてイメージが重要であることはすでに述べた。ここではイメージの特性について簡単に論じてみたい。これまで他に発表したこと[(2)]と重複するが、やはりイメージの特性全般について述べることが必要と考えたためである。

1　自律性

イメージは自律的で自我のコントロールを超えているところが特徴である。そのもっとも典型的なのが夢である。夜眠るときに、このような夢を見ようといくら努力しても駄目である。まったく思いがけない内容が、思いがけない展開をするのが夢である。もっとも、夢のなかで、これは夢だからと思ったり、危険な状況を避けるために筋を変えようと思ったりすることもあるが、そのときは、心のはたらきが意識の方に近づいているためである。夢は自律性が高いので、心理療法によく用いられる。

徳田完二は、こころの整理をするときに、気がかりなことを「どこに置くか」という方法で心理療法を行なっているが、その答えが自律的に生まれてくることが大切である。そして、それは意識的に他のところに置こうとしても「動かし難い」強さをもって決定される。[3]

このようにわれわれが関心をもつイメージは、自律的に内界において生じる類のものであり、意識的に何かを思い出そうとしたり、いわゆる空想として何かをこころに描いたりするのよりは、深い感じがある。この両者を区別する指標として、自律性は非常に大切なものである。

2 具象性

イメージはまさに具象的である。「清水の舞台から飛び降りる」などの表現があるが、夢のなかでは文字どおり高いところから飛び降りたりする。「重荷を背負う」「腹の虫が収まらない」「手足をもがれる」などと、日本語には身体と関連する具象的表現が多いが、イメージとして生じるときは何らかの体感を伴うので、身体性が関与していることも特徴的である。

織田尚生は、患者と向き合っている間に自律的に生じてきたイメージについて、「この言葉(患者の「今日は面接に来ないほうがよかったと思う」という言葉――引用者注)に対して、治療者の胸が切り開かれ、中の心臓が見える。これは、相当切実なイメージです」という報告をしている。[4] これなど、一般に「胸が痛む」などの表現があるが、それを超えるほどの、具象的なイメージである。

3 集約性(多義性)

イメージは多くのことを集約している。たとえば、渡辺雄三の論文[5]に紹介されている夢は、すべてそのような

集約性を示しているとも言えるが、たとえば、三十代の女性の夢は「昔の木造の古い家」という場面の提示から

はじまっている。が、渡辺も論じているように、ここにはこの女性の「古い過去の体験、両親との関係にかかわ

る幼少期の体験」などが集約して示されている。そして、あちこちに出てくる「蛇」は、いろいろな意味合いを

集約している。その意味で夢のイメージはきわめて多義的と言える。すぐに一義的な意義を付与して「解釈」と

考えないことが大切である。だからこそ、「丁寧な対話を通して、この「不気味な蛇」たちの正体を少しずつ明

らかにしていかなくてはならない」のだ。決して焦ってはならない。

4 直 接 性

イメージはそれを見た人に直接的に作用してくる。たとえば、渡辺論文中のある男性の夢のなかの「傷ついた犬」のイメージなどはその典型である。夢のなかで、犬が二匹瀕死の状態で戻ってくる。犬の傷を見ると、「一本の足はとうに胴体から離れており、その離れた足を持ち上げると指が動いている。足は犬の足ではなく人間の幼児の足だ。明るいところで見るとその傷の深さに目を覆い、よくここまで戻ってきたなぁと頭をなでてやりたい気分になっている」。これは「幼いころに不慮の事故で肉親を失うという深いこころの傷を負ってきた」、この人の傷の深さを直接的に訴えてくるイメージである。

イメージの直接性を感じさせるのに、子どもの遊戯療法中の遊びがある。子どもは自由に遊んでいるのだが、その遊びの中に子どもの心の傷をこちらに直接的に訴えかけてくるような場面は多い。子どもの遊びの中で、思いの外に、傷ついたり、殺されたり、という表現がなされる。たとい、子どもは言語によって何も語らないにしろ、そのような表現によって、われわれは、子どもの悲しみや怒りを直接的に感じるのである。

5　象徴性

イメージは象徴性をもつ。しかし、ここで象徴というのをどのような意味で用いているかを明らかにしておきたい。ユングは象徴について次のように述べている。

> 象徴的表現をある既知のものの類似物あるいは略称と説明するとらえ方はどれも記号的把握である。象徴的表現を比較的未知のものの考えられるかぎり最善の、したがってまずはそれ以上明瞭あるいは性格的には全く表すことのできない定義だと説明するとらえ方は、象徴的把握である。象徴的表現を既知のものの意図的な言い換え、あるいは変形と説明するとらえ方は寓意的把握である。[6]

つまり、何かと一対一に対応するようなときは、象徴とは考えず、「記号」であるとする。たとえば、「蛇」と言えば必ず「男根」ときめつけるのなら、それは記号であって象徴ではない、と言うのである。象徴という限りは、簡単に言葉に置きかえられないものを表わしているのである。

たとえば、織田尚生は患者の夢にコメントして、「患者は象徴的な出産を体験した」と述べている。[7] 夢の中の出産は子どもを産むという事実に対応しているのではない。この患者が新しく何かを生み出していく可能性をもち、それは簡単には言語化できないものを包含しているのである。

6　創造性

イメージは創造性と深くかかわっている。絵画、音楽、文学、演劇、どれを取りあげても、その創造活動の背後にイメージがある、と言ってもよいだろう。

このように言うと、それは特別に才能のある人のことのように思うかもしれない。しかし、どのような人間であれ、自分の人生を生きるということは、全世界で唯一のものであり、生きること自体が創造である、と私は考えている。そのような意味で、心理療法は、クライアントの創造活動を援助するもの、と言うこともできる。たとえば、前掲の渡辺論文の挙げている夢の例で、ある女性の夢では、彼女の装いが「本物じゃない」と告げられるところがある。(8) つまり、夢は彼女が本物の装いを探す努力をすべきこと、創造的に生きることを要請しているのである。

7　心的エネルギーの運搬

イメージは心的エネルギーを、意識へと運び込んでくる。これはイメージの重要な特性である。

これがもっとも分かりやすいのは、創造活動の場合である。何か新しいことを見出そうとする人は、考えこんだり、あれこれと試してみたりするうちに疲れてきて、何もできなくなる。このとき、こころのエネルギーは無意識の領域にひきこまれてしまっている。そのとき、ふと新しいイメージが湧き、それが退行していた心的エネルギーとともに意識領域に流れこんでくる。このときに、そのイメージが新しい発見をもたらすのである。

抑うつ症の場合も、心的エネルギーが退行してしまって、自我によって使用できるエネルギーが少ないために抑うつ状態になっているのが、何らかのイメージが心的エネルギーの運搬者として出現し、抑うつ症が解消されることがある。

以上簡単に述べたように、イメージは強力な特性を持ち、人間にとって有用なものである。しかし、その強力さのために用いようによってはきわめて有害なものになるときもある。イメージはあくまで個人の体験から出発するものであるが、それが深くなるときは相当な普遍性を持つ。したがって、あるイメージが強力な象徴として用いられると多くの人を惹きつけるが、それが絶対的な力をふるいはじめると、多数の人間を誤った方向に導くことにもなる。古来から、多くの宗教的なシンボルが、現われたり消えたり、時に熱狂的な肯定や否定をひき起こしたりしたのもこのためである。心理療法の実際場面でイメージを取り扱う場合は、以上のような点を考慮に入れていなくてはならない。

三　心理療法の実際

心理療法の実際場面において、イメージがどのように用いられるかについて述べる。とは言っても、心理療法ということをどう考えるのか、という難しい問題がこれにからんでくる。

徳田完二は論をすすめやすくするために、「両義性」に注目しているが、[9] 心理療法ということ自体、きわめて多義的であると言わねばならない。そして、前節においてイメージの特性として論じたことが、そのまま心理療法についても当てはまる、と感じられるのである。両義性についていろいろと論じた上で、徳田は、「両義性は解消されるべきものというよりは引き受けるべきものだと思われる」[10] と結論づけている。わたしもそれに賛成であり、その線に沿って、ここでも考えてゆきたい。

イメージを心理療法に用いる方法として、まず取り上げられるのは、夢である。それは夢が自我のコントロールを超えて、自発的に内界に生じてくる、という利点をもつためである。後に述べるような絵画、箱庭などの表現は、相当に意識のコントロールを受けている。ところで、まず注意すべきことは、夢はイメージとして文字どおり「見る」ものであり、時には体感をさえ伴うのだが、結局は本人の言語表現によってしか、心理療法家に伝えられない、という事実である。つまり、第一次の資料は本人のみしか知らないのである。

それに、誰しも経験することだが、長い夢の最後に、電話がかかってくるところで目覚め、気がつくと実際に電話のベルが鳴っているということがある。長い夢の終わりを外的刺激とピタリと合わせることなどできないので、これは、睡眠中に電話のベルを聞き、それによってイメージが喚起され、短時間のそのイメージ体験を、自我によって把握すると、「長い物語」のように認識されるのではないか、と推察される。

ここにもイメージのひとつの特性が認められる。つまり、イメージはたとえ一瞬のものであったとしても、意識に把握されるときは「物語」として展開しやすい、ということである。しかし、この際、物語として起承転結をそなえるような場合は意識の関与が強いときと思われる。もともと夢は無意識のはたらきが強いものだから、それと意識との協応関係がうまくゆくときは、物語になりやすい、あるいは、ユングの言うような「劇的構成」をもつ。この際は、「解釈」もしやすくなる。次節にも述べるが、「解釈」というと、どうしても「自我」の方にひきつけられた考えを述べることになる。しかし、あまりに「自我」の方に傾いた見方をすると、無意識のもつ創造性をはじめ、その力が殺されてしまう。さりとて、イメージがあまりにも断片化してしまうと、その意味は非常に把握し難い。

イメージのもつ意味を、生き生きとそして明確に捉える方法として、ユングは「能動的想像法[11]」(active imagination)というのを考え出した。これは、彼がフロイトと別れた後、自ら「方向喪失」と呼ぶほど、彼の無意識に圧倒されそうになったとき、自分の無意識と対決してゆく方法としてこれを考え出し、自ら試みたのである。

それは簡単に述べると、たとえば、自分の夢のなかに意味ありげな老人が登場するが、あまり物語として夢が展開しないままに終わったようなとき、この老人を相手として能動的想像法を試みる。それは、誰にも邪魔されない状況をつくり、意識を集中して、例の老人のイメージを喚起し、彼に対して話しかける。そして、彼がもし答えるなら、それを書きとめ、対話を続けてゆくのである。

この方法では、記録をとるので意識の関与を必要とするが、意識が強すぎると、そこで行われる対話も意識的につくったものになって何の意味もないものになる。と言って、無意識のはたらきにまかせて、まったく受動的になると記録がとれなくなる。したがって、能動的想像法という名をユングは付したわけである。この方法もイメージを心理療法場面に生かせる有力なものである。わが国では、これまであまり用いられなかったが、ユング派の分析家、老松克博によって最近はよく用いられているようである。この場合一番大切なことは、物語の展開にこころを引かれすぎて、自我の関与を強くしないことであろう。やはり、そこには無意識の自律性が感じられないと駄目である。

夢はこのように有用であるが、夢をあまり記憶できないという人もある。そこで、そのようなイメージ表現として、絵画を描いたり、箱庭をつくったりしてもらうことがある。子どもの場合は、遊びということになる。

絵画や箱庭の場合は、他者にも見える形でイメージの表現をするのであるが、この際、治療者とクライアントの間に人間関係が成立し、それを基礎として、クライアントがこのような表現活動にコミットすることが前提になる。関係が稀薄なままに、おざなりに絵を描いたり、箱庭をつくったりしても、治療的には意味はない。

絵画や箱庭の場合、こころのなかに何らかのイメージがあり、それを表現する、というように固定的に考えるのではなく、もちろん、何らかのアイデアはあるにしろ、その表現を通じて無意識が活性化され、本人の意図を超えて創造的な作業が行われるところに意味があるととらえるべきである。これは単に、カタルシス的な意味のみをもっているのではない。そこに自我のコントロールを超えたものが表現されることによって、治療的な意味をもつのである。クライアント本人の意識としては、軽い気持や、おざなりのつもりでしていても、あんがいに深いことが表現されていたりすることもある。

徳田完二が論じている「イメージ技法」は、これまでに述べてきたものとは趣を異にしているようだが基本的なところでは一致している。[12] つまり、クライアントの無意識の活性化が生じるような人間関係——治療者とクライアントの人間関係——を基礎として、要は、クライアントの無意識内にある自己治癒力に頼るのだが、そのはたらきがイメージとして表現されるので、それを尊重する。この意味では同じであるが、徳田の場合は、増井武士の創案による「収納イメージ法」(この命名は徳田による)を用いているのが特徴的である。

「収納イメージ法」の場合、これまで述べてきた方法に比して、治療者が積極的に関与している印象を受けるかもしれないが、クライアントとの関係に留意しつつ、その自主性を尊重することが前提となっている。そして、クライアントができる限りその無意識のはたらきに従うように留意しなくてはならない。この点について、徳田は他の場所で私と対談した際に、「頭で考えてやると、どこか無理があってうまくいかない。クライアントの中から何かが生まれてくるのを待つ。そこに信頼を置いて、それにまかせるしかない。そうすると、クライアントのほうもゆったりとかまえて、長い目で見るという気持ちに少しずつなっていきます[13]」と述べている。

これは非常に大切なことである。しかし、このような態度でクライアントに接するには訓練が必要で、「収納イメージ法」は簡単そうだからやってみようと一般の人がされても、うまく展開はしない。時には危険なことさえ生じるだろう。

「収納イメージ法」は、クライアントの悩みや苦しみを、「その原因は何か」とか、それをどう考えるか、どう対処するか、などといった通常のレベルで問題にするのではなく、それを内容は不問のまま、イメージとしてどこに「収めるか」のみを取り扱うという点で、ユニークなものである。イメージというものの力について考えさせられる方法である。

原因を明らかにせずに治るのはおかしい、治るはずがない、などと言う人もあろう。しかし、現実によくなっているのだから、反対することはできない。この点は、考えてみると、夢や、絵画、箱庭の場合もある程度言えることで、このようなイメージに接しているうちに、別に「解釈」したり、「説明」したりしなくても、治るとか、問題が解決することは多い。このような点をどう考えるかは、イメージを用いる心理療法の場合、避けて通れない課題である。このことについて、次に、イメージと言語の関係、という点から論じてみたい。

四　イメージと言語

本章の最初に、人間がその全体性を回復するためにイメージが大切な役割を持つことを述べた。その中で、言語というものが人間に対してもつ両義的な性質についても言及しておいた。人間は言語をもつ故にこそ、他の動物と区別され、自分の経験を蓄積し、それを他人に伝達することができるという利点をもつ。しかしながら、そのような言語を駆使して自分の考えを自由に表現できるという反面、むしろ、言語の方がわれわれの考え方を規定していると考えられるようになった。この点について、池上嘉彦は「言語は人間の表現、伝達の手段どころか、むしろ知らないうちに人間を支配している君主であるかもしれないのです。この認識は深層心理学における「無意識」の発見にも比することができるでしょう」[14]と明言している。

たとえば、「あいつは敵だ」などと「敵」という言語を用いて認識すると、その人の言うことなどほとんど聞かなかったり、誤解してしまったりする。あるいは「石」という言語によって、何かを見たつもりでも、それは「石というもの」を見ているだけで、その石のもつ形状や、苔がついているかどうかなどにまったく関心をもたないことがある。すでに述べたように、「糸杉」という名が糸杉という存在を規定してしまうのである。

その点で言えば、イメージはより生き生きとしている。ただ困ったことにそれは明確ではない。ことにその「意味」などを考えはじめると、わけがわからない、ということになる。たとえば、大変印象的な夢を見て、不思議だとは思うものの、わけがわからないと思っているうちに忘れ去ってしまう、ということを多くの人が経験しているだろう。そもそも一般に夢が覚えられない、というのも、そのわけのわからなさが大きな要因になっていると思われる。

そこで、夢の「解釈」ということが必要になる。たとえば前掲の渡辺雄三のあげている夢を見てみよう。[15]「傷ついた犬」の夢を見た男性は別の夢のなかの「巨大な大山椒魚のような大きなナメクジのような気持の悪い生き物」に驚いたことだろう。そして、いったいこれは何だろうと思ったのに違いない。それに対して、分析家の渡辺は、「不気味な「無意識なるもの」」という呼び方をしている。これもひとつの解釈である。このときに、それは「あなたの母親を表わしている」と言えばどうであろうか。

そもそも、夢に出てきたものは、何とも言えぬ気味の悪い生き物なので、それはそれでいいではないか、無理に「解釈」などしなくてもそれで十分である、と考えられないだろうか。たしかに現実の経験においても、われわれは道を歩いていて、不気味な犬に会ったり、猫を見かけたりする。それに対して、それは「何を意味するか」などと考えることはないではないか。まさにそのとおりである。しかし、その犬や猫に関心をもったばっかりに何か新しいことが生じてくることもある。よく小説や物語などの発端にそういうことが描かれている。ふと何かに対して関心をもったばっかりに、ひとつの物語が展開する。

とすると、この生き物に「無意識なるもの」と名づけるのは、これとの関係を機縁として、無意識という世界を探索してみようと決意することではないだろうか。ここでもし、「母親」と解釈すると、これを手がかりに母親との関係を検討してみようということになる。つまり、解釈の正誤ということではなく、それが当人にとって、そのときにどれほど痛切に感じられ、その線に沿って進んでゆこうとする姿勢ができるかということである。そして、その当否はクライアント自身の判断と、その後の分析過程の展開にかかわってくる。「そうだ」と思ってやりはじめても、話が発展しないときは考え直すより仕方がないのである。

夢などのイメージの解釈と称して、自分の学習した理論による考えをそのまま押しつけようとしても意味がない。「解釈」はあくまで、治療者とクライアントとの共同作業のようなものである。クライアントからいろいろと連想を聞き、常に全体的なコンテキストのなかで考えてゆかねばならない。

解釈の際の難しい問題は、それは言語によってなされるので、どうしても自我の方にそれが引き寄せられがちである、という点である。そして、人間の自我は何とかして、あらゆる事象を自分として理解し納得がゆくようにしようと焦る傾向が強い。理解し難いものは自我を不安にする。たとえば、道を歩いていて、見慣れない大きい風船などがあると、何かなと思うが、それが大売出しの広告のためとわかると安心する。なかなかわけがわからぬときは、そんな道は避けようとするかもしれない。

夢にしろ箱庭にしろ、こんなのわけがわからないとクライアントが思うと、続かないだろう。あるいは、水泳をしている夢を見て、「これはわかります。ふとんをかぶらずに寝ていたので」と言ったり、「この夢は、昨日見た映画のシーンです」とわかったつもりになったりするクライアントがある。これなど早くわかったことにして不安を解消したいのだ、とも考えられる。

先にあげた夢の例で、「不気味な生き物」を渡辺雄三が「無意識なるもの」と解釈したことを示した。ここで、「無意識なるもの」と言うのは、その内容を特定の何かに限定せず、今後とも、その「無意識なるもの」を探索してゆこうと、将来へとつなげてゆく態度を示している。しかし、これを「わたしの母です」、「わたしの母はほんとうに不気味なのです」というと、内容が明確になり、下手をすると「わかりました」ということになって、ここで動きがとまってしまうおそれがある。したがって、特定化しない解釈が、ここでは効果的であるが、しかしいつも漠然としていたのでは、クライアントが納得しないであろう。そして、夢分析などやめようと思うかもしれない。このような解釈の両義的な性質を、分析家はよくよく認識していなくてはならない。

自我による納得を焦らないためには、イメージを簡単に何らかの概念や、特定の人物や事物などに置きかえるような「解釈」をすることなく、むしろ、そのイメージのもつ意味合いを味わうことが大切となる。そのためには、イメージをイメージをもって語るような態度も必要である。たとえば、織田尚生は自分の見たイメージを解釈する際に、グリム童話の「忠臣ヨハネス」の話を用いている[16]。この童話に語られるイメージが臨床場面のイメージの理解に役立つのである。しかし、それはあくまでヒントを与えてくれるものであって、固定したモデルになっては駄目である。分析心理学を錬金術というイメージによって考えようとする田中康裕は、錬金術が心理療法のモデルになることを戒めている[17]。

ところが、イメージにあくまでつき添い、イメージをもってイメージを語る方法に重心を置きすぎると、自我の弱いクライアントの場合は極端に不安になり、時には精神病的な水準にまで落ちこんでしまう危険性がある。あるいは、特定のイメージやシンボルに心を奪われてしまうようなことにもなる。やはり、人間が社会生活を継続してゆくためには、自我のある程度の統合性を保ってゆかねばならないので、心理療法の実際場面においては、この点に留意しつつ、言語化をする必要がある。クライアントの状況に応じて、どの程度に言語化するかを常に考えていなくてはならない。端的に言えば、「正しいことを言う」のがよいとは限らない、ということになるだろう。

五　イメージを生きる

イメージを単純に「解釈」しても、かえって害になるとさえ言える。しかし、実際はしなくともよい無用な解釈をする人は多い。これはどうしてだろうか。それは心理療法のモデルとして、医学モデルを念頭におく人は、「医者が患者を治す」ように、心理療法家は「治すための仕事をするべきである」と思うからである。まるで薬を与えるように、解釈を「投与する」ことによって治すのだと思いがちである。しかし、心理療法の根本はクライアントに潜在する自己治癒力によるものである。もっとも、自己治癒力と述べている無意識のはたらきは、自我に対しては時に破壊的にも作用するので、その点について治療者は注意深くならなければならない。

ここで、クライアントの自己治癒の力を重視した場合、そのようなはたらきが生じているのを途中で妨害しない、ということが大切となる。たとえば、箱庭療法の場合に、そのような過程が生じているのに、うっかり「解釈」をして、妙に自我の関与が生じてくると、治療は停滞してしまう。そこで治療のプロセスが生じはじめると、解釈をせずにそれを見守ることが大切となる。これは遊戯療法においても同様である。私がこのことを欧米において強く主張したとき、はじめのうちは強い抵抗に会ったが、徐々に理解され、国際箱庭療法学会においては、解釈をせずにプロセスを見守ることの重要性は、全体に受け入れられていると言っていい。最初は抵抗していた人も、この考えによって成功している実例に多く接し、自らも体験することによって納得したのである。

ただ、治療の終わった後には、すべての過程を見直して、治療者とクライアントが話し合い、そのときに治療者の考えていた「解釈」を述べて両者で検討することもする。しかし、何と言っても、箱庭をつくるプロセスを「体験」することを第一義と考えるわけである。

箱庭について言えることは、夢についても言えるのではなかろうか。夢の場合も解釈などせず、夢を見るという「体験」をすることが第一義ではないだろうか。基本的にはそうだ、と私は思っている。しかし、夢と箱庭とではいろいろな相異点があるので、そこは留意しなくてはならない。

極端に言えば、夢は見るだけでいい、ということにもなるが、それならどうしてわざわざ「夢分析」などという、言語を介入させることが必要なのだろうか。

最初に述べたように、人間は「自然に反する」ものとして、いろいろと無理を重ねている。全体として自然と折合いをつける作業は睡眠中に行われている。そして、そのときのはたらきを意識化すると、部分的に夢として記憶される。したがって、自然の調整作用が完全にうまく行われているときは、別に夢を見ることやそれを覚える必要などない、と言える。しかし、そこに何らかの問題が生じたときや、その人のもつ内的な可能性が大きいときは、その調整作用がうまくゆくように促進する意味において、夢分析が必要となってくる。

夢に注目し、それについて真剣に話し合う、ということは、自我の中心的役割を少し弱めること、全体としての心のはたらきを活性化することを意味する。箱庭の場合は、意識が関与しつつ、ある程度は「作品」としてつくるので、その過程で意識と無意識とが適当に作用し合い、その結果を一定の枠に収めるので、あまり言語化しなくても、クライアントはその体験を相当自分のものにできる。これに対して、夢の場合は、無意識のはたらきが強いので、それを記憶したとしても、そこにおける「はたらき」を、体験したという感じは箱庭の場合よりも弱くなる。そのため、夢に意味が感じられなくなったりして、箱庭のように解釈抜きにプロセスを続けることが難しくなる。

そこで、夢の場合は何らかの分析が必要となるのだが、それをどの程度に話し合うかは実際にはきわめて難しい。その際、一義的に大切なのは夢をどう解釈するかではなく、夢のもたらした無意識のはたらきを、どれほど自分のものとして体験したか、あるいは、体験してゆこうとしているかにある。

日本の鎌倉時代の名僧、明恵は生涯にわたって自分の夢を記録した稀有な人である。彼の生涯と、彼の『夢記』とを研究して、わたしは一冊の書物を上梓したが[18]、それに『明恵 夢を生きる』という表題を付した。これは、明恵が単に夢に関心をもったなどというのではなく、彼の人生そのものが彼の夢の真の体験化であった、とも考えられたからである。

イメージをいくら描いたり、その解釈をしたりしても無駄で、それを生きることが必要である。

徳田は私の「発見的に歩み続ける」という言葉に関連させながら、治療者はクライアントの問いに答えるのではなく、むしろ「問いの変容」を意図するのだ、という意見を述べている[19]。

つまり心理療法とは、クライアントにとって自分の問いに最終的な答えが与えられることではなく、自分一人の力ではどうにもならない問いが自分の力でどうにかなりそうな問いに変化すること、すなわち、「答えの獲得」ではなく「問いの変容」を目的としたものだと言えるのではなかろうか。悩みをなくしたいと望んで心理療法を求めるクライアントは少なくないが、悩みをなくすというよりも悩みを悩みやすい形に変容させるのが心理療法の実態であり、治療者の役割は、クライアントの問いがクライアント自らの力で問えるような形になるまでクライアントにつきあうことだと言えるかもしれない。このように、心理療法における「答え」とは新たな「問い」である、ということもまた両義的な事態と言えよう。

心理療法家は、イメージに関して言語化を行うとき、動きを止める「答え」を与えるのではなく、新たな動きを生ぜしめる「問い」を発すると言ってもいいであろう。

(1) 田中康裕「分析心理学における錬金術のイメージと論理」河合隼雄総編集『講座心理療法 第三巻 心理療法とイメージ』岩波書店、二〇〇〇年。
(2) 河合隼雄『イメージの心理学』青土社、一九九一年。〔第I期著作集第二巻所収〕
(3) 徳田完二「心理療法と両義性」、注1前掲書。
(4) 織田尚生「こころの傷つきと想像力」、注1前掲書。
(5) 渡辺雄三「夢の物語と心理療法」、注1前掲書。
(6) C・G・ユング『心理学的類型』II、高橋義孝・森川俊夫・佐藤正樹訳、人文書院、一九八七年、二三四—二三五頁。
(7) 織田尚生、注1前掲書、二〇三頁。
(8) 渡辺雄三、注1前掲書、九一頁。
(9) 徳田完二、注1前掲書。
(10) 同右。
(11) 能動的想像法については左記を参照されたい。

J・M・シュピーゲルマン／河合隼雄『能動的想像法』創元社、一九九四年。

バーバラ・ハナ『アクティブ・イマジネーションの世界——内なるたましいとの出逢い』老松克博・角野善宏訳、創元社、二〇〇〇年。

(12) 徳田完二、注1前掲書。
(13) 河合隼雄『閉ざされた心との対話——心理療法の現場から』上、講談社、一九九九年。
(14) 池上嘉彦『ことばの詩学』岩波書店、一九八二年。
(15) 渡辺雄三、注1前掲書、八四頁。
(16) 織田尚生、注1前掲書。
(17) 田中康裕、注1前掲書。
(18) 河合隼雄『明恵 夢を生きる』京都松柏社、一九八七年。〔第I期著作集第九巻所収〕
(19) 徳田完二、注1前掲書、六三—六四頁。

第2章　心理療法における身体性

はじめに

身体に関する病気については身体医学があり、こころのことを扱う心理療法には関係がない。あるいは、心理療法はこころのことが問題なのだから、身体のことを考える必要がない。このような考えはあまりにも単純すぎて、実際とはそぐわない。人間の身体とこころは、後にも述べるように、相当な相関関係をもっている。したがって、心理療法を行うものは、身体のことを相当に考慮しなくてはならないし、身体の病気の治療に心理療法が関係してくることもある。

考えてみると、心理療法のはじまりとしてのフロイトの精神分析は、もともと身体医学から出てきたものである。今日、ヒステリーと呼ばれる神経症は、身体機能の不全を主訴とするものである。手足が硬直して動かない、目が見えない、耳が聞こえないなどの症状があり、それらは器質的には何ら異常がないのに生じる。したがって、身体医学の方法によっては治療できないのであるが、それがこころの問題であることを明らかにしたのがフロイトである。このことは周知のことなので詳論は避けるが、ここで大切な点は、フロイトがこころの状況を論じるのに、「無意識」という概念を導入したことである。つまり、人間のこころには、人間が通常には意識しないこころのはたらきがあり、それが生じている領域を仮定して「無意識」と呼んだ。
ヒステリーの場合は、無意識内に強い情動を伴う外傷体験が抑圧されており、それを意識することによって病気が治癒されることを見出した。その後、実際的な外傷体験をもつことは必ずしも必要ではなく、人間の無意識のこころの状況がいろいろな神経症の原因となっているのであり、精神分析という技法によって、それらを意識化することによって治癒されると考えた。

このことは単純化されて、こころの問題が原因となって身体症状が生じると考えられ、「心因性」という表現が、医学のなかでよく用いられることになった。ところが、「心因」という言葉が誤解され、「心構えが悪い」ために病気になると考えられたり、「何か悩みがないか」と尋ねることによって、すぐに原因が明らかになるなどと考えられるときがあって、ただ、患者やその家族を困らせるだけになってしまった。ヒステリーでも原因を見出すのは実際には大変であるのに、その他の症状にまで、簡単に「心因」を考えるのは、実状に合わない。

特に、後に述べるような心身症の場合は、心理的要因が関連していることは事実であるが、それを明確に「原因」とすることには、無理がある。あるいは、心理的原因を見出そうとしても、ほとんど不可能と思われる場合が多い。この場合は、考え方を変えるべきだと思うが、なかには、単純な因果関係によって心身症を理解しようと努力している人もある。後にも詳しく述べるが、筆者はこれに賛成できない。

次に、心理療法を拡大して考えるとき、いろいろな医療場面におけるこころのケアの問題がある。まず、末期状態の患者のこころのケアがある。医学が進歩しても、死を防ぐことはできない。その上、医学が進歩したために患者の余命がある程度予測されるようになった。そのような人たちも医療は責任をもって世話をしなくてはならない。近代医学としては治癒は望めないからと言って、まったく無関係と言ってはおれない。そのときに残された道は、心理療法的な接近であるが、このとき、もちろん身体のことを考慮に入れねばならぬことは当然である。

高齢者の問題もこれに似通ってくる。医学的には対処の方法がないときでも、高齢者にどう接するのか、こころのケアをどう考えるか、などの点で心理療法の考えが大いに役立ってくる。

現代の医学は西洋近代の医学を基礎として発展してきた。つまり、研究者(治療者)と対象との間の完全な分離、こころと体の分離を前提として成立している。この結果、多くの成果を得たことは論を待たないが、実際の医療においては、治療者と患者の人間関係が大いに大切になるし、こころと体とを分離せず、人間を全体的存在としてみることが必要になってくる。考えてみると、治療者と患者の人間関係の重視、人間を全体存在としてみるということは、心理療法を行う際の基本条件とさえ言える。したがって、医療の実際において、心理療法との関連が深くなることは当然である。また、心理療法を行う者も、身体に対する配慮を欠かすことはできない。

一　生きられる身体

身体のことを考える際に、客観的対象としての人体と、自分が生きている身体とを区別して考えることが大切である。ドイツ語では前者を Körper、後者を Leib と呼んで区別している。ただ、現代人はあまりにも、ものごとを対象化してとらえる態度が強くなっているので、自分の身体に対しても「客観的」になりすぎて、自分が生きている身体のことを忘れがちになる。あるいは、それが逆転して、後に述べるような身体に対する過剰な関心になるときもある。

日本語の「み」という言葉は、このような点で極めて興味深い。この点については、哲学者の市川浩の詳細な論がある。(1) ここではその論については繰り返さないが、日本人がこのような言葉によって、身体というものの不思議さを、全体的に、そして時に未分化に把握してきたという事実は、忘れてはならないことである。

人間は一人称単数の「私」という言葉で、自分自身のことを示している。そして、私は「私」のことを知っているなどと信じているが、それは錯覚である。未来のことをいろいろ約束していても、実は脳溢血でその日のうちに死ぬかもしれない。自覚症状のないまま癌が進行しているかもしれない。私が「私」と呼んでいる存在に何らかの中心があるとしても、その中心は、私という王国の王ではなく、王が知らず、支配の及ばぬ領域は実に広いのである。身体領域のことは、相当に「私」の意識の及ばぬところで、それなりに事が運んでいるのである。とすると、「私」は身体と無関係か。決してそんなことはない。まず、「私」は自分の意志によって身体を相当にコントロールできる。しかも、それは訓練によってスポーツマン、芸術家、職人などに見られるように、想像を絶するほどのコントロールが可能である。しかし、内臓のはたらきまでコントロールすることは不可能である。コントロールどころか、どんなことが生じているのか意識することもできない。しかし、それは「私」の一部なのである。

ソ連(当時)の宇宙飛行士のレベデフさんと対談した際に、次のようなエピソードを聞いた。彼は百日以上も宇宙飛行を続けたのだが、その際に適切な身体のエクササイズをしていないと、筋肉が弱くなってしまって、地上に帰ったときに普通に歩くことができなくなる。したがって、食料の摂取など、身体をどのように自分でコントロールしてゆくかがなかなか難しい状況にあった。それをどのような意志力によってやり抜いたかに筆者は関心をもったが、彼の答えを端的に表現すると、彼は自分の「体の声に従って行動した」と言うことになる。

レベデフさんの言うところによれば、彼は厳格な規則正しい生活をしたのではなく、きわめて自由に、しかし、「体の声」に従って生活をしたと言う。体がエクササイズが必要と言えばそれに従い、眠いと言えば眠り、単純に言うなら、一見、勝手気ままに行動していたと言う。しかし、これは決して勝手なことをしていたのではなく、「体の命令」に従っていたのだ、と彼は言う。そして、もし規則ずくめで、何時より何時までエクササイズというように決められていたら、とうてい百日以上も宇宙での生活はできなかっただろう、というのが彼の意見であった。

これはきわめて示唆に富む話である。彼はまさに非常に上手に彼の身体を生きていた、と言うことができる。これとは逆に、知的に計画された方法で、スケジュールを全部きめてそれに従うような生活だったら、それには耐えられなかったであろう。このようなことを知ると、現代人の日々の生活は、「身体を生き」損なっていることが多く、そのためにストレスがたまることになっているのでは、と思えてくる。

興味深いことに、レベデフさんは、宇宙飛行を終え、地上に帰還した途端に、「体の声」は聞こえなくなった、と言った。つまり、宇宙飛行の期間中、彼の意識は通常の状態とは異なる状態、つまり、身体と極めて密接な関係にあったのである。これは、やはり彼が一種の変性意識状態(altered state of consciousness)にあったことを示している。この点については、次節において少し論じることになろう。

吉本ばななの短篇集『体は全部知っている』(2)は、題名のとおり、人間という存在にとって「体」がいかに大切であるかを具体的に語っているものである。人間が忘れ去ったり、意識することのない多くのことを「体は全部知っている」ことを、ほんの少しの事柄や、ある情景、感覚などを鍵として、体験する状況が実に生き生きと語られている。特に現代人は知性の方に重点を置きすぎるので、体系化された知識を記憶することに重点を置くために、自分の身体が生きた現実――それは人間が生きる上できわめて重要なのだが――を忘れてしまっていることを、吉本ばななはわれわれに気づかせてくれる。

身体が生きている現実と、人間が意識している現実との乖離が大きくなり過ぎると、人間はストレスをためこんでゆくことになるようだ。そのストレスを解消し、一人の人間としての全体性を回復させるために、人間はこころの病になったり、身体の病になったり、あるいは、心身症という病になったりする。すべての病気がそうだというのではないが、病気は全体性の回復のはじまりである。その経過がうまく進むと回復するが、それがこじれると病気が長引くことになる。

心理療法の狙いのひとつは、このような現実のずれ、人間が意識している現実と身体が生きている現実のずれをうまくバランスさせることである、ということができる。このような点では、次に述べる東洋的な方法が効果を発揮しやすい。そこで、この点について次節に論じることにする。

二　東洋的な心理療法

心理療法と身体を論じるには、東洋的な心理療法について必ず触れておかねばならないと思う。もっとも、ここに心理療法として述べることは「宗教」ではないか、と言われるかもしれない。しかし、心理とか宗教とか区別しないのがそもそも東洋の特徴であり、『東洋と西洋の心理学』(3) の訳者の一人、岩井寛も、「東洋人は分けるという操作に関心を向けるより、まとめる、あるいは深めるという操作に熱心であって、特に仏教は宗教でもあり、哲学でもあり、倫理学でもあり、心理学でもあるという包括的な特徴をもっている」と述べている。つまり、このような包括的特徴のため、こころと体の区別もなくなるし、宗教と心理学の区別もなくなるわけである。

東洋の宗教においてきわめて重要な瞑想は、西洋の心理療法家でも重視する人が多い。一九九九年、アメリカにおいて「箱庭療法と仏教」というワークショップがあり、講師として参加した。そのときに瞑想をする参加者が非常に多いのに驚いた。瞑想においては、まず大切なのは身体の状態である。どのような心構えをするかを言う前に姿勢を正すことからはじめる。禅の場合も同様である。

ヨガにはいろいろな方法があるが、この場合においても常に身体の状態は重要であり、それがまず第一条件と言っていいだろう。このような状況において、東洋の宗教家の体験することは、キリスト教文化圏においてはまったく理解されず、むしろ、一種の病理現象であるとさえ見られていた。しかし、一九七〇年代になって、ヨーロッパ＝キリスト教中心主義の考えが弱まると共に、東洋の思想や宗教の価値を認める傾向が強くなり、心理療法の世界においても、東洋の方法が注目されるようになり、体を通じてこころに迫る接近法が取りあげられるようになった。

禅の経験者に聞いたところによると、坐禅に集中していると幻覚が生じることがあるが、そのときに幻覚の内容に注目するのではなく、自分の坐禅の姿勢をチェックすると、どこか崩れているところがあり、それを正しくすると、幻覚が消え失せる、という。これなどは、すぐに「こころ」のことを考える前に、まず身体を重視する態度がよく出ていると思われる。こころを整えようとするのではなく、身体を整えることを優先するのである。

このような身体状態からこころに迫る方法においては、人間の意識の状態が通常の状態と異なるようになることが明らかになってきた。そして、それを意識の病的状態と見なすよりは、変性意識、つまり意識の異なる状態ではあるが、それはそれとして価値を有することと認めるようになってきた。(4)

東洋の方法においては、宗教や宗派によって修行の方法は異なるが、要するに身体の鍛練や修行によって、変性意識状態を出現せしめるが、その際に意識の明晰さを保持することを可能にし、そのときの意識によって、自分の体験を把握しようと試みるのである。修行によらずに、幻覚や妄想などが生じるときも変性意識の一種であるが、そのときは意識の明晰さも弱くなっており、それらは病的体験になってしまう。

このような変性意識状態は、あらゆる心理療法においてきわめて重要なものである。歴史的に見れば、フロイトやユングが二十世紀の初頭において「無意識」という概念を提出して、その重要性を指摘したが、これは通常の意識、特に西洋近代における自我意識を、「意識」として定義してしまったので、それとは異なるこころのはたらきを「無意識」と呼ばざるを得なかったのであるが、これは東洋的に言えば、一種の「意識」である。このあたりの事情は、井筒俊彦の名著『意識と本質』に詳しく論じられているので[5]、ここでは省略するが、これとの関連において、岸本寛史が論じている点[6]について、少し私見を述べておきたい。

岸本は末期癌の患者の意識の状態が、日常とは異なる深い意識の状態にあることを、多くの例を示して論じている。これは臨死体験にも通じてくる体験である。このことは、東洋における身体を通じての修行は、そのことによって通常は瀕死の状態になったときにのみ経験する意識の状態にまで自らなるように鍛練しているのだ、とも言うことができる。このように考えると、東洋の宗教の修行において、断食をしたり、時には土のなかに埋められて擬似的な死の体験をしたりすることの意味が了解されるのである。

このような深い意識状態においては、ユングの言う共時的現象(synchronistic phenomena)が起こりやすいので、そのような報告もよくなされる。それはいわゆる奇跡的現象ということにもなり、因果的には説明できないので、西洋の近代においては、東洋の宗教が迷信やまやかしとして否定される要因となったと思われる。

現在においては状況が変化し、東洋の宗教や、身体からこころへの接近法に対する理解は増してきている。このため、前述したように瞑想や仏教などに関心をもつ心理療法家は、欧米でも増加してきている。

ただ西洋において発展した心理療法の場合は、近代自我としての強い自我の確立を前提とし、その自我を通して無意識(あるいは、深層意識)に迫ろうとしているのに対して、東洋の場合は、体を整えることから入って、深層意識体験そのものを重視しようとするものなので、似ているとは言うものの同じとは言い難い。それでは、近代自我を持った者が東洋流の方法を用いたとき、あるいは逆に、近代自我を確立していない東洋人に西洋流の心理療法を適用するとどうなるのか、という難しい問題が生じてくる。ユングや、メダルト・ボスなどは前者の点についてはきわめて懐疑的であるが(7)、最近の西洋の心理療法家(特にトランスパーソナル派の人たち)は、むしろ楽観的である。筆者はこの点について常に考え続けてきているが、なかなか明確なことは言えないでいる。ユングやボスが言っているほど強く断定はできないが、ともかく相当な慎重さを要することは忘れてはならない、と思っている。ここでは、この問題は心身問題を超えることとして、これ以上追究するのはやめておきたい。

三　心身相関

こころと体との間に何らかの関係があることは、誰しも体験的に知っている。悲しいと涙が出たり、不安なときは心臓がドキドキしたりする。しかし、有名なジェームス・ランゲ説のように、身体的変化が先行して、その結果感情の変化が生じる、という考えもある。つまり、こころと体と、どちらかを原因とし、その結果、他方に変化が生じるという因果関係の把握は、日常的なことでもあんがい難しいことを、これは示している。

すでに述べたように、十九世紀末において、フロイトがヒステリーの精神分析的研究を発表し、心理的原因によって身体の障害が生じるという現象が注目されるようになった。この考えは二十世紀の近代科学的な考えと結びつき、心身相関の問題をこころの側から見て、「心因」を考える傾向が一時的に高まるが、もちろん、実状はそれほど簡単ではない。しかし、この考え方は単純でわかりやすいこともあって、安易に信奉される傾向が今も続いている。

たとえば、抜毛、自己臭などの症状をもった人、それに時には心身症の患者に対してまで、「何かこころの悩みはありませんか」と訊いたり、「これはこころの問題です」と断定的に言ったりする。これは患者やその家族を迷わせたり、困らせたりすることになる。「心因」というのを、「心がけ」や「心構え」が悪いと受けとめる人さえあるので、害が大きいのである。しかも、発言する人が何らかの権威を背負っているときは、被害はひどくなる。

フロイト派の分析家、フランツ・アレキサンダーが一九三九年に、随意運動系及び知覚系に生じる障害と、自律神経系の機能失調とを区別するべきことを主張し、前者がヒステリーであるのに対して、後者は植物神経症と呼ぶべきであって、発生原因も異なると主張した。このことによって、身体の障害の「心因」を明らかにしようとするとき、すべてをヒステリーとして考える弊害をなくしたことは大きな意味がある。アレキサンダーは、植物神経症の場合も、原因‐結果の鎖の上で考えようとしているが、筆者はヒステリーのように外傷体験を明らかにするなどというのではなく、慢性のストレスなどが関係してきて、簡単なものではないと考えている。

「心因」ということを単純に考えすぎる欠点もあって、その考えが成功しないと見ると、急に反転して身体因を探し出そうとする傾向が生じてくる。この考えでは、心身症を身体の側から見て、そこに何らかの「原因」を探し出そうとするものである。これもある程度の成功は認められたが、これによって解決がもたらされたわけではない。

心身相関の問題について、きわめて画期的な発言をしたのは、ユング派の分析家、C・A・マイヤーである。彼は「ユング派の観点から見た心身医学」という論文を一九六三年に発表している。(8) 彼は心身症の現象はどちらかを原因として他を結果としてみるのではなく、ユングの言う共時的現象として見るべきことを提唱した。つまり、心身症のみならず、こころと体の間にはユングが注目したような意味ある偶然の一致とも言える現象が生じるが、それは非因果的連関として把握すべきであって、どちらかが「原因」であるとして、因果的に考えるべきではない、と言うのである。

たとえば、癌の場合、不思議な退縮現象が認められることがある。つまり、癌が治癒したことになるのだが、そのときに、「……をしたことが原因である」と断定すると、癌の治療法が見出されたことになる。あるいは、そこにおいて行われたことが宗教的儀式や何らかの宗教的行為であったりするとき、宗教の力によって癌が治癒したことになる。

そのときに共時的現象が生じたこと、たとえば、ある薬を飲んだり、儀式をしたりした後に癌が退縮したことは事実であるが、それを一般化して因果関係によって結びつけるところに問題が生じてくる。そうなると、偽科学や偽宗教が生まれることになる。ただ、この際に、因果的に説明できないからと言って、その事実をさえ否定しようとする人があるが、それは誤りである。あったことはあったこととして認めねばならない。しかし、そのような共時的現象が存在したとしても、因果関係のないときは、操作的な方法に結びつかない、つまり、どうすればよいかがわからないので無意味である、という考えもある。この点については、後に論じる。

こころと体の現象の間にある種の関係があることを認めつつも、そこに単純な因果関係が存在するとは考えないというのがマイヤーの考えであり、筆者もそれに賛成である。これについて、有名な理論物理学者で、トランスパーソナル心理学との関係が深い、デイヴィッド・ボームが次のような見解を発表している。(9) 彼はまず、「心と身体は互いに分離して存在するが、何らかの相互作用《インターアクション》によって関係づけられている」という考えは、彼の理論と共存しないと明言している。

ボームは、「心身は相互影響するにあらず、むしろ、一体となって、相対的に独立した一個の総体を形成するものなり」と言っている。ここに彼の言う「相対的に独立した一個の総体」とは、一人の人間存在のことである。その人間存在を、こころも体も一体となって形成しているのだが、相互に原因と結果という関係でつながっているわけではない。

この点を示すためにデイヴィッド・ボームが巧みな比喩を用いているので、それを紹介する。

透明な四壁で囲まれた水槽のなかを、一匹の魚が遊泳していたとする。このときに互いに直角になる二つの側面からその魚の姿を撮影する。その後に、そのフィルムを二枚のスクリーンに映写すると、二枚のスクリーン上の二つの映像にはある種の相関関係があることに気づくだろう。一方の内容は他方の内容と関連し合っている。それぞれは独立した存在をあらわしているのではなく、ある活動する実体の、ある面を映し出しているのである。この活動する実体はスクリーン上の二つの内容より高次元の存在である。この高次元の存在が、人間存在であり、それぞれのスクリーンに映った内容が、それぞれ「こころ」と「身体」の状態として認識されるものである。

ここで重要なことは、われわれ人間は、この「高次元の存在そのもの」を直接に認知することはできないということである。「こころ」という側面か「身体」という側面を通してしか、それに接近することはできない。ここで、われわれが「こころ」(「身体」)に対して何らかの操作を加えるとき、それが「高次元の存在そのもの」にどう作用し、「身体」(「こころ」)にどのような結果をもたらすかを、因果的に把握することは不可能なのである。この「高次元の存在そのもの」はそれ自体の自律性をもち、人間による機械的操作には従わないのである。

ここに示した比喩はなかなか巧妙なものであるが、比喩はあくまで比喩である。したがってこの比喩をそのまま用いて推論を重ねても、あまり意味はない。しかし、心身相関の状況をなかなかうまく言い表わしていると思う。

四　たましいについて

デイヴィッド・ボームのいう「高次元の存在そのもの」を、「たましい」と呼んでみてはどうであろう。われわれはそれ自体を直接に知ることはできない。しかし、それの顕われとしてのこころの現象や体の現象は認知することができる。それを認知し、ある程度コントロールできる主体として、人間は「自我」を持っている。しかし、こころと体とは共に自我の思いのままになるとは限らないし、時には自我にとっては「障害」と感じられる現象を示す。このとき、自我は混乱し、その人は心理療法家のところを訪れる。

こんな風に考えると、心理療法家は、自我とたましいの折合いのうまくゆかない状況にどう対処していくか、という仕事をしていることになる。そこで、人間はたましいそのものに直接はたらきかけることができないのだから、まずは自我のコントロールをできるだけ弱め、たましいのはたらきを尊重し、それがこころや体の現象としてどう認められるかを見るということになるだろう。そして、治療者は操作的な行為はできるだけ避けることになるだろう。そして、できる限りたましいのはたらきにまかせることになる。

以上述べたことは、これまでの論議に重ね合わせると、できるだけ深層の意識の方に注目を移すことになる。あるいは、自分の生きている身体の状態を、自分が生きているものとして体感しなくてはならない。そのような状況になるように治療者は努力しなくてはならないが、それは治療者とクライアントの関係の深まりによって生じるものである。そして、何よりも治療者自身が、たましいのはたらきに対して開かれていなくてはならない。そのような人との関係において、クライアントもたましいのはたらきに従うようになってくる。

このような態度をとると、共時的現象がよく生じるというより、そのような現象に気づくことが多くなり、それが治療の展開に大きな役割を担うことになる。つまり、心身相関の共時性が理解できても、どうしていいかわからないというのではなく、むしろ、操作的にどうこうしようという態度をとらないことが大切だ、ということがわかってくるのである。もちろん、これはただ何もしないでいるというのではなく、共時的現象を読みとること、及び、そのときにはそれに乗って行為することも必要なのである。

近代科学の隆盛は一般に科学信仰とも言うべき傾向を生み出し、それは「たましい」という言葉や考えを拒否してしまった。しかし、現代人は自分の「こころ」を超えた高次元の存在があるらしいとか、何か大切にするべきものがあると感じるものの、それが何かわからないまま、「こころ」を超えたものとしての「身体」を過剰に気づかったり、大切にしたりすることにもなる。健康食品を宝物のように扱ったり、ジョギングを儀式の如く行なったりする態度などにそれが示されている。こころを超えたものとして、せめて「生きられる身体」に関心を向けるならば、それはたましいに到る道になるかも知れないが、多くの場合、対象化された身体の健康の方にこころが向かうので、本質からずれてしまうのである。

このような現代において心理療法を行う者は、身体性という点に強い関心を払うべきはもとよりであるが、こころと体を超えた存在としてのたましいに対して時に想いを寄せる態度をもつことによって、その仕事により深い意義を感じるであろう。また、クライアントにとっても、それによってこころや体の健康を回復するということ以上の、自分の存在に深く根づく体験をすることになろう。そのようなとき、心理療法において身体に対して関心をもつことが大きな助けになると思われる。

（1）市川浩『精神としての身体』講談社学術文庫、一九九二年。
（2）吉本ばなな『体は全部知っている』文藝春秋、二〇〇〇年。
（3）ジョン・ウェルウッド編『東洋と西洋の心理学』岩井寛・北西憲二・児玉隆治訳、ナツメ社、一九八四年。
（4）C. T. Tart, *Altered State of Consciousness*, New York: Wiley, 1969. これはアメリカのアカデミックな心理学の領域において、このような考えが認知されるようになった画期的な書物である。
（5）井筒俊彦『意識と本質』岩波書店、一九八三年。
（6）岸本寛史「癌患者の「意識」と「異界」」河合隼雄総編集『講座心理療法 第四巻 心理療法と身体』岩波書店、二〇〇〇年。
（7）メダルト・ボス「東洋の英知と西洋の精神療法」、注3前掲書。
（8）C. A. Meier, "Psychosomatic Medicine from the Jungian Point of View", *The Journal of Analytical Psychology*, 8 (2), 1963, pp. 103-121.
（9）デイヴィッド・ボーム「宇宙の暗在系─明在系と意識」『量子力学と意識の役割』竹本忠雄監訳、たま出版、一九八四年。

第3章　イニシエーションと現代

一　イニシエーションの重要性

イニシエーションという言葉は、不幸にもオウム真理教という事件と関連して、一般の人々に、強い負荷を背負って知られることになってしまった。しかし、イニシエーションということは、現代人にとって極めて重要なことと筆者は思っている。だからこそ、オウム真理教もそれによって、知的に高い若者たちを惹きつける力をもったのであろう。

イニシエーションは、民俗学、文化人類学、宗教学の世界ではよく知られていたが、心理学では無縁のことであった。臨床心理学の世界でも何ら関心をもたれていなかった。筆者がこの考えに接したのは、ユング心理学を通じてである。一九六二年に、チューリッヒのユング研究所に留学し、そこで講義をいろいろと聴講したが、そのなかのひとつに文化人類学があり、そこでイニシエーションについて、はじめて知ることになった。

そのときに、イニシエーションということが心理療法において中核的な重要性をもつものであり、日本に帰国後に心理療法について語るときに、まず取りあげねばならぬことであると思った。一九六五年に帰国したときは、日本はまだまだ「近代科学一辺倒」の時代であり、自分の考えをすぐに述べるのは危険と思ったので、もっぱら臨床の実際に専念して、ユング心理学の中核的な考えは徐々に時間をかけて伝えることにした。

このために、イニシエーションについて、わが国の専門的な世界ではじめて発表したのは、一九七五年である。[1]と言っても、当時、筆者が奉職していた京都大学教育学部の心理教育相談室紀要に発表したもので、ある程度は内輪での発言であった。しかし、その後は心理療法家によって広く受け入れられ、今では相当に一般化していると言ってよいだろう。したがってあまり詳しく述べることもないが、イニシエーションについて、ごく簡単に述べておく。

山中康裕が紹介しているように、[2]イニシエーションによって、「加入させる人間の宗教的・社会的地位を決定的に変更すること」になるのであるが、それはなかなか手のこんだ儀礼であり、そのひとつひとつを体験することが必要である。したがって、非近代社会においては、子どもが大人になる、結婚する、あるいは、死ぬ、などという人生の節目において、イニシエーションの儀礼が行われ、人々はそれに参加することによって、自分の変化を「体験」することができたのである。

後にも述べるように、近代社会の特徴は、古来からあったイニシエーションの儀礼を消失せしめた点にある。しかし、このために、現代人は多くの困難を経験していることも事実である。

たとえば、最近よくある例としては、「大人になっていない」、あるいは「大人になれない」人間があげられる。就職したものの、上司から叱責されたというので、すぐに退職してしまう。フリーターというと聞こえはいいが、要は、自分で自分を養う働きができず、勝手なことをしながら親の収入に頼って生きている。結婚しても少しのトラブルで、親元に帰ってしまう。これらの人間は、年齢は成人に達している、あるいは、それをはるかに超えているのに、一人前の社会人としての責任ある生き方ができない。

ある男性が、高校を出て浪人をしていたが、学業に手がつかずぶらぶらしていると思っているうちに、暴走族に仲間入りしてしまった。単車を乗りまわしているその姿を見ていると、死ぬことを求めて努力しているのではないかと思えてくる。このような例ばかりではなく、青少年の犯罪や、あるいは家庭内暴力の例などに接していると、そこには常に「死」ということが誘因としてはたらいているように感じられる。

このような例を見ると、そこに認められる無意識的な「死の希求」は、イニシエーションにおいて重要な「死と再生」の体験を求めてのあがきではないかと思えてくる。もちろん、イニシエーション儀礼における「死と再生」はあくまで象徴的体験である。そのような象徴的体験をする方策を奪われてしまって、なおイニシエーションの必要性が迫ってくるとき、それは短絡的な死の希求へと走ってしまうのではないか、と思われる。当人はそんなことを意識しているわけではないが、その暴発的行為が、イニシエーションを求めてのあがきとして解釈されるのである。

実際に、このような青少年に心理療法場面で接していると、夢や遊び、あるいはその他の表現行為などのなかで、まさにイニシエーション儀礼に類似するような体験が生じてくるのである。

現代の日本社会において、青少年の問題に対する関心が高まってきている。そのときに、イニシエーションの話をすると、多くの人がその重要性を認めるが、次に起こる疑問は、「どうしてイニシエーション儀礼がなくなったのか」ということである。あるいは、もっと短絡的な反応として、「徴兵制を復活せよ」などという極端なものさえある。しかし、手軽に「イニシエーションの復活」などと叫んでも何とも仕方がないことは明白である。それではいったいどうすればいいのか、ということになるが、それについて考える前に、近代になってなぜイニシエーションが消失したのかについて考えておく必要があるだろう。それを考えることによって、イニシエーションの本質や現代社会の特徴がより明らかになると思われるからである。

二　イニシエーションの消失

近代社会はイニシエーション儀礼を消失した。これはどうしてだろう。近代社会の特徴を語るために、科学史の観点から、村上陽一郎は「聖俗革命」という言葉を用いたことがある。(3) 村上の説には傾聴すべき点が多いが、ここでは、村上が簡単に要約している言葉を引用するにとどめておく。

この革命には、大雑把に言って二つの段階がある。その第一は、知識を共有する人間の側の世俗化がそれであった。神の恩寵に照らされた人間だけが知識を担い得る、という原理から、すべての人間が等しく知識を担い得る、という原理への転換である。F・ベーコンに、その最も典型的な発想を見ることができる。第二の段階は、知識の位置づけのための文脈の転換であった。神―自然―人間という文脈から自然―人間という文脈への変化がそれである。その変化のなかで、科学と哲学とが、それぞれに独立するというプロセスが付随する。

まず後の方から論じると、要はそれまで人間の上に君臨していた神が棚上げされてしまったということである。イニシエーションの制度は、その社会が完全な伝承社会であることを前提としている。その社会は言うなれば、原初のとき(かのとき)にすべてのことを整えて出来あがっているのであり、後から生まれた者は、その世界へと「入れてもらう」ことがもっとも大切なのである。つまり、そこには「進歩」という概念は存在せず、この世は出来あがった世界、閉じられた世界であり、子どもはそこに加入する際には、イニシエーションの儀礼を必要と

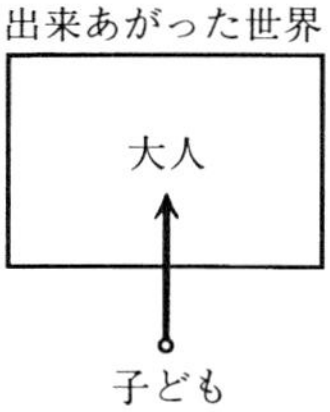

図1　古代社会の構造

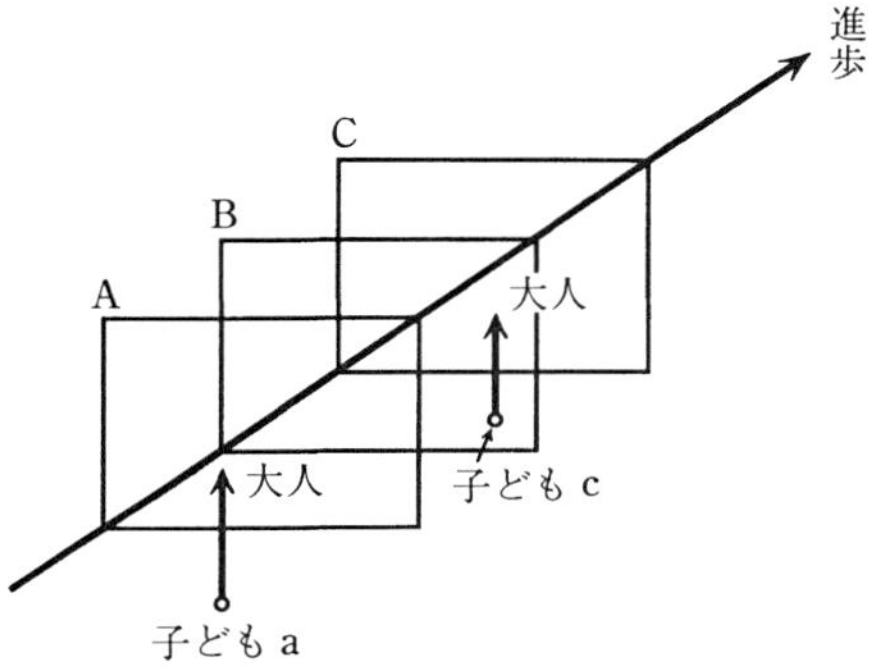

図2　近代社会の構造

出所）河合隼雄『大人になることのむずかしさ』〔新装版〕
岩波書店，1996年，図1は63頁，図2は64頁．

するのである。

この点はすでに『大人になることのむずかしさ』(4)に発表しており繰り返しになるが、イニシエーションの理解に重要なことと思うので、ここにそのときの図を再録する。古代社会の構造は図1に示したとおりであるが、近代社会の特徴は、社会が「進歩」すると考え、それを極めて重視した点にある。それを図2に示しておいた。まったく図式的な説明であるが、子どもaがAという社会の大人として、そこに入れてもらったとしても、社会が進歩して、社会Bへと変ってゆくと、a自身も変化してゆかないかぎり、彼は子どもと同じように社会Bから取り残されてしまうことになる。あるいは子どもcは、大人になって社会Cへと入ってゆくにしろ、すでに彼は社会Bの大人たちと同じくらいのレベルに居る、ということになる。今、目まぐるしく進歩してゆくコンピュータ社会のことなどを考えてみると、よくわかるであろう。

このようなわけで、成人式を、本来的な意味におけるイニシエーションとして行う制度は消失してしまったことになる。今は、むしろ形骸化した成人式が各所で行われているが、それによって若者たちが自分の「実存条件の根本的変革」(5)などを体験したりするはずがない。

次に、村上陽一郎の述べる「聖俗革命」のはじめの方の点について考えてみたい。「神の恩寵に照らされた人間だけが知識を担い得る、という原理から、すべての人間が等しく知識を担い得る、という原理への転換」とは何を意味しているのか。これを心理療法と関連して述べると、シャーマンや巫女などになるのは、「召命」を受けた特別の人間だけだ、という考えがなくなり、誰でもが心理療法家になれる、ということになり、シャーマンや巫女になるためのイニシエーションの儀式は消滅することになるのだ。

ここにシャーマンが出てきたのを非常に唐突に感じる人もあるだろうから、この点について、少し説明しておきたい。近代の心理療法の確立という点では、誰しもフロイトをあげるだろう。そして、村上の言う聖俗革命の時代精神に影響され、フロイトは自分の方法が「科学的」であることを主張した。つまり、彼の言う「科学的」な知識や技法を身につけた者は、誰でも精神分析家になれると考えた。

しかし、現在のわれわれが「近代科学信仰」から自由になり、心理療法の本質について考えるときは、エレンベルガーがその名著『無意識の発見』[6]において明らかにしたように、シャーマンに心理療法家のルーツを求める(あくまでルーツを求めるのであって、われわれがシャーマンと同じと言うのではない)方が、適切であると思う。近代になってすべてに世俗化が進む以前において、「たましい」のことを扱っていたのはシャーマンであった。

この点から考えて、河合俊雄の『心理臨床の理論』[7]が、心理療法を考える上で、まずシャーマンから説き起こしているのは、今後、われわれが心理療法の本質について考える上で示唆するところが大きいものである。シャーマンについてはここにあまり論じることができないので、同書を参考にしていただきたい。

ここで強調したいことは、近代になって、成人式のようなすべての人間にとって必要と考えられていたイニシエーションのみならず、特定の人間、シャーマンや巫女などになるために必要とされていたイニシエーションも消失した、ということである。近代人は「啓蒙」され、イニシエーションなどの儀礼はすべて「迷信」として排除され、世俗化され合理化された社会に住むことになった。しばらくの間は、その便利さや快適さに心を奪われていたが、最近になって、われわれの失ったものの大きさに気づきはじめた。つまり、最初に少し述べたように、必要なイニシエーションを経験していない人間による害が大きいことがわかってきたのである。

三　心理療法の場面で

制度としてのイニシエーションは、近代社会において消滅した。しかし、人間の内的体験としてのイニシエーションの必要性はなくなったわけではない。ここに現代人の生き方の問題が生じてくる。子どもが大人になるということは実に大変なことだ。だからこそ、古代においては社会をあげてそれに取り組み、それぞれの社会や集団が、それにふさわしいイニシエーションの儀礼や制度を確立してきた。それをなくしてしまったのだから、個人に対する負担は大変重くなった。言うなれば、各人はそれぞれのイニシエーションを自前で自作自演しなくてはならなくなった。

しかしながら、現代人の多くは近代の流れのなかにそのまま生きていて、イニシエーションの制度のみならず、イニシエーションそのものも「迷信」として否定してしまっている。意識的に拒否していても、人間存在に根ざすイニシエーションの必要性は、無意識のはたらきとして生じてくる。そのとき両者の乖離があまりに著しいと、いわゆる「問題行動」としてそれが露呈されてくる。かくて、心理療法家のもとに訪れてくる、あるいは連れて来られる人たちの多くが、イニシエーションの成就を目指しての仕事をわれわれと共にすることになる。心理療法家としても、そのような心づもりでクライアントにお会いすることもある。

たとえば、山中康裕や岩宮恵子は、イニシエーションということが、来談した青少年の理解に大いに役立つことを明らかにしている。(8)「異常」あるいは「病的」などというレッテルを容易に貼られそうな行動に対して、それがイニシエーションという人間の成長において必要な行為の一部として解釈されるとき、それは「意味」あるものとして、本人にも、それを取り巻く人たちにも理解されてくる。それは時に長い道程であるにしても、イニシエーションの段階として知られている、分離・過渡・統合の過程を踏みしめてゆくことになる。

それでは心理療法家は古代のイニシエーションにおける長老やシャーマンと同じ役割を担う者なのだろうか。実はそれは同じとは言えないのである。そもそも、心理療法の場で生じることは、古代のイニシエーションと類似のことではあるが、同じではない。このことをわれわれはよく認識しておく必要がある。うっかり、心理療法家がシャーマンや長老気どりになっていると、大きな失敗をすることになる。

心理療法とイニシエーションの相異の第一は、前者が背後に明確な超越者の存在を前提としていないことである。イニシエーションが制度として行われるためには、神と呼ぶにしろ呼ばないにしろ何らかの超越的存在が前提にされ、そのことをその集団の人間たちが共同幻想として共有している必要がある。このことを忘れて、現代もイニシエーションを保持している部族の儀礼のまねごとを、「癒しの儀礼」などと称して、近代社会でやってみても効果がないのは当然である。心理療法家が頼りにするのは、あくまで個人であり、個人の無意識である。無意識から産出されてくるものの導きに従うより他ないのである。

個人の無意識という限り、治療者もクライアントもそれを持っており(このような表現は後述のように問題があるが）、ある意味では両者は同等ということになる。つまり、イニシエーション儀礼における、長老と新参者という役割を、治療者とクライアントのどちらが担うかは、時と場合によって変ってくる、ということである。心理療法家のイニシエーションについては、次節に述べるが、ともかく、このような役割の相互性があることをよく認識しておかねばならない。

治療者とクライアントの相互性と言っても、その場で何が行われているか、その意味については治療者の方がよく知っていなくてはならない。それがなかったら治療者としての資格がない。しかし、治療者は常に長老的役割をとるものと信じているために、時には、そこに生じてきている自分自身のイニシエーションの過程を読みとることができずに、混乱に陥るような人もいる。

次に、制度としてのイニシエーションにおいては、新参者は明確な「分離」を体験し、日常の世界より非日常の世界へと移行させられるのに対して、心理療法においては、時間と場所を限定して会うことにより、できる限り非日常的空間を設定しようと努めてはいるが、そのセッションが終わると日常生活にかえり、また日をあらためて面接に来る、ということが繰り返される。この点は非常に大きな相異である。

せっかくの「分離」体験が、こま切れになるのを避けるため、集団で一週間などの比較的長い期間、人里を離れたところで寝食をともにし、イニシエーション類似の体験をする方法もある。このようなグループ活動は効果をあげることもあるが、古代と異なり、その後で参加者がかえってゆく社会が、共同幻想によってつながっているのではなく、まったく非聖化された性質をもっているので、グループにおいて体験したことが、役に立たなかったり、有害なものとして作用することがある。このあたりのことは、主催者は大いに注意しなくてはならない。

心理療法家はシャーマンと異なり、個人の面接で週に一回、二回などと決めてクライアントが来談する場合、現実世界における適応の問題も常に考慮にいれていなければならない。逆にそれでこそ、現代におけるイニシエーションの意味があるとも言うことができる。一方で日常生活を破綻なく続けながら、他方では非日常世界におけるイニシエーション儀礼を遂行してゆかねばならない。そして、両者は不思議な重なりを見せるので、日常生活におけるいろいろな出来事が、イニシエーション儀礼の一部の役割をもって生じる、ということもある。このあたりの全体像を把握する能力を持っているのが心理療法家なのである。

日常生活の適応を第一に考えてしまうと、せっかくのイニシエーションの機会を奪うことになるし、さりとて、非日常体験の方に重きを置きすぎると日常生活が破壊されてしまって、生きることが非常に困難になる。このあたりのバランスをよく心得ておかねばならない。

四　心理療法家のイニシエーション

先にも少し触れたが、心理療法家のイニシエーションはどうなるのであろうか。シャーマンの場合は、明確にイニシエーションの儀礼をもっている。と言っても、ただ一回の儀礼によってシャーマンになる、などという単純なものではない。長い苦しい過程を経る必要があるのだ。それはよく知られているシャーマンの「巫病」およびその克服の過程である。これも、エレンベルガーの言葉を借りると、「創造の病」(9)ということになるだろう。苦しい「病」とその克服がシャーマンになるためのイニシエーションとして必要なのである。

それでは心理療法家の場合はどうなのか。ここで、シャーマンの場合と同じく、「召命」が必要などというと、心理療法家は自分を特権階級と思っているのか、などという批判を受けるだろうから、別に「なりたい」と思う人は誰でもなればいい、と言っておこう。確かにそういう意味では、門戸は誰にでも開かれている。まったく平等である。しかし、平等社会だと言っても、誰でもがプロ野球やプロのサッカー選手になれるだろうか。誰でもプロの芸術家になれるだろうか。各人は何にでもなれる平等なチャンスのなかで、自分はどの道に進むのか、自分の個性との関連で自分の行く道を選ばねばならない。そして、自分で選んだと意識的には思っていても、後から考えると、やはり「召命」を受けていたのだと感じるということもある。

先に、フロイトは「近代科学」の装いをもって精神分析を広めようとしたと述べた。特にその傾向はアメリカでは強くなった。しかし、彼自身は心理療法の本質をよくわかっていた、と言えるだろう。そのひとつとして、彼は分析家になるためには「教育分析」を受けることが絶対必要だとした。もし精神分析が近代科学の知識体系と同じなら、書物によっても学べるわけであるが、教育分析という体験を通じてこそ、それは学ぶべきものであり、他には方法がないと彼は考えたのである。そして、その教育分析の過程のなかで、誰もが広義における「病」とその回復を経験する。ここでわざわざ「広義」と断っているのは、それが必ずしも実際的な(心身の)病気を意味しているわけではないからである。しかし、精神的に相当に困難な状況を体験するのは事実である。

最初から病んでいる人はどうなるのだろう。そういう場合も、要するにそれをいかに克服してゆくかという過程が必要なのである。時に、自分が病人でいることを「召命」そのものであるかの如く感じる人もいるが、それを克服できなかったら駄目である。病んでいるからと言って、それで十分ということはない。逆に健康そのもので、自分は大変健康なので、病んでいる人を救ってやりたいと思っているが、心理療法家には不適切という人もいる。端的に言うと、病む力も持たない人ということになるだろう。

大学というところは、いわゆるアカデミックな学問をするところであり、以上に述べてきたようなイニシエーションを行うには不向きであるとも言える。それに近代以降の「学問」イメージを強くもっているところでは、近代科学類似の知の体系を身につけることをもってよしとするので、知識は豊富で思考力は増すかも知れぬが、心理療法家となるには何かが欠けている、ということになる。さりとて、大学がイニシエーションを行うような制度はできるはずがない[10]。しかし、有難いことに、たとえ教育分析そのものは行われないにしても、クライアントに会うことによって、どこかで必要なイニシエーションが生じると思われる。

治療者とクライアントとの相互性のために、時にはクライアントが「長老」役をし、治療者は「新参者」の役を演じなくてはならぬときがある。もちろん、これはクライアントが意図的にするのではない。両者の無意識のはたらきによって事が運ぶのである。このような治療過程においては、治療者は苦しみを味わい、もう止めようと思ったり、疲労のために自分が死ぬのでは、と思ったりするほどのこともある。しかし、それを克服してこそ、心理療法家としてのイニシエーションを体験したことになるのである。

すでに他にも引用したことがあるが、文化人類学者のヴィクター・ターナーの『儀礼の過程』[11]には、ザンビアのンデンブ族の首長の任命式儀礼において、首長に選ばれる者が徹底的にののしられることが報告されている。その儀式において、首長になる者は手荒に坐らされ、「静かにせよ！　あなたはさもしい利己的な愚か者であり、気むずかしい人間である。あなたは自分の仲間を愛さずに、ただ怒ってばかりいる！」という調子で長々と完璧に罵倒される。このとき「首長に選ばれた者はこのあいだずっと、黙って頭を垂れて坐っていなければならない。この姿勢が〝すべてを耐え忍ぶ形〟であり、慎みを表わす形である」ということになる。

クライアントから、「あなたなんか治療者ではない」とか、「人の気持がまったくわからない人だ！」とか正面から罵倒されたことのある治療者は、それに対して、「黙って頭を垂れて坐って」いることによって、心理療法家としてのイニシエーションを受けている、と考えてみるのも意味あることであろう。もちろん、いつもそうだと言い切れぬところが、心理療法の難しさであるが。

次節に述べるように現代のイニシエーションは一回限りということはない。何度も繰り返されるのが特徴であり、心理療法家にとっても同様である。臨床心理士の資格を取ったからと言って、そんなことに甘んじていては話にならない。心理療法を続ける限り、イニシエーションは何度も訪れるであろう。われわれはいつどのような形でイニシエーション体験をすることになるのか、計り知れないところがある。

五　現代のイニシエーション

心理療法の場面に生じることは、イニシエーション類似のことではあるが、同じものではないと述べた。現代人はすべて、あまりにも非聖化された世界に住んでおり、聖なる共同幻想を持たないので、一回のイニシエーションによって、「子どもが大人になる」あるいは、「今日から心理療法家になる」などということが決定的に起こることはあり得ないのである。もっとも世俗的な意味では、二十歳になれば成人とか、臨床心理士の「資格」などというものがあるが、ここに述べているのは、あくまで内面的な意味であるし、実はそれはある程度、外的なこととも関係がつながってくる。

それに、社会が進歩する、変化する、ということを考える限り、一回限りのイニシエーションはあり得ない。したがって、現代人はイニシエーション（類似の）体験を何度もしなくてはならないことになる。あるいは、自分は「イニシエートされた」と完了形で体験してとどまっていることは、イニシエートされない状態になってくる、という逆説が存在するのが現代である。分離・過渡・統合という三段階が明確にわかり、それによって完了すると考えるためには、この世とあの世の境界、聖と俗の境界がしっかりと存在しなくてはならない。しかし、現代はすべての境界があいまいになっているのだ。こちらからあちらに行って帰ってくる、という明確なイメージがほとんど機能しないのである。

社会の変化という点から言えば、次のような例が考えられる。

ある男性が小学校の教員になった。子どもへの接し方がわからずに苦労した。やめたいとさえ思ったが、だんだんと子どもたちの気持もわかってくるし、手に負えないと思っていた子どもがなついてきたりして、教師の仕事に生き甲斐を感じるようになった。子どもたちによるイニシエーションを見事にパスしたのだ。それ以後何年も経って、ベテラン教師になり、もう少しで管理職にもなどと思いはじめていたとき、思いがけない「学級崩壊」が起きた。これまでの自分の経験を総動員して対処しようとしたが、子どもたちは騒ぐばかり。こうなると同僚の教師も自分を軽蔑しているように思えてくるし、学校へ行くのさえ嫌になってきて、辞めたくなってきた。

これなど、急激な社会変化のため、子どもたちも以前とすっかり変ってしまって、この教師の一回のイニシエーションでは通用しない、今、あらたなイニシエーションを必要とする時期を迎えていると言うべきであろう。おそらく、十年前であれば、この教師もベテラン教師と尊敬されながら、管理職への道を進めたかも知れないが、今ではそれが難しい。このようなことは、現代社会ではよく起こっており、中年男性の自殺が急増しているのは、そのことを示していると思われる。

このように考えてくると、イニシエーションということは、心理療法にとって重要な考えを提供してくれるものではあるが、それを単純に受けとめてしまうと危険であることがわかってくる。そこで、イニシエーションに対する考えも、いろいろな角度から検討してみる必要が生じてくる。河合俊雄の論文における、「イニシエーションの否定」という考えも、そのような観点から読むことができるであろう。[12]

すでに述べたように、現代はすべての境界があいまいな時代である。あちらの世界へ行き、何かの宝を得て、こちらの世界に帰ってきたと思ったら、何のことはない、こちらの世界とあちらの世界とは入り交じっていて、宝と思って持ち帰ったものは何の価値もない普通のものになっていた、などということになるかも知れない。このような現代の特徴が、心理療法家を悩ませる「境界例」の多発という現象を生み出しているのではないかと思われる。

境界例に対して、単純に、分離・過渡・統合という考えを図式的に適用して治療を行おうとすると必ず失敗するであろう。極端に言うと、過渡にはじまって過渡に終わるような覚悟をもって接することが必要であろう。境界例とイニシエーションの問題については、既に他に論じているので[13]、ここでは繰り返しを避け、このあたりで本章を終わりにしたい。

(1) 河合隼雄「心理療法におけるイニシエーションの意義」『臨床心理事例研究 京都大学教育学部心理教育相談室紀要』2、一九七五年。
(2) 山中康裕「「内閉論」からみた「イニシエーション」」河合隼雄総編集『講座心理療法 第一巻 心理療法とイニシエーション』岩波書店、二〇〇〇年。
(3) 村上陽一郎『近代科学と聖俗革命』新曜社、一九七六年。
(4) 河合隼雄『大人になることのむずかしさ』新装版、岩波書店、一九九六年。〔第Ⅰ期著作集第一四巻所収〕
(5) M・エリアーデ『生と再生』堀一郎訳、東京大学出版会、一九七一年。
(6) H・エレンベルガー『無意識の発見——力動精神医学発達史』上・下、木村敏・中井久夫監訳、弘文堂、一九八〇年。

(7) 河合俊雄『心理臨床の理論』岩波書店、二〇〇〇年。
(8) 山中康裕、注2前掲書。岩宮恵子「思春期のイニシエーション」、注2前掲書。
(9) H・エレンベルガー、注6前掲書。
(10) 最近のアメリカの臨床心理学の大学院は、このようなことも考慮に入れたものができつつあるようである。
(11) V・ターナー『儀礼の過程』富倉光雄訳、思索社、一九七六年。
(12) 河合俊雄「イニシエーションにおける没入と否定」、注2前掲書。
(13) 河合隼雄「境界例とリミナリティ」『生と死の接点』岩波書店、一九八九年。〔第I期著作集第一三巻所収〕

第4章 「物語る」ことの意義

一 神話産生機能

アンリ・エレンベルガーの『無意識の発見』は、力動的な心理学の発展の歴史を述べている名著(1)であるが、その最後の「結び」の章に、重要な問題を提起している。力動心理学においてはなぜ学派があるのか、それは実験心理学とどう関係するのか、それらは結局は「一元的科学」として統合されるのか、という疑問である。もし、「真理はひとつ」なのであれば、このように学派に分かれるのはおかしいのではないか。それはそもそも科学ではないのではないか。

この困難な問題を解決する途として、エレンベルガーは思い切った提案をする。それを引用してみよう。

無意識の探求を展望して、われわれは、心理学者が主に無意識の保存的、解決指向的、創造的局面のみに関心を持ち、フルールノワ以後は神話産生的無意識に注意する者がほとんど跡を絶ったことに気付いた。この大部分未踏の分野を改めて探究すれば、全く謎とされている問題に新しい光を投じうることも少なくないだろう。—中略—〔このようにしてゆくと〕実験心理学の厳格な要請と無意識探求者の体験する心理的現実とをともに正当に扱える概念枠を構築する見込みが生まれてくるだろう。

これは実に注目すべき発言で、この大著の掉尾を飾るにふさわしいものである。私にとっては、これは科学と宗教の接近についての提案とさえ読みとれるものである。ここにエレンベルガーのあげた「神話産生機能」(mythopoetic function)とは、一八八二年にイギリスにおいて「心霊研究協会」を設立した、フレデリック・マイヤーズの新造語と見なされており、エレンベルガーによると、「意識の閾下にある自己の〝中心領域〟であり、内面のロマンスの何とも不思議な制作がここで恒常的に行われている」、あるいは、「幻想をつむぎ出す無意識の傾性である」とも述べられている。ただ「惜しむらくは、マイヤーズはこのきわめて稔り多い概念の含蓄する意義を全面的に展開しなかった」のである。

エレンベルガーは、このように無意識の神話産生機能に注目し、それの今後の研究における重要性を指摘した。これと類似のことを、わが国の哲学者・宗教学者である井筒俊彦は次のように述べている(2)。

エレンベルガーは単に「無意識」と述べているが、井筒はC・G・ユングの説によって、無意識の深層は、「元型」に満ちており、元型そのものは意識化できないが、それが意識に近づくにつれて、「元型」イマージュとして、「一種独特の深層意識的イマージュ空間を現出する」と考える。そして、井筒はそのような「元型」イマージュの特徴として、「説話的自己展開性、あるいは「神話形成的」(mythopoetic)発展性」を持つ、と述べている。

そして、この説話的自己展開性については、「「元型」イマージュだけではない、すべての「想像的」イマージュの、それは、本性的傾向だ。本性的に安定していて、ともすれば凝固しがちな普通の、表層意識的イマージュとは反対に、「想像的」イマージュは、機会さえあればすぐに説話的に展開しようとする。展開してお伽話となり、伝説となり、神話となる。「元型」イマージュを中心として、そのまわりに他の「想像的」イマージュが結集し、自然にそこに物語が形成されていく」。

ここで、井筒が「神話形成的」と訳している英語は、先にエレンベルガーの書物で「神話産生的」と訳されていたのと同じ、mythopoetic である。つまり、両者ともに、人間の無意識が神話を生み出してくるはたらきをもつことを重視している。

心理療法を受けるために来談する人は、何らかの意味で、その意識の主体性や総合性をおびやかされている人と言っていいだろう。したがって、その意識の在り方を改変してゆくことが必要になるが、そのためには、その人の意識と無意識の関係をよく知り、また、それを調整してゆくことをしなくてはならない。したがって、心理療法家は、その人の無意識の声に耳を傾けることが必要になるのだが、それが深い層との関連になるほど、「物語」の形をとってくると思われる。もっとも、この考えについては、後に述べるように、相当に慎重な検討が必要となってくるが。

とは言っても、いったいそのような物語はどのようにして生まれてくるのか、それは心理療法の実際場面においてどのように受けとめられ、どのような意味を持つのか、などについて詳細に考察することが必要である。まず、ここに述べた無意識の神話産生機能がどのようなものであり、それがどれほどのインパクトを持つものであるか、武野俊弥の報告したクライアントの夢の例によって示す(3)。長いものだが、その感じがよく伝わるように、そのまま引用することにしよう。三十代半ばの男性の夢である。

夢1(**X年九月**)

小さな、そしてとても澄んだ水をたたえた滝の流れに、その、老いた少年「王」は横たわっている。南の明るい光が、王の顔にかかった水滴に、やさしい色をあたえ、もうすでに死んでいる彼の身体から、死の暗い影をすっかりはらいのけてしまう。

滝は、緑におおわれた岸壁を下り、そのまま静かに、海へと流れ込んでいる。どこか、この岸壁の上の方から、滝の音が聞こえていた。それはこの水の流れとはまったく別の流れとして、やはり直接、海へと落ち込んでいるらしい。そこにいるのは、流れに身をひたしている「王」の身体と、「僕」だけだった。「僕」は、これまでの僕という言葉ではとらえられない者であった。それはむしろ「彼」でもある。僕と言うしかない彼だと言うべきか……。

「僕」は王を、だきかかえ、その小さな滝を下り始めた。近くに、あの、「王」を運び去っていった女と男がいるのかも知れない。少なくともあの女が、優しく、「王」をここに置いたのであったことは疑い得なかった。

「僕」は王を埋葬したいと考えていた。高みから、下を見おろすと、そこには浜が、白い砂の帯を、かなたの岬にまで連ねている。そのふちを飾る波の、白い軽やかなうず。テラスを作るように連なるヤシの林が続いている。南の国。島。おだやかな風が、吹き抜けて、葉のこすれる音に、メロディをあたえている。その林の途切れて、この壁につながるあたりに、彼らの家があってくれれば、と思いながら下ってゆく。砂は細かく、かわいている。足にやさしくからみつく。舟を見つけた。これをひつぎにしよう。そう考える。舟が置かれた浜辺のヤシ木立ちの中に、ゆかを高くし、ほぼ正方形(のように見える)をした小屋が連なっている。四方を柱にまもられ、ヤシの葉であんだ板で、壁と屋根をふいている。

「僕」の方からは、入口は見えず、よろい戸が半ば開けられた窓が見えるだけ。声をかけるが人気がない。

誰もいないのか、それとも眠っているのか。

「僕」は舟を浜とヤシ林のあたりまで引き上げ、それが倒れないように三本の丸木でささえると、その中に三枚のヤシの葉をしいた。そして、「王」をその中に横たえた。静かな顔をしている。彼は胸の前に手を組んで、眠るように横たわっていた。昼の光はまだ高い。舟の横にすわって、「僕」は海を見つめる。静かであった。やわらかな風に身体をまかせて、その静けさをただ見つめていた。

「どうしよう。」そう思い立った時、背後に人の気配がした。

ふり向くと、そこに白髪のまじった髪が腰まで長くのびた老婆と、前歯が何本か抜け落ちた、妙に手と足の長い男が、すわっている。老婆は手に青い玉でできた数珠を持っている。

男が、笑っているのか、ゆるんだ顔つきで、布(インドネシアの伝統的織物のイカットのようであった)と、枕を舟に差し入れる。それを持って老婆が、何かを書き記した板切れを「王」の手に持たせ、首に玉をかけた。葬儀をおこないたいとつげると、二人は、何も言わず、解っているとうなずく。「ここがあなたのすまいか?」「そうだ。」「王をここまで運んできた女と男とはいっしょなのか?」「いや。」「まさか君たちがそうなのか?」男がキャッキャッキャッと笑い声を上げる。「中に、かの女性は眠っているのか?」「どうして?」「「僕」は彼女を知っている。もし、眠っているのなら、それは「僕」のせいでもある。だから会いたい。」老婆は「それはできない」と言う。

男が、この「王」を責任を持って弔う必要がお前にはある、それが「王」の責任を引きつぐことだと言う。「僕」という彼は、「私は王にはならない、彼のようには。しかし弔いは出しておきたい。だから舟を借りた。」「この入江の海への道は、明日の夕方、潮の道として開かれる。それは年に数回のことだが、その道に舟は導かれて、はてを目指し、この大きな宇宙の小さな点となって、やがて、空をめぐり再びここにかえってくるのだ」と老婆は言う。

それは「僕」が話したのか、あるいは老婆が話したことなのか、定かではない。しかし、「僕」と「老婆」はかつて会っていたのだ。

＊

かつて「王」は球形の領地に住んでいた。大きな湖と、森、はるか遠くに山、そして丘に穴がほられた、王宮に住んでいたのだ。彼はその森の中の一軒の小屋で老婆に会っていた。そこで道に迷った王は一夜の宿を借りた。家来とともに迷い、途方にくれた王に、一杯のスープと、希望を見失うなという言葉に、翌朝王は、屈強の兵士と別れた。「去れ」と。兵士は、一人去っていった。数々の戦いの下をかいくぐってきた彼は王の剣であり、王の盾であった。

王は、よろいを脱ぐ決意をして、小屋を後に馬にまたがる。その時、そこから一人の少女が白い服を身にまとい現われると、手をふり上げた。一羽の鳥が、天へ舞っていく。

「さらば。」王はかつて、緑におおわれていた、そして今は、身の丈よりも高い木の生えていない土地に腰をおろし、重いよろいを脱ぎ、身を横たえた。よろいはたちまち「岩」となり、王の身体は、樹の根となり幹となり枝となり、眠りの中で、生を息づかせるのだった。王は、王宮の、大王と女王と、王をかこむ人々、そして色のあせた女王のバラ園の夢を見ていた。

「死ぬのだ。」そしてかの玉の光(これはかつて湖の中に光っていた)が胸にともったその不思議な力をこそ信じ、すべてをゼロにもどすのだと、固く決心をしていた。

すべて、ゼロ。そここそが、ここ。

＊

「王」は、死んだが、それは自らの命を断つというようなこととはまったく異なることだった。「王」が王でなくなる時、王の身体、すなわち領土は失われ、王の首、すなわち真理の象徴と光とはくずれ去る。彼は「王」であることを完全に停止させようとしているのだ。数々の遍歴はこの地から再び始まるのかも知れない。

金色の少年のただ見つめる目のことを老婆に話す。と、その時初めてほほえんだのだった。

「弔いのために、お前は「楽」をかなでよ。一つは、民とともに、もう一つはお前自身と、お前とともに出かける勇気を持つ勇者たちの「楽」を。」

「明日の朝、夜明けの前に民とともに王を送り、明日の夕方、落日とともに、王を宇宙に返すために。」

老婆は去った。

どうすればそのようなものができるのか？　まったく解らないが、やるしかなかろう。

いつの間にか、暮れ始めた海を見つめていた。と、沖から何艘もの丸木舟が浜を目指してこぎ寄せてくる。見る間に右手の浜に上がって、若い男たちが次々に浜の獲物を手に手にかけてくる。

初めて気がついた。ヤシ林の中には、小屋がいくつも散在していたのだ。村の女たちは夕食の支度をしているようでもあった。それはいつもの夕景なのかも知れない。しかし、その明るく生き生きとした気配の中にも、「王」の死は、重く根を張っているのであった。人々はまたそのことを祝うようでもあったのだ。

さっきの男が、いつの間にか、ハンモックを、「王」の舟のひつぎの横に、張っていた。今日はここがお前の居場所だと。「僕」はそこに登ってみる。ヤシの木はゆるやかにしなり、両の木の張り出した葉が、天蓋を作る。何を楽とすべきか？　夕方の海を見つめて考えていた。

すっかり陽は落ち、あたりは暗くなっていた。ふと思い立つ。そこにはあの歯の抜けた男がいる。手伝いをたのむ。ローソクをたくさんと、それを支えるにふさわしい台(梢のように長く、その先にローソクが立てられている)、そして、よく、燃えるヒモ。真白い、小さく四角に切られた紙。それがこの楽の譜面であった。

中心、王の頭の先に、太く長いローソクを立てる。そこから何本もの線をヒモと紙とで、放射させていく。その先はランダムに小さなローソクたちを。そして小さなローソクたちから再びヒモは反転をしていく。別のローソクたちへ。

上っていく線と、下っていく線。ラセンを描く線と、循環する線。「僕」はその光の樹を三つのパートに分けた。男たちにはそれぞれのローソクを決め、そして、炎の上がっていく道筋ごとに、リズムと、呼吸とを表現させようと考えていた。そして女たちは、自由。どの炎に渡っていっても良いが、その炎のゆらめきと、重なりを声にうつしてもらおうと思った。新たにともる炎を追う者も、また、消えかかり、ダンスをおどる姿を歌う者も……。

夜明け前に、歌は始められた。様々な声は、沈黙と渡り合う。うねり、交ざり、響き、黙し、何人の声であるのか、誰の声であるのか、それも知れないのだった。

一時間か、二時間か、自らも声を出しながら、人々の心のうずの中に自分があることをはっきりと感じるようになる。そして風、波、獣の声……。

小さなローソクのすべてが消える。中心の大きなローソクがただただともっている。静かであった。人々の息づかいの中、陽は登り始めた。

オレンジと黄色に染められた夜明けであった。人々とともに、その色彩の踊りを見つめていた。気づかぬうちにねむってしまっていたのか……。もうすでに陽は高い。老婆が笑いながら、「王を環《かえ》す準備だ」と声をかける。上手くいったかどうか解らなかった「僕」に、「よかった」と。そして、夕方へ向けて、不安に思っている心を読んだように、「男たちが待っている。舟をこぎ出せ。潮の道をわたらせる珠を、ささげる獲物を取ってこい」と。

「僕」はかつて、山の滝に竜が住むと聞いていた。今日はその滝の流れ落ちる場所へゆくのだとさとった。そして男たちと舟を海へとこぎ出していった。

そこは海の上であった。静かに見えていた水面も、丸木舟でこぎ出してみると大きくうねっていた。南国らしく、カラフルな竜のレリーフをほどこした舳先に立って、ふり向くと、屈強な勇者三人が、胸をしぶきでぬらしながら、白い歯を見せ、力強く、かいをこいでいる。「僕」は、「あの滝を目指せ」と声を上げた。そそり立つ岩だなの中央が裂け、一筋の水の帯となって直接海に落とし込んでいる滝。岩礁が、その元をかこい、容易には、ふみ込めぬ、力の働きがあるのを感じていた。

「あの滝壺に巨大な海草がある、それを」と一人が言う。

僕はナイフを持ち飛び込んだ。それはすぐに目の前にあった。水はすき通り、光が海底にまで差し込んでいる。その一株にナイフを入れる。手に重いその海草を持ち、舟まで海中を泳ぐ。若者たちの手によってそれは舟にくくりつけられた。

再び滝へ。もっと近くへ。「僕」は手に、ラセン模様を刻んだ柄のヤリを持ち、獲物をもとめていた。「ここだ。」

海の中に泳ぎ進む。そこは、もう、あの西表《いりおもて》のリーフのように、サンゴと岩の重なる底を抜けると、目の前に、岩の塔が現われた。それは、巨大な塔のように海底から海面近くまでそびえ立ち、大きく三つに割れていた。サンゴをはやしたその岩かげに狙う獲物がいることははっきりとしている。

その時、ひとかかえもある赤い三角形をした魚が身をひるがえした。その動きを見のがさず、ヤリを突き出す。獲物はヤリに突き通されている。「やった」と思った瞬間、巨大な影が、海底に動いたと思うや否や、その魚をのみ込んで激しく突き抜けていく獣に、身体が引きちぎられるようにふり回される。「竜だ。」現われた。それは喜びだった。竜は「僕」がつかまっているのもかまわず、ヤリごと獲物に食いついたまま海中を走り抜けていく。竜の背のたてがみを手につかむ。竜は海上にひるがえる。いつのまにかヤリは手をはなれている。竜の背に必死にしがみついていた。海を見おろすと、丸木舟が波にひっくり返って、三人の勇者は舟につかまりながら、こちらに向けて歓声を上げているのか、呆気にとられているのか……。

竜は何度も海へ飛び込む。

「たてがみに顔をうずめれば呼吸はできる。」そう竜の声が聞こえた。何度も空を飛ぶ……。

はるか下に、金色の少年が城のありさまを静かに見つめている。城の姿。そこには天空からは見定めることのできない動きが見える。「僕」と竜の後ろから、雨がついてきていた。大地には水がしみ込んでゆく。金色の少年がこちらを、かすかにほほえんで見上げているように感じられた。

「僕」は今、竜とともにいる喜びで張り裂けそうであった。まるで昔からの心安い友人であるかのように、結ばれている。思いが伝われば、それを、竜が眼前に現わしてくれる。そんな自在感につつまれていた。

「僕」は葬儀のことを忘れていたわけではなかった。何をどうすれば、ということは解らぬが、その前にもし、あの「女性」がいるのであれば、会いたいと強く思いながら、かの地へもどる。

遠くから滝が次第に近づいてくる。その時、この滝の裏に大きな空洞があり、きっとそこにあの女が眠っているのではないか、と思う。竜はそれを察して、「僕」を滝の中ほどに差し出すように、ゆっくりと滝をくぐった。そこは大きな教会の堂のようなスペースとなっていた。

「僕」は降り立ち、この洞《ほら》へと入っていく。階段状の岩を昇り、さらにゆくと、一つの球形の天井を持った部屋についた。そこは明るい。滝の音も、すでに小さく、さわやかな冷風が吹き込んでいた。光は二つの窓から差し込んでいた。一方は窓から見ると、そこは、岩棚に強く枝と幹をはわせるようになった樹の影に通じている。

もう一方は、天井にうがたれた円形の窓であった。その上は、草原であった。雨が降るとどうなってしまうのか、妙な心配は、しかし無用だった。この天窓の下が、テラスとなって岸壁に突き出していて、そこを伝って水が流れ去っていくことが解った。その流れはあるいは、「王」が浸っていたあの小さな流れであるのか？　あるいはまったく違うかも知れない。

部屋の中央には、寝台が置かれていた。そこに、白い布につつまれて、横たわっている女性(確かにそう思っていた)がいる。

顔は見えない。本当に彼女なのか……。「僕」は葬儀の前にここで一体何をしようとしているのか。しかし、この眠りから、女性が目をさますこと、そのために何をするべきかは解らぬが、そのことがどうしても重要なことのように思われていた。

顔をおおった布は薄く、数枚をどければはっきりと表情も解るだろうに……。

ここまできて、「僕」は腰をおろす。寝台の右に。わらのしとねが、かわいた、布のように広がっていた。

「僕」は「女」の下で眠りについた。

読者はその物語性に驚かされるのではなかろうか。もちろん、これほどの夢が報告されるのは稀である。しかし、これはまぎれもなく実際にあったことなのだ。実際、クライアントの夢の報告を聴いている間も、ハラハラ、ドキドキして、さながら物語を聴いているような気持になるときがある。

それでは、たとえばきわめて簡単な夢の場合はどうなるのか。この場合もそれはそれとして結構意義深いこともある。これについては後で述べるが、ともかく「夢」はクライアントの無意識から産出されてくる物語として、きわめて大切なものである。

もちろん、夢だけとは限らず、ユングの案出した「能動的想像法」(active imagination)という方法もあるし、箱庭をつくってもらっても、それは「物語」であり得る。あるいは、クライアントの語る「妄想」をそのような物語として受けとめることもできる。

二 「語る」と「告げる」

物語を「語る」と言うが、日本語には「語る」に似た動詞として、「言う」「話す」「告げる」などがある。これらを比較しつつ、「語る」ことの特性を論じたものとして、坂部恵の『かたり』[4]がある。これを参考にしつつ、心理療法の実際場面のことを考えてみたい。

「言う」は一般的な表現で広く用いられるが、「話す」と「語る」、「告げる」は、区別して使われる。「昔を語る」とは言うが「昔を話す」とは言わない。しかし、誰かが「幼少期の思い出を語った」と、「幼少期の思い出について話した」と両方に使うことは可能である。ただ、このとき明らかに両者のニュアンスは異なってくる。「語る」という方が、語る人の思い入れが感じられる。

坂部はまず「話す」と「告げる」とを対照させている。そして、「話す」は話をする者と聞く者とが水平関係であるのに対して、「告げる」では垂直関係にある、と指摘している。最近よく聞く「癌の告知」という場合、それを告げる医者と告げられる患者との間には、明確な差がある。前者は癌についての専門知識を持ち、患者の身体状況についても患者よりよく知っている。患者は何も知らぬ者として、それを受けるだけである。

この上下関係をもっとはっきりさせるのが、「宣《の》る」という言葉である。現在の口語ではあまり使われないが、「――という宣告」を受けたと言ったりする。癌の「告知」より「宣告」の方が、上からの圧力を強く感じさせる。それには抗し難いという感じがする。これに対して、「話す」は水平関係であり、話者と話を聞く者とは同一の平面で向かい合っている。

これに対して、「語る」という場合は、それをする者の何らかの主体的かかわりを感じさせる。山口素子は「かたる」について「象る」と「騙る」を当てて論じているが[5]、たしかに、話者の思い入れによって、そこに「かたちづくり」が行われ、行きすぎてしまうと「騙る」ことになってしまう。

心理療法の場面においては、何と言ってもクライアントが自分の経験してきたことを、自分のこととして、自分なりに納得することが必要なので、どうしても「かたちづくる」ことがなされねばならない。つまり、「語る」ことが必要になる。そして、クライアントの「語り」を可能にするためには、治療者はクライアントと水平の位置にいなくてはならない。

川戸圓はある精神科医から「精神分裂病」と診断された、十八歳の女子短大生K子との面接過程を報告している[6]。そのなかでK子の母親に対して主治医が「お宅の娘さんは精神分裂病で、これから少しずつ悪くなることはあっても、よくなる見込みはほとんどないので、それなりに覚悟をしておかれたほうがいい」と言うのは、「告げる」の典型である。ここでは上下関係は明白であり、その場で、患者が「物語る」ことは、まったく不可能である。

クライアントの「物語」を聴くには、治療者の態度がきわめて大切であることを忘れてはならない。詳細は川戸の論文を参照していただきたい[7]が、それを読むと、このような重篤な例においては治療者の相当に慎重な配慮がないと「物語」などということが生じて来ないことがよくわかるであろう。母親を同席させるかどうか、そのときにどのように接するか。治療者の少しの失敗で治療は中断してしまうだろう。このような配慮と実際的な知恵を抜きにして、クライアントに「あなたの過去を物語って下さい」と言ってみてもはじまらない。クライアントが「物語」を語るような関係をつくることが大切なのである。

心理療法において、治療者が何かを「告げる」ことを期待しているクライアントも多い。上から告げられたことを守ることによって治ってゆくのは、ある意味では主体的責任を免れるので楽なのである。実際、一般の医療においては、医者が診断を「告げ」、治療に必要な処方を「告げ」、患者はそれに従っておれば治ってゆくのである。

したがって、このことが念頭にあると、治療者やカウンセラーなどが、「忠告」をしたり、「助言」をしたりする。これは「告げる」、あるいは「与える」という表現がなされる。クライアントがそれを実行すればよいが、それは多くの場合、クライアントにとっては困難なことであって、有効性をもたない。したがって、どうしても「語る」作業が必要になってくる。

心理療法の場合も、「解釈を告げる」ということがある。自由連想、夢、箱庭や絵画などの表現に対して、治療者がそれについての「解釈を告げる」のである。このとき、そのような解釈について知る者と知らない者という上下関係が前提となっている。このときも、クライアントにそれを受け入れる力のあるときはうまくゆくだろう。しかし、このような上下関係を前提として治療者がクライアントに常に向かっていると、治療は進展しないであろう。すでに述べたように、そのような関係のなかでは、解釈の対象にするべき「物語」が生まれて来ないからである。

もっとも、先述の水平関係というのは、治療者がクライアントとまったく同等であることなどと誤解しないで欲しい。物語が生み出されてくるという基本的なところでは、水平の関係であるが、そもそものような関係を維持してゆくためには治療者は相当に専門的な知識と技術をもっていなくてはならないし、後に述べるような物語の危険性という点も考えると、相当に豊富な知識をもっていなくてはならない。しかし、そのような専門性が、「告げる」ことよりも「語る」ことの方にはるかに結びつく、という点が心理療法の特徴なのである。

夢の「解釈」について興味深い例をあげてみよう。ユング派の分析家フォン・フランツは、境界例の患者で、まったく情緒的接触がなく、他人の言葉を聞く気もないような女性の初回面接について語っている(8)。会話も不能と思ったが、「こんな大変な状態では、夢も見ないでしょう」と言うと、「断片ですが、卵をひとつ見ました。すると「母親と娘」という声がしました」と言ったという。これは短い夢でも意味をもつことを示す例でもあるが、フォン・フランツはここで大感激し、創造神話における世界卵の話を語る。フォン・フランツは興奮して語ったのだが、後で分かったところによるとクライアントはほとんど聞いていないし、わけも分からなかった。しかし、クライアントはだんだんと静かに落ちついてゆき、コンタクトが取れるようになった。

これは、治療者が自分の解釈を「告げる」のではなく、「語る」ということの好例ではないだろうか。そして、その解釈の内容が相手に伝わっていないのに、好結果をもたらしている。「語る」ことの重要性を如実に示している例である。私も最近では、夢を聴いたり、箱庭を見たりして、何を「語る」ことができるかな、と思うことが多い。それも難しくて黙っていることが多いが、解釈を「告げる」ことは少ないのではないか、と思っている。

三 「つなぐ」こと

まったくコンタクトのつかなかったクライアントとフォン・フランツの間につながりができたように、物語は多くのものを「つなぐ」機能をもっている。これが物語のもつ重要な特性である。

物語は、そもそも文と文を「つなぐ」ことによって出来あがる。これは多くの人の指摘していることである。「父親が死んだ」、「息子が旅に出た」という二つの文を、間に「悲しみのあまりに」というのを入れてつなぐと物語になる。したがって、一見無関係のように見える事象が、「つなぐ」ことによって「物語」になるし、その「つなぐ」行為によって、物語る人の主体がかかわってくる。

「物語」は近代科学の「記述」と対極をなしている。近代科学では「つなぐ」ことよりも「切る」ことが重要になる。研究者と研究される現象とは切断されていなくてはならない。そして、そのことによってこそ近代科学は、その研究結果が個人を超えた「普遍性」をもつことを主張できるのである。これは近代科学の絶対的な強みだ。

神話も「普遍性」をもつ、とある程度は言える。しかし、世界に「普遍的」な物語などあるだろうか。かつて多くの国や民族が、自分たちの信じる「物語」を普遍的と考え、それを背景にして、「聖戦」を戦ってきた。しかし、実際はそれらは全世界に通じるなどというものではなかった。

そこで、「近代科学」が俄然、力をもってくる。信じられるのは「科学」だけである、ということになる。そこで人生観や世界観までが、科学を頼りにして形成される。近代科学とそれに結びついた技術を駆使すると、実に多くのことを支配でき、思いのままに操作できる。このため、多くの人間が知らぬ間に、人間に対してまで、そのような考えを適用しようとしはじめたのではなかろうか。

上手に他人を操作して自分の思いどおりに事を運ぶことは、ある程度可能である。しかし、人間「関係」ということが重要である場合はそうはゆかない。それは、近代科学の方法論を考えると明らかである。それは関係を切断した対象についてのみ有効な方法なのである。

このあたりのことが不明確な人びとは、「関係喪失」の病に陥ることが多い。子どもを自分の思いどおりの「よい子」にしようと親が努力すると、子どもが病むのは当然である。夫婦関係でもそうである。相手を自分の思うように動かそうとする限り、両者は関係が切断され、戦うか別れるかのどちらかになってしまう。

「関係喪失」の病に悩んで来談する人があまりにも多いので、「つなぐ」役割をもつ「物語」ということが、現在の心理療法においては、ますます重要になる。夢によく出てくるパターンに、自分が嫌っている人から贈り物をもらうというのがある。そんな場合、あんな奴に物をもらうはずがない、と夢を拒否してしまって、関係は切れたままになる。ところが夢の物語を尊重して、自分はその人間から「何か得るものがある」と考えてみると、思いがけないことに気づいて、その人との関係が成立する。

関係の回復という点で言えば、物語においては個人の意識と無意識の関係の回復という点が、もっとも重要であろう。あるいは、この両者の関係をつなぐものとして、物語があると言ってもよいほどであろう。そのほかに関係の回復とか「つなぐ」とか言うと、実にいろいろなことを思いつく。男と女、老と若、過去と現在と未来、東と西、北と南、親と子、数えるときりがないが、それらを「つなぐ」ものとして、また実に多くの物語があることに気づく。そしてそれらはどれが「正しい」ということはなく、ある個人のある状況のなかで、適切なものが見出されねばならないのである。

「関係」という場合、ひとつ特に取りあげたいのは「生と死」である。現在では、この両者があまりにも切断され、しかも、生の方のみが評価されている。このこともあって、来談する人の悩みはいろいろであっても底流にあるのは、死をどう受け入れるのか、という課題であると感じることが多い。生と死とをつなぐ物語は、古来から無数と言ってよいほどある。しかし、現代人のほとんどはそれを信じることができない。

個人主義というのは、生きている間は都合がいいかもしれないが、死んでゆくのには実に厳しいものである。個人の責任において、生と死とをつなぐ物語を見出す覚悟が必要なのである。と言っても頭で考えてみても答えが出るはずがない。自分の無意識の神話産生機能に頼るより他には方法がない。このことを助けるのが心理療法家の役割である。

「つなぐ」という点で言えば、男と女とをつなぐことは、現代における重要な問題である。男と女とをつなぐ物語は無数にある、と言っていいだろう。しかし、ここでも現代人は困難を感じている。男と女、特に女性の生き方が急激に変化し、古い物語では役に立たないからである。女性の方が「個の確立」の物語を生きようとしているのに、男性は「一心同体」の物語を頼りにしている。こんな場合に二人の関係はうまくゆくはずはない。

先に「生と死」のことを述べたが、「男と女」も現代人にとっての大きな困難なテーマである。新しい物語を見出す上で、高石恭子の論文(9)は大いに参考になるであろう。これまでの多くの男女の物語は、あまりにも父権的な観点が強すぎた。心理療法家はこのことをよく意識していないと、新しい男女に会ってゆくことはできないであろう。

日本の王朝物語は、父権的な立場によって書かれていない。もっとも、多くの物語は父権的立場によって「研究」されてきた、と言えるだろう。筆者はそのような立場ではなく「女性の目」から見た『源氏物語』についての書物を上梓した(10)。国文学研究としてではなく、現代に生きる心理療法家として論じたつもりである。心理療法家にとって、このような研究は常に必要であると考えている。

四　物語の危険性

物語はすでに述べてきたように、心理療法においていろいろな面で重要なものであるが、その危険性についても述べておかねばならない。

まず、ある文化、ある時代に流行する物語がある。そして、多くの人がこれを標準、あるいは、理想と考えることによって苦しむことになる。たとえば、現在の日本であれば、どんな子どもでも努力さえすれば一流大学に入学できて、そこを卒業して一流企業に勤め……、というような幸福物語が流行する。そして、そのためには「よい幼稚園」に入学して……、というように物語の細部までが決められてしまい、親はすべての子どもに、そのような幸福物語を生きることを期待する。期待くらいであればまだしも、強制となってくると子どもの負担は急に大きくなる。

もっとも、いつの時代でも流行物語に適合する個性をもった人はいるので、そのとおりに生きている人が悪いとか変だということはない。それはそれでいいのだ。問題は、流行物語に縛られて、自分の物語を歪ませたり、生きられなくなっている人、あるいは、それを生きられない自分を過小評価し劣等感に苦しんでいる人たちである。それらの人が心理療法家のところに訪れてくる。

心理療法家が流行物語に縛られていては話にならないが、それに反撥ばかりしているのも間違っている。それよりも、自分の「お好みの物語」に縛られていないかについては、心理療法家はよく反省する必要がある。先に紹介した坂部の著書において、坂部は「語る」が極端になると「歌う」になると述べている。「歌いあげる」などという表現もある。心理療法家が自分の成功した事例を「歌いあげる」ようになると、危険であることは言うまでもない。

現在のように社会の変化が激しいときは、心理療法家はそれに注意深くないと、古い物語にとらわれて失敗することもある。現代においては女性の目から見た物語という点には、特に注意を怠ってはならないであろう。まだまだ一般的には父権的物語にとらわれている。

物語の危険性を感じるのは、どうしても早い解決を期待するあまり、知的につくりあげる物語に影響されることである。物語は無意識と意識との協調によってつくり出されるところに、その本質がある。しかし、人間は意識的に物語をつくることも可能である。だが、それは単なる意識的願望の表現であったりして、その人をほんとうに動かす力を持たない。あるいは、そのうちに破綻してくる。夢の場合はそれほどでもないが、箱庭療法や、能動的想像法などのように、意識的関与が強くても可能なときは、この点について留意すべきである。能動的想像法については、老松克博が述べている[11]ので、それを参考にしていただきたい。

「つくり話」であるかどうかは、その物語をつくるときに感じる、イメージの自律性と、それにともなう感動の深さによって知ることができる。これは「物語」をつくる人にとっても、それを聴く人にとっても同様である。心理療法家はそのような判断力を身につけていなくてはならない。クライアントが「つくり話」に動かされそうになるときに、治療者はそれに乗らずにそこで立止ることができなくてはならない。

物語は「つなぐ」ものだと述べたが、普通では関係のないと思われていることでも、関係があると考えることによって物語が生まれてくる。しかし、これも実は危険性をともなうことである。極端な例だが、治療者に話をしたことが、帰りの車のなかで聞いたラジオで放送されていたなどとクライアントが言うことがある。それによってクライアントは、自分について、あるいは治療者についての「物語」をつくりはじめる。「それは妄想である」というのは簡単である。しかし、そのような「物語」は意味をもっていると感じるときもある。

妄想と物語は紙一重の差であることがある。妄想は一応、内的現実と外的現実が区別されない状態であると言えるが、その程度の判断は難しい。と言って、心理療法家がその区別にばかり熱心になると治療は進展しない。どちらかと言えば、「意味」の方に重みをおいて聴くことになるが、それが危険な仕事であることを自覚しつつなさねばならない。したがって、実際問題として、クライアントが自分の語ったことがラジオで放送された、という場合の治療者の対応はきわめて難しい。もちろん、おきまりの答えはない。ただ大切なことは、ここでそれを「否定するか肯定するか」などという単純な二者択一的な受けとめ方をしないことである。物語は「意味」をもたらすにしろ、それは常に正しいものではない。ここのところが難しいところであり、物語の受けとめ方というのが、決定的な要因になることもある。妄想の場合、それが特に難しく、妄想のある人の面接は相当にエネルギーを消耗する。崖っ縁を歩いているようなものである。

武野のあげている「アフリカのコウサ族」の例は、凄まじい例である。(12) 十九世紀の半ば、アフリカのコウサ族は、ある少女の見た「祖先たちの幻」のお告げに従い、家畜を殺し、穀物を捨て、その結果、大部分のコウサ族が飢え死んだという。ひとつの「物語」を信じることによって、ある種族が滅亡してしまう。これは武野も言っているように、個人の場合も同様である。だからと言って、すべての妄想を頭から否定ばかりしていたのでは、心理療法は進まない。

この危険を免れるためには、治療者は世界中の多くの物語に通じ、その意味をよく知っていなくてはならない。それによってこそ、クライアントとともに危険な道を歩んでゆけるのである。

何かと何かとが関係づけられる、というとき、そこには非因果的共時的連関ということもあるはずである。心理療法のような心の深層がかかわる場面においては、それがよく生じると言っていいかもしれない。しかし、ある事象とある事象をどこまで関連づけるかは難しいことである。クライアントが泣き崩れたとき、大雨が降ってきたら、それは共時的現象だろうか。あるクライアントが自殺するかもしれないなどと思いながら電車に乗ると、座席番号が42番であった。これは共時的現象なのだろうか。

何を馬鹿げたことを言っている、と言われるかもしれない。しかし、普通の人なら決して注目しないような現象や、笑いとばしてしまうようなことにまで、すべてに気を配るほどの態度をもっていないと、心理療法はできない。ほんの少しの緒から、解決不能のように思えたことが急激に解決に向かうことがあるのだ。

非因果的連関の現象を人に「語る」とき、われわれは何となく因果的に語るのではないだろうか。「彼女が泣き崩れると、にわかに雨が降ってきて……」、「42番の席に坐ったので、ふとクライアントが自殺するのじゃないかと思って……」というふうに。そして、その「語り」が「歌う」ところまでになってしまうと、治療者自身が日常世界の足場を失ってしまう危険な状態になる。

このように、物語にはいろいろな危険がともなう。しかし、価値あるもので危険のともなわないものなどないだろう。われわれとしては、危険を意識しつつ、物語を重視するより他はないのである。

五　物語を生きる

人間はそれぞれ自分の物語を生きようとしている、と最近ますます思うようになった。それは一人ひとりすべて異なり、ひとつとして同じものはない。そのような意味で、人間はすべて創造的に生きている、と思う。しかし、ここで「物語を生きる」という表現は誤解を招きやすいのでは、と思う。このような表現は、何か各人に与えられた「物語」があり、それを生きている、というふうに受け取められないかと危惧するのである。したがって、誤解されないように言いかえると、各人の生きている軌跡そのものが物語であり、生きることによって物語を創造しているのだ、と言うべきだろう。各人が物語の作者であり、生きてゆくこと自体が、物語をつくってゆくことになるのだ。

世界中に同じ人間はいないように、もちろん、「物語」も同じで、それが「唯一無二」で一回限りのものであることに誇りをもつべきだと思うが、実際は、これまで述べてきたように、自分で勝手に標準物語や理想物語にとらわれてしまって、身の不幸を嘆くことになる。あるいは、まったく自信をなくしてしまったり、劣等感に悩まされたりする。それに対して、心理療法家はクライアントが独自の物語を創造できることを明らかにし、その道を進むことを援助するのである。

個人の物語は死ぬまで終わらないわけで、どう終わるかも最後の最後まで分からないとも言える。心理療法には、「はじめ」と「終わり」があるが、その終わりは物語の終わりではない。しかし、心理療法を「語る」ときに、それは「物語」としてのはじめと終わりがあるように語りがちであるし、そのように語ろうとする誘惑にもかられる。しかし、それは実態とは異なるものになってしまう。この点について、山口素子は、「心理療法という物語が終わる時、発見された物語の解体が始まり、新たな物語がすでに始まっていることを忘れてはならないだろう[13]」という言葉でその論を締めくくっているが、忘れてはならぬ大切な警告であろう。

ユングが、個性化(individuation)は、達成するべき目標などではなく、過程(process)であることを強調し、あるいは、エリクソンが、アイデンティティに関して、「同一性形成は青年期に始まるわけでも、終わるわけでもない。つまり、同一性形成は、その大半が生涯にわたって続く無意識的な発達過程である[14]」と述べているのも、同様のことを言っているものと思われる。

最近、医療においても、「物語を基礎とする医療」(Narrative Based Medicine)ということが主張され、「物語」が重視されはじめたのは注目すべきことである[15]。これは、医療において心理療法的接近法の価値が認められてきた、と言うこともできるが、すでに述べたように、人間を対象として考える学問においては、物語ということを考えざるを得ないことを示しているということができる。おそらく「物語」の重要性ということは人間を対象とする他領域においても認められてくると思う。この点は本論の範囲をこえるので、このことを指摘するのみで終わりとしたい。

（1） H・エレンベルガー『無意識の発見――力動精神医学発達史』上・下、木村敏・中井久夫監訳、弘文堂、一九八〇年。
（2） 井筒俊彦『意識と本質』岩波書店、一九八三年、二五七―二五八頁。
（3） 武野俊弥「無意識の神話産生機能と夢分析」河合隼雄総編集『講座心理療法 第二巻 心理療法と物語』岩波書店、二〇〇一年。
（4） 坂部恵『かたり』弘文堂、一九九〇年。
（5） 山口素子「心理療法における自分の物語の発見について」、注3前掲書。
（6） 川戸圓「「モノ」の語りとしての妄想と物語り」、注3前掲書。
（7） 同右。
（8） M.-L. von Franz, *Patterns of Creativity Mirrored in Creation Myths*, Spring Publications, 1972.
（9） 高石恭子「聖唱の物語と心の癒しについて」、注3前掲書。
（10） 河合隼雄『紫マンダラ――源氏物語の構図』小学館、二〇〇〇年。
（11） 老松克博「アクティヴ・イマジネーションと個性」河合隼雄総編集『講座心理療法 第五巻 心理療法と個性』岩波書店、二〇〇一年。
（12） 武野俊弥、注3前掲書。
（13） 山口素子、注3前掲書。
（14） 鑪幹八郎・山本力・宮下一博共編『自我同一性研究の展望』ナカニシヤ出版、一九八四年。
（15） F. Greenhalsh and B. Hurwitz, ed., *Narrative Based Medicine*, BMJ Books, 1998. トリシャ・グリーンハル／ブライアン・ハーウィッツ『ナラティブ・ベイスト・メディスン――臨床における物語と対話』斎藤清二・山本和利・岸本寛史監訳、金剛出版、二〇〇一年。

第5章　こころの現象と因果律

はじめに

心理療法の実際場面においては、「なぜ」「どうして」という質問がよく発せられる。クライアントからの問いかけの方が多いが、自分のおかれている——自分には受け入れ難い——状況を説明した後に、「なぜ、こんなことになったのでしょうか」という問いが発せられる。それに対する解答が治療者から得られれば、問題は片づいたに等しいのだが、というほどの強さをもって、質問が発せられることもある。ところが、実はこれには簡単に答えられないことが多い。

また、逆に、心理療法を受けに来る人は、周囲から「なぜ」という質問を浴びせられ困っている人が多いとも言える。「なぜ登校しないのか」「なぜそんなに閉じこもってばかりいるのか」、などなど。質問された方としては、そんなのにすぐ答えられるくらいならこんなことをしてないよ、と言いたいぐらいだろう。

このような困難な「なぜ」に対して答えようとして、臨床心理学は努力を重ねてきた。不可解と思える人間のこころの現象に、原因 - 結果の連鎖を見出して、それを用いることによってこころの問題を解決しようとした。そのため、いろいろな理論や方法が見出され、それによって心理療法が行われてきた。

まず登場したのは、フロイトの精神分析であり、それに続いていろいろな深層心理学の学派が生まれる。これらすべてに特徴的なのは、「無意識」という考えを用いることによって、すでに述べてきた「なぜ」に答えようとすることである。つまり、人間のこころのはたらきには、その本人も意識していないものがあると考えて、因果的な説明を試みるのである。たとえば、ヒステリーの症状が「なぜ」生じたのかという場合、本人が抑圧して無意識の領域に押しこめている外傷体験がその「原因」である、と考えたのである。

このような考えは説得的であるし、また実際に治療の効果も発揮したので、特に、アメリカにおいて大いにもてはやされている。この考えで見てゆくと、人間のいろいろな行動や性格は、その幼児期体験が「原因」となっていることが明らかになってきて、多くのことが、因果的に説明できるように思われた。幼児期体験が重要ということは、すなわち、その子どもに対する両親の養育の仕方が「原因」となっているというので、親子関係のあり方が大いに注目されることになった。

そこで、特に子どもの問題の場合に、その父親か母親、あるいは両方がその「原因」と見なされることになる。この際は、「無意識」などということを言い出さなくとも、比較的簡単に原因‐結果の線が見えやすい。たとえば、「父親の酒癖が悪いので、子どもが非行をするようになった」、などというように、誰もが賛成する因果性が見出される。

ところが、そのようなときに、父親に酒をやめるようにと言ったところ反論されることがある。「父親の酒癖の悪さが原因」だとすると、そのような父親をもったすべての子どもが非行少年になるべきであるのに、別に非行をしない子どもがいる。それどころか、子どもは模範少年などという場合さえある。何も父親の酒癖が悪くとも、子どものこころの持ち方によって結果は異なるのだから、要は、子どもの生き方が「原因」であって、父親のことは「原因」と考えられない、と言うのである。これは「論理」としては、なかなか筋が通っている。つまり、ものの現象を対象として考えるときのように、原因と結果が一対一に対応しているのではなく、父親の飲酒ということは、少年の非行の原因のひとつとして考えられることが多い、くらいのことしか言えないのである。

そうすると、心理療法家はどうすればいいのか、ということになる。このような点から言えば、ロジャーズの考えたことは実に画期的であった。彼の言う「必要かつ十分な条件」を満たすとき、すべてのクライアントは自らの力によって治癒への道を見出すというのである。したがって、治療者はクライアントの訴えに対して、その原因など考える必要がないのである。

この際、非常に興味深いのは、ロジャーズが、彼の言う条件を満たす限り、クライアントは治癒に向かうということから、「もし～ならば、～になる」という仮説を提唱し、それは検証可能であるので、彼の療法は「科学的」であると主張していることである。彼も後にはこのような考えに固執せず、むしろ、「一回限りの出会い」を重視する方向に変化してゆくが、彼が深層心理学とはまったく異なる形で、「科学的」な心理療法を提唱したこと、そしてそこでも因果的思考が柱となっているという事実は注目に値する。

心理療法における因果的思考と言えば、それがもっとも明確に出ているのが、「行動療法」であろう。この点については後で述べることにするが、端的に言うと、もし行動療法の主張のように、その因果律が「科学」として成立するなら、どんな人にも適用できて、百パーセント有効でなければならないはずだが、そうはならない。ここに、やはり深層心理学やロジャーズの場合と同様に、その因果的思考について、どこか考え直すべき点があると言える。

以上述べてきたように、心理療法においては、因果的思考はそれほど簡単には役に立つものではない。この点は、大山泰宏の論文において、「因果性の虚構」として論じられている。(1) にもかかわらず、心理療法あるいは、臨床心理学の世界で、原因‐結果という表現は、常によく聞かれるのである。これは、いったいどうしてなのだろうか。そして、われわれはそのような表現を放棄すべきなのだろうか。このような点を考えてみたい。

一　納得の構造

1　宗教の役割

心理療法に来談する人は、何らかの不安に悩まされている、と言える。これに対して、「安心立命」という言葉がある。まったく安心しきって、くだらないことに心を動かさない状態である。もともとは儒教から出てきた言葉だが、仏教でも用いている。これは、ある意味では心理療法の目指すところとも言えるだろう。

よく例に挙げていることだが、次のような話がある。あるビジネスマンが二人の息子をつぎつぎと亡くして、悲しみのあまり何も仕事ができなくなった。ところが、あるきっかけで知り合った仏僧が、前世の因縁を説き、その人の前世における悪業を贖《あがな》うために二人の息子が死んでいったのだと説明し、そのビジネスマンはそれに納得し、仕事に励み、以後、子どもも生まれて、幸福に過ごすようになった。ここで大切なことは、仏僧の説明に本人が心から納得したということである。

ここにも因果的思考が認められる。つまり、ある人の前世の行いが悪いから、その二人の息子がそれを贖うために若死した、というのである。ただここで、因果関係を成立させるために、超現実的な世界の存在が受け入れられねばならない。つまり、これは「宗教」の領域に属する事柄である。

実のところ、現在心理療法家がしている仕事は、かつては宗教家の仕事であったし、もちろん、現在においてもある程度はそうだとも言える。ただ、ここに挙げたような宗教的な因果的説明を受け入れて納得する人が、非常に少なくなったのも事実である。このために、心理療法家などという職業が必要となってきたのであるが、ともかく、ここでは「宗教」においても、因果的説明がなされていることに注目してみよう。

自分の二人の息子が相次いで死んだとき、その人は「なぜ」という疑問を抱く。その疑問に対して、それは「～であるから」という説明が提示され、本人がそれに「納得」したときに、その人はこころの傷が癒やされたと感じる。この「納得」という言葉は単なる知的理解以上のものを含むが、日本語には「腑に落ちる」などという、感じのよく出ている表現がある。「腑」などという身体的な表現が用いられるように、そのことが知的にだけでなく感情的にも、人間全体のなかにうまく収まる、という感じが伝わるのである。

このように考えると、人間がこの世に生きてゆく――そして死んでゆく――上において出会う不思議な事象をすべて納得できるように、言うなれば「納得の体系」を構築することによって、「宗教」が成立してきたと言うことができる。人間はともかく何事であれ、納得しないと収まらず、その納得の体系をつくりあげる柱として、因果関係ということが大切な役割を果たしてきた。そして、そのような宗教を完全に信じる限り、人間は安心立命できたのである。

宗教による納得の効果があまりに大きいので、それは世界の出来事すべてを説明するほどの強大なものとなった。まさに「第一原因」としての神から、すべてのことが因果的に説明できる。これに対して、西洋の近代は徐々に批判力を強め、神による説明ではなく、人間の理性による論理的思考によって、この世の多くの現象を因果的に説明できる、むしろ、そちらの方が宗教的説明よりも有効であることを明らかにしてきた。たとえば、ペストから逃れるための宗教的「護符」は、あまり効果がないが、近代医学の研究によってペストを撲滅することができたのである。

このようなことの積み重ねのなかで、宗教による因果的説明はだんだんと力を失い、自然科学の力が強くなってくる。科学による因果関係の把握は確実であり、ごまかしがない。というわけで、啓蒙主義の時代を経て、ますます、論理実証主義は強力になってくる。と同時に宗教の力は弱くなっていく。

2 〝科学的〟心理療法

啓蒙時代を経て、人間の理性によってすべてのことが分かるという考えが優勢になってくる。ところが、人間の理性ではいかんともし難い「こころの病」があることが分かってくる。これに対して、宗教の力によらず、あくまで人間の理性によって「科学的」に対処し得るものとして、フロイトの精神分析が登場する。この点についてはすでに述べた。ただ、はじめに述べたようなヒステリーに対する因果的説明が事実でないことが、明らかになったのだが、フロイトは自分の理論を改変してゆくことによって、それに応える。

フロイトに続いて、アドラー、ユングなどの深層心理学の学派がつぎつぎと登場し、自分たちの理論が「正しい」ことを立証しようとした。これらの特徴は、彼らがすべて自分たちの行なっていることは「科学」であることを強調しようとしたことである。それは、当時の時代精神に影響されたことも大きい。彼らの主張したいことは、その理論が「ドグマ」から導き出されたものではなく、「経験」に裏付けられたものである、ということであった。

この点は承認するにしろ、フロイトもユングも彼らの手法の基礎は、自己分析にあり、一人の人間が自ら、自分の内界を探索するということが根本にあり、それを支える人間関係を保ち、それに示唆を与えたり、危険を防止するための分析家の役割は重要ではあるものの、そこに役立つ理論――因果的思考を軸とする――は、近代科学のそれとまったく異なるものであることが、初期のころの分析家たちには自覚されていなかった。深層心理学は、近代科学の法則のように他に対して常に「適用」できるものではない。このことが忘れられ、精神分析の理論に従って、他人を判断したり、他人に指示や助言を与えるなどのことが、安易に行われすぎたのである。

ただ、かつてのアメリカのように、多数の人が精神分析を「科学」として信じている場合は、その理論を他に「適用」しても効果が生じる。このことはアメリカでは大分長い間通用したが、最近ではだんだんとそうではなくなってきたように思われる。精神分析に長い時間と多額の金を用いることは無意味と考える人が多くなってきたのではなかろうか。

精神分析を批判してロジャーズの考えが生じてきたことはすでに述べた。彼が「もし～ならば、～になる」という仮説を提出し、それを検証し得ることによって、「科学的」な心理療法を確立できると主張したことは画期的であった。しかも、それが当時アメリカにおいて強力であった精神分析の考えを、まったく必要としないとしたのも画期的なことであった。しかし、この場合も厳密に考えてみると、彼の提出する「共感的理解」(empathic understanding)とか、「自己一致」あるいは「純粋」と訳されていること(genuine)にしても、それらは近代科学の概念として認められるものではないことが明らかである。この点は後年になってロジャーズ自身も認めている。

これらのことすべてを批判して、「科学的心理療法」として登場したのが、行動療法である。それは後に科学的表現として、「行動変容」(behavior modification) と呼ばれるようになった。これは学習理論によって一見「科学的」になされているようだが、次のように少し詳しく考えてみると、そうでないことがわかる。学習理論はともあれ、行動変容を行うための治療者とクライアントの人間関係ということが、どうしても重要な因子として入りこんでくる。それは一見、操作的に見えるかもしれないが、人間が機械を操作するのとはまったく異なっている。それに、行動変容の段階をプログラムに沿って行うにしても、その間に、クライアントは自分の人間関係や過去の生活史などを語ることが多く、その内容や、それを聴く治療者の態度なども、治療の要因として考えられる。そのような点で、これは近代科学とは異なるものである。

以上のように厳密に考える限り、近代科学的な意味における因果的思考をそのまま用いてなされる心理療法はない、ということになる。しかし、それは現在あるいろいろな心理療法が無効だということを意味しない。それは実際に行われていることの結果を見ても分かるように、相当な有効性を持っている。しかし、それはラジオやテレビの修繕のように、どこをどうすれば必ずよくなる、などとは言えないのである。

3　二種類の因果的思考

これまで述べてきたことをまとめてみると、そこには二種類の因果的思考があることが分かる。すでに挙げた息子を亡くしたビジネスマンの例の場合、そこに用いられる因果的説明は、あくまで、ある個人が自分の体験したことについて、自ら納得するために用いられている。ただ、このときに、その当人はそれがある種の普遍性を持つものと確信しているところがある。これに対して、自然科学における因果関係は、人間には関係なく、まったく普遍的に成立するものである。それは、ある個人がそれを信じるかどうかには関係がない。

このように考えてくると、ヨーロッパの近代に生まれてきた近代科学というものの威力を今さらのように感じさせられる。近代科学はそれまで宗教がカバーしていた多くの事柄を奪ってしまったが、だからと言って、すべての事が近代科学によって説明がつくと考えるのは、まちがっている。

人間はどうしても、自分との関連においてものごとを理解しないと不安になってしまう。ビジネスマンの例にしても、二人の息子の死について、いかに科学的にその病気の説明をしても、本人は納得できないのである。つまり、それは人間の病気や死に関する一般的説明であり、彼が知りたいのは、あくまで「自分の息子が二人とも死んでしまった」ということを「自分のこと」として納得したいのである。これに対して、仏僧の与えた因果の説明は彼のこころを安心に導いた。しかし、この説明は普遍性を持っていない。この仏僧が他の人に対して「前世の因縁」を説いても、何の効果もない場合があるだろう。

そこで、臨床心理学のなかの諸派は、普遍性を持ちつつ個人の納得に役立つと思われる理論を因果的思考を支えとして構築しようとした。

深層心理学の諸理論も、最初は「科学的」な因果的法則を見出す考えで出発した。しかし、結局のところは、その方法論から考えても、それは根本的に異なることをしているのである。その目標はあくまで、個人の「主観的」な納得に向けての説明である。これが宗教の宗派と異なるところは、あくまで個人の体験を大切にすることと、ドグマによる説明ではなく、個人の体験にしろそれが理論と異なる結果となったとき、理論の改変もあり得るということである。

二　因果的思考の放棄

以上、心理療法における因果的思考について考えてきたが、人間のこころを対象として考える限り、そこには近代科学的な方法は通用せず、普遍的な因果的法則が見出せないことが明らかであるならば、むしろ、積極的に因果的な思考を放棄する方が建設的ではないか、ということも考えられる。

1　自主と生成

近代科学の手法は人間には適用できない。その主たる理由は、研究者と研究対象との「関係」が生じるのを避けることができないということだが、対象である人間がそれぞれ自由意志を持ち、その上常に生成変化する存在である、という事実にもよっている。厳密に言えば、人間はそれぞれ異なる存在なので、すべてに通じることなど言えるはずはない、ということになる。

因果的思考を放棄することを強く主張するのが、現存在分析(Daseinsanalyse)である、と考えられる。現存在分析の創始者、ルードヴィッヒ・ビンスワンガーの考えは、後にメダルト・ボスによって発展する。それは「疾患」ではなく「人間」を対象とする限り、自然科学的な方法によって研究することは不可能であり、現象学的方法を用いるべきであると考え、そのためにハイデッガーの哲学を用いる。この内容については省略するとして、ビンスワンガーが現存在分析を考えはじめる契機として語られているエピソードについて述べてみたい。私はこのことをニジンスキー夫人から聞いた(2)のだが、現存在分析派の人たちにとっては周知のことだろうと思う。

ビンスワンガーは、フロイトともユングとも親交があったが、フロイトの考えによって分析を行なっていた。ところが、彼の長男が自殺をした。ビンスワンガーの苦悩は深かったが、そのなかから彼は現存在分析という新しい学派を生み出してきたのである。

ここからは私の勝手な推察になるが、おそらくビンスワンガーは、わが子の死に関して、あれこれと「精神分析」による検討をしたのではなかろうか。精神分析的に考えると、そこには多くの原因 - 結果のつながりが見出され、それには父親である自分自身が大いにかかわってくるはずである。それを考えている間には、おそらく、自分が父親として、ああすればよかったとか、するべきだったとか、いろいろな思いがあったことだろう。それらを真摯に検討していったあげく、ビンスワンガーはそのような因果的思考はまったく意味がなく、息子の自殺というまぎれもない事実、現存在をしっかりと受けとめること以外に、自分の生きる道がないと認識したのではなかろうか。

現存在分析の考えは、アメリカにも強い影響を与え、すでに紹介したロジャーズをはじめ、多くの人たちが「人間性心理学」ということを唱え、心理療法が「一回限りの出会い」であると考える立場を主張するようになった。人間存在の自ら生成する(becoming)性質を重視するならば、因果的法則に基づいて操作するなどという考えを放棄し、人間のそのような傾向を助長することが大切である、と考えるのである。

このような考えを極端に推し進めると、心理療法においては、クライアントの自主的な生成の過程を促進する場を提供する、あるいは、そのような基盤となる人間関係をもつことが大切であり、人間のこころに関しての知識、特に因果的思考による理論などを持つことは、かえって妨害的にはたらく、ということにもなってくる。事実、このような考えを持っている心理療法家も「人間性心理学」の派のなかには存在している。

現存在分析の考えでは、因果的思考の放棄が重要であったが、因果的思考のみでは、人間に関する事象を把握することができない、と考えたのが、C・G・ユングである。ユングは決して因果的思考を放棄したり、拒否したりしているのではなく、因果の法則のみならず、共時性(synchronicity)の法則[3]ということも考えざるを得ないと主張しているのである。

2 共時性

心理療法をしていると、思いがけなく偶然の出来事が生じ、それが心理療法の展開に深い意味を持つことがある。それまで冷たかった母子の関係がよくなりつつあるものの、もうひと押しと思っていると、子どもが交通事故に遭い、驚いて駆けつけた母親が子どもを抱きしめて、深い関係ができるきっかけとなる、というようなことが起こる。まったく「誰がアレンジしたのか」と言いたくなるような、うまく「できた」話なのである。

夢分析などをしていると、このような「偶然の一致」の現象を体験することが多い。知人の死ぬ夢を見て目覚めると、その人の死の報せを受けるなどということもある。こんなときに、昔の人は「虫の知らせ」とか「エーテル」とかの考えによって、因果的に説明しようとした。ユングの考えの特徴は、そのような因果的説明を拒否するところにある。因果的には説明できない。しかし、だからと言ってそれを偶然として無視するのはおかしい。したがって、そこには因果律とは異なる共時性の原理がはたらいているのではないか、というのがユングの考えである。

共時性に関しては、大山泰宏も取りあげており、説明している[4]のでそちらも参考にされたい。心理療法を実際に行なっていると、共時的現象に接して、なるほどと感じることがある反面、ではそれがいったいどうしたことか、と考えはじめると、わけが分からなくなってくる。したがって、大山が論じているように、心理療法の過程を「共時性によって「因果的に」説明したりする」愚かさとか、アンソニー・ストーの「ほとんど実際的価値がないと思える」という批判、および、「神があらゆることの原因だと説明するのと同じく、実質上の説明放棄となってしまう」ということなどについて、私なりに長い間考えてきたことを、ここに少し述べてみたい。

共時性の原理について、その存在を承認するにしろ、それは「実際的価値がない」という点について。たとえば、夢と外的現実とが一致することを経験して、「共時性」と喜んでみても、何の役に立つのか。その次に誰かの死ぬ夢を見たとき、その人が死ぬとは限らないのだ。しかし因果律は「役に立つ」のだ。これに対して、共時性の原理は、そのときにそんなことはある、と感心したり驚嘆したりはするものの、そのことを次に使うことはできないではないか。

この疑問に答えるのはなかなか難しい。しかし、私は次のように考えている。

共時性の原理を認めることは、「実際的価値」を持つ。なぜなら、それは、クライアントの語りや行動をすべて因果的に理解しようとする治療者の態度に次元の異なる自由度を与えるからである。「心理学好き」の治療者は、クライアントのあらゆることを彼の好きな心理学によって、すべて理解してしまう。これは恐ろしいことである。これは次のステップとして何らかの「操作」につながってくる。それは下手をすると、クライアントのたましいへの侵入になる。共時性の原理を認めることによって、治療者のクライアントに対する「操作」や「介入」に相当な配慮が生じる。それは時に、説明や操作の放棄につながり、それは心理療法の経過のなかで必要なことでもあるのだ。そんな点で、私は共時性の原理を認めることの実際的価値を認めている。

熱心な治療者による理解や操作が、いかにクライアントの本来的な生きる姿を歪ませているか、多くの例を挙げることができるであろう。

次に述べることは、私にとって未だ明確になっていないことである。大山泰宏はある事例検討会で「こういうときは、一般的に共時性が起きるものだ」と共時性の生起を「法則化」するコメントに辟易した、と述べている。[5] このことについて、共時性の「実際的価値」との関連で私も長らく考えてきた。このコメントは大山の言うとおり確かにおかしい。ところが、実際に心理療法をしていると、似たようなことを言いたくなるのも事実である。私は自分の事例を公的な場で発表することはほとんどないが、もし発表すると、おそらく多くの人が、私の事例では「共時的現象が、うまく起きることが多いですね」と言うことだろう。治療者Aは治療者Bよりも共時的現象がよく起きる心理療法を行なっている。したがって、治療者AはBよりもよい治療者である、などという「法則」は成立するのか。

共時的現象は「起きる」ものであって、「起こす」ものではない。とすると、治療者がそれを「起こす」ことはできないのだから、それによって治療者の力量の比較をするのは、まったく無意味ではないか。

鎌倉時代の名僧、明恵は「共時的」現象を多く体験した人である。[6] それはすなわち宗教的「奇跡」と見なされるので、人びとが明恵を仏や菩薩の仮現した者ではないかと噂しているのを知って、彼は慨嘆して、彼のように「定《ぢやう》を好み、仏の教への如くに身を行じ」ている者にとっては、これらは「自然に」できることであって特別なことではない、と言っている。このことを例として考えると、共時的現象を誰かが「起こす」ことはできないが、修行によってある域に達した者には、共時的現象を他の者より多く認知できる、という「法則」は立てられるのではないか。ここに述べられている因果的法則は、共時性の定義と矛盾しないと思う。

ここでもう一歩進めてみよう。大山の述べているユングの「類心的領域《プシコイド》」の説明を承認するならば、明恵のような修行をした者にとって、共時性の「認知」のみならず、共時的現象はよく起きる。しかし、それは「実質上の説明放棄」になってしまう、という点について。

これを逆手にとると、治療者はすでに述べた「操作放棄」「説明放棄」の状態になることによって、他に比して、共時的現象のよく起きる治療によって成功することが多くなる、という「法則」が立てられる。というより「法則」など不用と言うべきか。

最後のところでは、どうも納得しかねるという人が多いかもしれない。しかし、私としては、これを治療者の理想として努力していると言えるかもしれない。この点について次に述べてみよう。

3　非因果的アプローチ

最後に述べたような例について、ユングも中国研究者のリヒャルト・ヴィルヘルムより聞いた話として「雨降らし男」のことに触れている(7)。ヴィルヘルムが中国のある地方にいたとき旱魃があった。そのときに招かれた「雨降らし男」は、そこいらに小屋をつくってくれと言い、そこに籠った。そこで雨が降り出すのだが、それについて、雨降らし男は「自分の責任ではない」と明言し、「ここでは、天から与えられた秩序によって人々が生きていない。したがって、すべての国が「道《タオ》」の状態にはない。自分はここにやってきたので、自分も自然の秩序に反する状態になった。そこで三日間籠って、自分が「道」の状態になるのを待った。すると自然に雨が降ってきた」と説明した。

これはまさに非因果的アプローチである。「雨降らし男」は、自分には責任がないと言っている。つまり、彼が何かをしようとしたのではない。彼はしかし「道」の状態になろうと努力した。「すると自然に」雨が降り出した。心理療法の場合も同様ではなかろうか。治療者は「道」の状態になるように努力する。「すると自然に」治癒が生じる。とは言うものの、自然《じねん》モデルはなかなか理解し難いものである。ときには「非科学的」などという烙印を押されそうになったりする。これを承認するとしても実際にはこれはどうしたらいいのかわからないのだ。

たしかにその通りである。したがって、これをわかりやすく表現するために、私なりの努力を続けてきたと言えるし、これを実現するために努力を続けてきたとも言える。しかし、開き直った言い方をすると、この「わかりにくさ」こそ重要なのではなかろうか。現代は「わかりやすい」ことの害が多すぎるとも思う。河合俊雄の論文[8]に述べられているような、欧米における心理療法の危機の問題がそれではなかろうか。保険会社にも「わかりやすい」心理療法を行おうとして、その本質を見失ってしまう。心理療法はどこかで時代精神を補償するような性質を持つべきであるが、この「わかりにくさ」もそのような類のものと言っていいだろう。

ここには意識のレベルという問題がかかわってくる。通常の意識のレベルにおいては、現代人はいわゆる外的事象の方に注目し、それを体系的に理解し、整理する上で、因果関係をきわめて重要な柱としている。これを洗練させたものが自然科学であると言える。これに比して、意識のレベルが低下すると、そこでは、ものごとの同一性が保持されなくなったり、排中律も成立しなくなったりするが、そのような意識状態によってこそ、共時性の把握がなされやすいことはすでに述べたとおりである。

自分を「道」の状態にするなどとはとうてい言えないが、因果的思考や操作しようとする姿勢を放棄して、できる限り自分の意識のレベルを下げてクライアントと向き合っていると、自然治癒の状況が生じやすい、と言うことができる。ただ、そうは言っても、クライアントの問題意識や全体的状況のなかで、治療者も通常レベルの意識における応答が必要なときもあるので、状況に即して自分の意識のレベルを変えることが必要である。ここのところが、ひたすら修行を目指している宗教家と異なるところだと思われる。

三 便宜的因果性

1 コミットメント

心理療法においては、治療者とクライアントの関係の在り方が非常に重要な要因となる。そのときに、治療者がクライアントとの共同作業にコミットしていることが必要となる。しかし、このコミットメントの有り様は、実にいろいろである。初心者の場合は、クライアントを早く援助したいと焦り、コミットするレベルが浅くなり、かえって失敗をしてしまう。このときに、これまで述べてきたような、皮相的な因果関係による状況の把握が、それに追い討ちをかけることにもなる。

ところが、次のような場合はどうであろうか。たとえば、ある中学生が不登校になる。そのときに、その父親が、自分が仕事に熱心であるということを言いわけにして、息子と関係をあまり持たなかったことが「原因」であると考え、生き方を変えようとする。そのとき、治療者は、人間のことはそれほど単純に「原因—結果」という考えによって把握できるものではない、と父親に告げたり、それに対して関心を示さないと、どうなるだろう。この際は、父親が主体的に、そのような因果的思考の筋道によって状況を理解し、その方向に向かって歩み出そうとしているのなら、治療者も従ってゆくのが妥当ではないだろうか。

つまり、その父親の因果的思考が「正しい」かどうか、ということではなく、そのような筋道による方が、治療の過程に父親がコミットしやすく、そこに治療者のコミットメントが生じやすくなる。そのことが治療的にはたらく、と考えることができる。

人間の意識構造は、因果関係を軸としてつくられている、と言ってもいいほどである。したがって、非因果的アプローチということにとらわれても、意識がそれについてゆくことが出来ず、治療者のコミットメントが弱くなってゆくと、その治療は進展してゆかないであろう。

このことは、現存在分析の学派の、フロイトによる因果的思考への批判は「正しい」と感じさせるが、実際には現存在分析の学派よりもフロイトの学派の方が「効果的」であると感じさせる要因のひとつかもしれない。何らかの因果関係による理解を背後にもって、その線で考えているとき、治療者のコミットメントは強くなる。しかし、それは下手をすると、実態とずれたものになるかもしれない。このズレが大きくなりすぎると、治療は失敗する。このあたりのバランスも難しいところである。

私は、非因果的アプローチにおいて、最も大切なことは、それにいかに治療者がコミットできるかということだ、と思っている。これについて冗談半分だが、「何もしないことに全力をあげる」という表現をしたりしているが、これも誤解されて、何かしたいのに、しないように力をつくすというように受けとめられたりする。そうではなくて、全人的にコミットしているが、通常の意識レベルではしないことを意味している。そして、これは修練を積むことによって可能と思っている。

2 因果的表現の利用

すでに述べたように、因果的思考を放棄してクライアントに会っているとき、クライアントの家族や、その教師、時には医者や裁判官などの他の専門職の人に、クライアントをどう理解して、どのように会っているのかを説明する必要が生じてくるときがある。そんなとき、自分は「因果的思考を放棄して、ただ会っているだけ」などという説明が通用しないことの方が多い(ごく稀に通用することはある)。そして、これらの人との関係を維持することが、心理療法を続行してゆくために必要なときがあるが、そのとき、その必要に応じて、相手を納得させる説明ができることが治療者の役割のひとつである。つまり、その説明は多くの場合、因果的な説明になるが、それは納得のための方便として用いられている。これを「便宜的因果性」と呼んでみてはどうであろうか。

便宜的に因果的説明を行うにしろ、治療者自身はその便宜性をしっかりと意識しているときは、治療に害を及ぼすことは、あまりないであろう。何と言っても、納得ということが大切なのである。もちろん、いつも因果的説明によって納得させることばかり考えるべきではなく、非因果的な現象の把握が重要なことを納得させる道もあることを忘れてはならない。

このようなときに、クライアントを取り巻く環境(人びとを含む)も考え、そのなかで単純な二点を結ぶ直線による思考のみでなく、面として捉え、時には三次元として捉えるような現象の把握の仕方が重要になってくる。このようになると、「論理」よりは、人間のもつイメージの豊かさが役立つ。

ただ、治療者としては、イメージや全体的なコンステレーションを重要視するにしても、便宜的因果性を必要に応じて使いこなすことも心得ていなければならないと思う。このようなことを実状に応じて行うという点で、心理療法家の実際的な専門性が問われていると思う。

（1）大山泰宏「因果性の虚構とこころの現実」河合隼雄総編集『講座心理療法　第七巻　心理療法と因果的思考』岩波書店、二〇〇一年。

（2）この点については、拙著『未来への記憶』（下、岩波新書、二〇〇一年）に述べている。

（3）共時性については、C・G・ユング／W・パウリ『自然現象と心の構造』（河合隼雄・村上陽一郎訳、海鳴社、一九七六年）参照。

（4）大山泰宏、注1前掲書。

（5）同右。

（6）河合隼雄『明恵　夢を生きる』（京都松柏社、一九八七年）参照。〔第Ⅰ期著作集第九巻所収〕

（7）河合隼雄『心理療法序説』（岩波書店、一九九二年）にこの話を紹介し、「自然モデル」について論じている。〔第Ⅰ期著作集第三巻所収〕

（8）河合俊雄「心理療法における真理と現実性」、注1前掲書。

第6章　心理療法における転移／逆転移

はじめに

心理療法の特徴を一言で言えと問われたら、それは「人間関係を土台として行われる」仕事であると、私なら答えるだろう。この短い文に、心理療法の特性が多くこめられているのである。

心理療法やカウンセリングなどということが、何となくうさんくさいと感じられるのも、このためであると思われる。何度も繰り返し他に論じてきていることだが、近代科学の特徴は、人間関係と無縁なことである。このために話がすべてすっきりする。つまり、研究するべき現象と研究者との関係を「切る」ことによって近代科学は成立する。したがって、そこに見出されることは、個人を超えて普遍性をもつ。これが近代科学の強さである。

近代科学があまりに強力なので、心理療法もできる限りそのパラダイムに合わせようと無理をした。初期の深層心理学は、そのような——後で見ると涙ぐましいような——努力をしている。しかし、治療者とクライアントの人間関係を無視できないことは、すぐにわかってきた。フロイトはそのことをも客観的に観察しようと試みたが、結局、それも徒労であった。生きた人間と生きた人間が会うということは、図り知れぬほど多くの要因をそこに持ちこむことになるのだ。このために、心理療法について論じることが極めて難しくなるし、卑近な表現で言うと、「論文」が書きにくくなる。心理療法家の書くものを、このような前提を無視して読むと、「科学」や「哲学」の専門家から見て、「うさんくさい」ものになるのもむしろ当然である。このことを意識して、哲学的、あるいは、科学的な心理療法の論文を書こうと努力する人もあるが、概してそれらは臨床の現場に役立たないものになることが多い。その上、哲学からも科学からもその欠点を指摘されたりする。

そこで、私は心理療法は「人間関係」を前提としていることを認め、そこから出発するとよい、と思っている。そして、「人間関係」ということについて詳細に研究することが必要であるし、そのことは、これまで人間関係のことを無視して考えられがちであった他の諸学に対しても貢献できるのではないか、とさえ思っている。たとえば、医学である。医学は近代科学の方法を用いることによって急激に発展し、今後もそれを続けてゆくであろうが、医療の実際においては、近代科学の方法のみでは決して十分ではない。そこに生じる多くの人間関係を考慮しなくては、患者の要請に応えることができない。このために、私は「医療学」という領域が必要とまで言っているが、このとき心理療法における知見は、大いに役立つものと思う。保育学、看護学、教育学などの領域において、まったく同様のことが言えるだろう。

心理療法の領域において、人間関係の問題は、まず「転移」の現象として注目されることになった。精神分析学がはじまろうとするときに、フロイトと共にヒステリーの治療を行なったブロイアーは、彼の患者、アンナ・Oの彼に対する強い恋愛感情にどう対処してよいかわからず、治療を中断してしまう。この両者の関係の「真相」はどうなのか、明確なことはわからないが、一応現在わかっていることについては、たとえば、成田善弘の論文[1]を参照されたい。ここでは、その詳細について論じるのではなく、そこで、ともかくフロイトは、「転移」という現象に気づいたことに注目したい。

現在も、時に熱心な、あるいは、非常に親切な教師、医者とか、他人を援助したいと思う人が、相手との人間関係のしがらみにとりこまれて、どうしていいかわからなくなったり、破壊的な事件にまきこまれてしまったりすることがある。このときに、これらの人が「転移」という現象をもう少し知っていたら、これほどまでにならなかったのに、と思うことがある。もちろん、「生兵法は大怪我のもと」ということもあるが、大きな危険は避けられたのではないか、と思う。

人間関係を考える上で、「転移」ということは非常に大切と思うし、本章においては、心理療法における転移と逆転移ということを主題として、人間関係の問題を考えることにした。

一　転移／逆転移の相互性

1　転移の発見

すでに述べたように、フロイトによる「転移」の発見は、心理療法の発展の過程において実に画期的なことであったと思う。筆者が臨床心理の世界に足を踏み入れた一九五〇年代の頃、わが国においても心理療法やカウンセリングなどという新しいことに挑戦しようとした医者、心理学者、教育者などの中には、今から考えると、クライアントの転移に恐れをなしてしまって、それ以後やめてしまった人たちのいたことを、今もよく記憶している。もちろん、当時はフロイトの著作などはすでに紹介されていたのだが、明確な知識もないままで、実際の現象に立ち向かうと、恐れをなしてしまったのもわかる気がする。そこには極めて激しい情動がはたらき、文字どおり命をかけることにもなってくるので、治療者はたじろいでしまうのだ。

ブロイアーがせっかくやりはじめた新しい治療法をやめたのもわかるし、そこで踏みとどまって、「転移」ということを考え出したフロイトはやはり天才であったと思う。そして、フロイトの考えたことは、そのような転移の現象を分析することによって、患者の心理を明らかにする、ということであった。ところが、分析家は外科医が手術をするように患者の転移を分析しようと試みるのだが、そこは「人間関係」の恐ろしさで、分析家の方が患者に対していろいろな空想をしたり、感情をはたらかせたりする、つまり、逆転移の現象が生じることが明らかになった。

そこで、ユングは分析家が無用な逆転移を起こさぬように、分析家になろうとする者は、まず自分自身が分析を受けるべきこと――今日、「教育分析」と呼ばれる――を主張し、フロイトもこれに賛成した。今日、深層心理学の学派は、それぞれ理論は異なるにしろ、教育分析を分析家になるための前提条件としている点は共通している。心理療法家になろうとする者は、必ず自分が教育的にそれを体験することが必要と、筆者は考えている。このような体験を持つか持たないかは、相当大切な要因である。

教育分析を受けて自分自身を知ると、逆転移など生じないのではないかと考えられたこともあったが、人間はそれほど単純な存在ではない。逆転移がまったく生じなくなる、などということはあり得ないのだ。

そこで考えられたことは、神経症的な逆転移とそうでない場合を区別する、ということであった。治療者に未解消のコンプレックスがある場合は、どうしてもそれがはたらきはじめて逆転移が起こる。そして、治療者自身はそれを意識しないのだから、治療は困難になってくる。治療者はクライアントの問題と自分の問題をごっちゃにしてしまう。このような逆転移は治療に妨害的にはたらくのは当然である。

それに対して、治療者が自分の母親に対するネガティブなコンプレックスを苦労して克服したような場合、クライアントが自分の母親が何かにつけて支配的である、と訴えてくるとき、その気持が非常によくわかる。クライアントの言う一言一言が、胸に響くほどに感じられる。そして、その治療の過程のなかで、クライアントが強い母親に対抗して自分の力で何事かを為し遂げようと努力すると、それに治療者も肩入れしたいように思う。そこに生じる治療者の共感的な理解が治療を促進する。この場合にしても、治療者の感情は相当に動くわけだから、「逆転移」というべきだが、ここでは、逆転移は治療に対して肯定的なはたらきをしている。

逆転移がすべて悪いのではなく、神経症的逆転移が悪いのだから、これを防ぐ意味においても、治療者になる者は、教育分析を受けて、自分のコンプレックスについてよく知ることが必要なのである。

このような説明は、なるほどと思わせるのだが、困ったことに実際的には話はそれほど単純ではない。もちろん、教育分析は必要であるし、神経症的逆転移をなくすという考えはある程度は役立つものの、ほんとうはそれほど明確に割り切って判断できないのだ。逆転移が神経症的かどうかの判断はそれほど明確ではない。先にあげた例においても、治療者はクライアントに共感し、母親からの自立を促進しているつもりでも、それは治療者の思い込みが強いための押しつけで、クライアントの問題の本質は、それと別のところにある、という場合もありうる。

転移／逆転移のなかに入りこんでゆくと、何がなんだかわからなくなるし、そのなかでは、普段は体験しないような生身の感情が湧きあがってきたり、思いがけない空想——妄想に近い——が生じてきたりするのだ。しかし、だからこそ、週に一回、一時間会うだけで、相当な心理的な仕事ができる、とも考えられる。その人と毎日長時間共にすごしているのに比して、密度のまったく異なる人間関係が生じるのである。

治療の進展を妨げないようにと、逆転移の生じるのを避ける初期の傾向に比して、最近になって、むしろ、逆転移の意味を考えることによって、それを治療の進展に役立てようとする動きが、深層心理学の諸派のなかで強くなってきた。

2 逆転移の意味

このような考えがでてくる前提として、転移と逆転移の相互性という考えがある。この点を明確にしたものとして、すでに一九五九年に発表された、C・A・マイヤーの説は画期的なものと言わねばならない(2)。マイヤーは、転移の現象は、クライアントから治療者へと向けられる一方的なものではなく、むしろ、相互的なものである、と主張する。したがって、本章でも表記しているように、両者をひとつにして転移／逆転移とするべきなのである。

マイヤーは、転移／逆転移という現象は、クライアントと治療者の共通の場としての無意識のなかに形成されてくる元型的布置(archetypal constellation)の作用を両者が共に経験するものと考える。つまり、クライアントも治療者も共に転移／逆転移現象にさらされるわけである。このとき、治療者はそのような元型的布置をしっかりと把握することが必要である。さもなければ、転移や逆転移の表層的な現象に心を奪われて、それにどう対処していいかわからなくなってしまう。

とは言っても、最初に意識されるのは、クライアントから治療者に向けられる感情的な反応であったり、治療者がクライアントに対して抱く感情であったりするわけで、そこにどのようなことが布置されているかはわかりにくいことが多い。したがって、クライアントの治療者に対する攻撃が不可解に感じられたり、理不尽と思われ

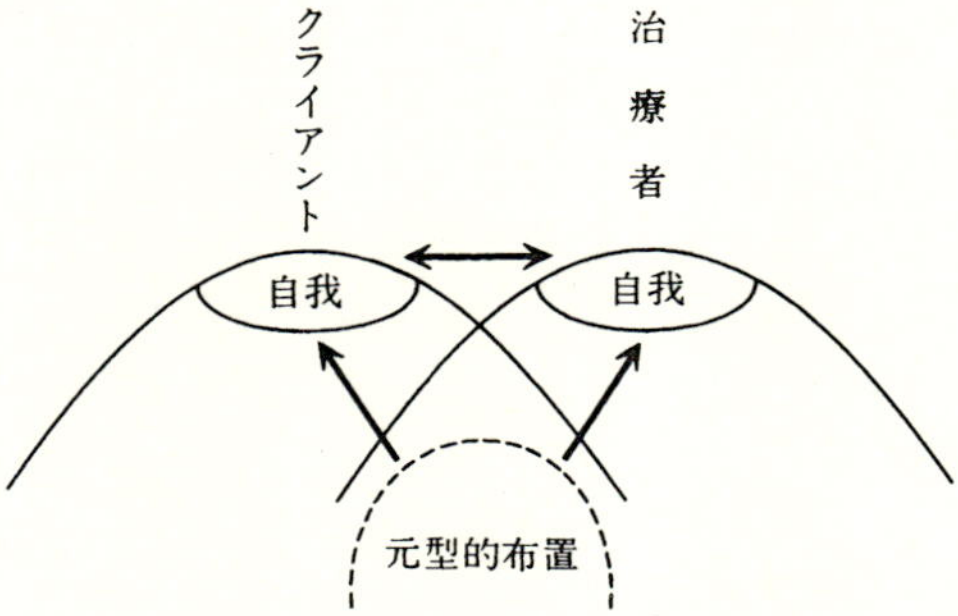

図3　転移／逆転移の相互性

ても、一応それを受けいれつつ事態の推移を見守るのである。しかし、転移／逆転移の相互性を考えると、治療者が自分のクライアントに対する感情を表現することも必要と考えられる。これについて、ユング派の分析家のシュピーゲルマンは、「患者に対して怒りや、退屈な感じや、疲れが生じたときは、それを認めて、患者と共に分析するのがよい[3]」と述べている。

クライアントに対するネガティブな感情を表現するのは難しい。特にクライアントの感情を「受容」することを第一義的に考えていると、このようなことはむしろ治療に妨害的であると思われるだろう。しかし、治療が深まると、治療者とクライアントの相互性は強くなるものであり、その際、シュピーゲルマンの述べていることは妥当なものになる。筆者も初心者の頃は、このようなことは難しかったが、現在はあまり抵抗がなくなってきた。ただ、後にも論じるように、治療者に対して「権力」を感じているクライアントには、このようなことは逆効果をもたらすであろう。いずれにしろ、非常に微妙な関係であることは常に自覚している必要がある。単純に、自分の感情を出していたのでは、治療者の役割はつとまらない。

クライアントが、典型的な「ああ言えば、こう言う」という応答をするときがある。どのような考えや方向に対しても何らかの条件や疑問がでてきて、最後のところでは「では、いったいどうせよと言うのか」と怒鳴りたくなるような気持になる。しかし、そのような治療者の体験している、どうしようもないという状態は、まさにクライアントが日常場面で経験していることで、それが今、治療者にも実感できているのだと知ると、怒りの感情は消えて、クライアントの状況に対する共感をもって話し合うことができる。このように、転移／逆転移の相互性について、常に配慮していることが必要である。

この際に、治療者の体験する怒り――それはすぐに解消されるにしろ――の程度によって、クライアントの病理の程度が推察されることがある、ということも重要である。逆転移を意識することによって、それをある程度は、診断的に役立てることもできる。

二　転移／逆転移に伴う困難さ

1　転移／逆転移の程度

転移／逆転移は治療においてどの程度に起こるものなのか。そして、それは治療に役立つのか妨害的なのか。また、転移というと恋愛性転移のことを指すと思われるほどであり、そのような恋愛感情は心理療法において、どのような意味があるのか。実は、それらすべてにおいて、程度もいろいろであり、治療を促進するときもあれば妨害するときもある。

まず最初に述べておきたいのは、「転移性治癒」の現象である。クライアントが治療者に会ったときに、強い安心感や信頼感を感じて強い転移を経験した途端に、症状が消失することがある。これは劇的なことなので、転移性治癒のことを知らずに、治療者もクライアントも大喜びすると、しばらくして症状がぶり返したときに、関係が悪化したり、関係の継続が難しくなったりする。劇的によくなった例として治療者が吹聴しているときに、そのクライアントは他の治療者のところを訪れていたりする。もっとも悲劇的なときは、治療者のみならず、周囲の者がすべて「治った」と喜んでいるとき、クライアントは再発したことを誰にも告げることができず、自殺することとさえある。

自己臭の症状を訴えて来院した高校生に、困難なので長期にわたるだろうと思っていたのに、二回ほど会うと症状が消えてしまった。「症状がなくなって、どう感じますか」と言うと、彼は以前は登校しても自分の臭いがしはじめると教師に申し出て早退していたのだが、最近は勉強が面白くなくて早退したいと思っても臭いがして来ないので辛い、と言った。それでは、そういうことについてでも少し話し合いを続けましょうと言って、継続しているうちに、また症状が復活した。結局、長期にわたる治療で治癒したが、転移性治癒のあいだも関係を継続していてよかったと思った。

転移は自然に生じてくる面もあるが、治療者の態度によって、それを「呼びこむ」ような面も持っている。横山博は、治療者が何とかしてクライアントの役に立とうとして、全能的な母親のような逆転移を起こし、結局はそれによって自ら潰されてしまうことを指摘している。「およそ身体、生活を持った人間の限界を越えるような要求がクライアントから出され、治療者の私生活は危機にさらされてゆく」[4]と述べ、このような窮地に陥ってゆく医師を、サールズが「献身的な医師」と呼んで警告したことを明らかにしている。わが国は筆者がかつて指摘したように「母性社会」なので、それを反映して、「献身的な教師」や「献身的な心理療法家」が同様の失敗をすることが多い。

激しいポジティブな転移をするクライアントは、容易に激しいネガティブな転移に変ることが多く、そのなかで、治療者は「クライアントに振り廻されてしまう」のである。クライアントに振り廻されながら、何とか考え直し、姿勢を立て直して、とうとう治癒に至ったときは、われながらよく頑張ったという気がし、時には同僚から称賛されたりもする。しかし、果してそのような経過をたどることは「必要」だったのか、と反省してみなくてはならない。

と言うのは、激しい転移を起こすクライアントは、その解決すべき問題の大きさを示すことが多いが、転移／逆転移の相互性という点から考えると、そのような激しい転移が生じてくる要因の一端を治療者も担っている、と考えられるからである。クライアントの表現しようとすることが治療者にうまく届いていない限り、転移は激しくならざるを得ない、ということもある。クライアントの転移が激しく、どう対処していいかわからないとき、直接的にそれにどう応えるかを考えるより、クライアントも治療者も含めて、全体状況をちゃんと把握できていないのではないか、をじっくりと考え直すとよい場合が多い。クライアントから何度も電話がかかってきたり、自殺未遂が続いたり、そんなときに、治療者がイライラし始めるときには、ユングがどこかで言っていたと思うが、「イライラするのは見透していない証拠だ」という言葉を思い出してみるとよいだろう。

2　エロス

エロスというのは怪物である。なかなか人間の思うようにはならない。そして、治療的人間関係のなかでは、このエロスが大活躍をするのだから、大変なのも当然である。先に横山の言葉を引きながら述べた「献身的な医師」というのも、エロスの問題である。

治療場面に生じる転移に恋愛性転移がある。女性のクライアントが男性の治療者に対して恋愛感情を抱くときと、男性のクライアントが女性の治療者に対してのときと、両方あるが、だいたい前者の方が多い。これはどうしてだろうか。それに応える男性治療者の逆転移が性的関係として意識され、それが行動化されることもある。これは心理療法における問題として指摘されることが多い。

先に示した図3において、元型的布置として示しているところに、「結合」のテーマが現われることが多い。それは、特に現在においては、何らかの「関係喪失」に悩んでいる人が多いという事実の現われである。「結合」はいろいろな様態や象徴的表現を持つが、もっともわかりやすく強力なのは、男女の性的結合である。このためにいろいろと混乱が生じてくる。

女性のクライアントが表現したい、あるいは体験したいと思っている「結合」の主題は、なかなか的確に言語化し難い。そこで、いろいろな言葉や動作などによって表現するわけだが、そのとき、男性の側は、それを直接的な性関係、とまではならないにしても、男女の恋愛感情として受けとめてしまうことが多い。そのとき、クライアントはその相異を明確にすることが難しいのと、治療者に気に入られたいとする無意識な気持とが重なって、男性治療者の表現の線に乗ってしまう。このあたりの心の動きに治療者が無意識なときは、「女性クライアントから強い恋愛性転移を受けて困っている」などと言ったりする。女性クライアントの「誘惑」にどう対処すべきかなどと考えるより、もともとそこに布置されている「結合」の質について検討したり、男性として女性の表現を勝手に歪曲してゆく自分の逆転移について考えたりすることが大切である。

成田善弘がフロイトの考えとして、転移性の恋愛は「分析に対する抵抗によって強められる」ことを紹介している。(5) おそらく、フロイトはこれをクライアント側のこととして述べているのだろうが、治療者に対しても言えることと思う。元型的布置に直面してゆく困難を避けるために、治療者も恋愛性逆転移を起こし、そこに停滞してしまうのである。

女性のクライアントが男性の治療者に恋愛性転移を起こすことが多いのは、治療構造に伴う力関係も影響しているとサミュエルズは主張する。(6)治療が進んでくると、治療者とクライアントの関係は対等の関係のようになることもあるが、どうしてもはじめの間は、「治す者」と「治される者」という意識がクライアント側にあり、やはり、そこに上下の関係を認めてしまう。もちろん、クライアントは嫌ならいつでもやめられる、という点では自由を持っているのだが、心理的には上下関係に縛られているように感じている。そのときに、治療者側の逆転移が生じてくると、クライアントはそれに「従ってしまう」ことになる。このような力による関係の歪曲が生じることは厳に戒めるべきだというのが、サミュエルズの主張である。これは筆者も同感である。

「結合」の主題が重要となり、治療者とクライアントの関係が後述するように「深い」ものであるときは、それは夢やイメージや物語など、本書において取りあげたことと関連して表現され、治療者もクライアントもそれに共感するが、実際の行動としてなされる必要はなくなってしまう。

3 陰性転移

クライアントが治療者に対して、怒りや拒否、軽蔑などの感情を向けてくる陰性転移も難しい。人間は何と言っても、ほめられたり好意をもたれたりすると嬉しいので、陽性転移のときはそれほど苦労しない人も、陰性転移には困ることが多い。

「先生に会っても何の意味もない」「先生は治療者としては、まったく能力がない」などということを、時間とお金をかけて毎回言いにくるクライアントがいる。ほんとうにそう思うのなら、すぐやめてしまえばよさそうなものだが、わざわざ言いに来るところに意味がある。と言っても、毎回やられるのは大変だから、そこにしっかりとした「意味」を見出さねばならない。

筆者が若い頃に失敗した例を思い出すと、どうしてもはじめの頃は「受容」することに熱心になるので、クライアントの陰性感情を受容しようとする。ただ聴いているだけでは駄目で、「受容」するためには意味を見出さねばならないと思うので、ともかくクライアントの筆者に対する怒りや非難を何とか正当化しようと考える。そしてその考えをクライアントに伝えると、クライアントは自分の考えの裏づけを得たように感じてますます怒る。筆者の考えにはもともと無理があるので、結局それについてゆけなくなり、クライアントが怒るという悪循環を起こしてしまう。

いったい何が布置されているのかと考えると、否定的な父なる者の元型であることがわかった。理由があるとかないとか考える前に、強い禁止や命令があり、それを守らない者はたちまちに殺すような強力な姿である。筆者は、それをある程度「生きる」ことを要請されている。そこで、クライアントの非難や怒りに対して、こちらも怒りが湧いてくるときは、怒りを表明した。ただ大切なことは、そのようなぶつかり合いを体験しつつ、関係を維持することの重要性にも目を向けていた。怒鳴り合っても、別に相手が憎いのでも嫌なのでもない。別れるときは、しっかりと次に会う約束をした。このようにして、この関係を克服してゆくことができた。

横道にそれるが、このような体験は、筆者が大学内で学生運動の激しかったとき、学生たちといわゆる「団交」をするときに役立った。お蔭で学生たちとの怒鳴り合いを楽しむことができたし、相当に激しくやり合ったが、身体的攻撃を受けたことは一度もなかった。

クライアントの陰性転移はよくわかる。しかし、それはあくまで転移であるとか、それを実際的現実と思うのはおかしいとか、「説明」はしない方がよい。それは、ほんとうに自分の気持がわかっていないからだとクライアントに感じられたり、権力を用いて「言いくるめ」ようとしていると思われたり、否定的感情を倍加させるだけである。

怒りに対して怒りで応えるというルールがあるのではない。クライアントが父なるものと同一化しているとき、治療者はそれに打たれる者となることも必要である。それを正面から引き受けて、無用に反省したり罪悪感を持ったり、相手を非難したりするのではなく、そのままの姿勢でいるとよい。正面から引き受けると、感情は弱まってゆくものだ。

クライアントが治療者に対して非難や攻撃を向けてくるとき、治療者がそれを肯定することによってますます問題を深くしている場合もある。特に境界例のクライアントなどは非常に鋭敏なので、治療者の少しのミスや怠慢などを見つけて攻撃してくる。あるいは、一方的な論理で押しまくってくる。そして、遂には「料金を返せ」「弁償をしろ」というようなことになる。このようなとき、日本人の傾向として、すぐに「すみません」とあやまったり、時には「料金を返す」と応じたりすることがある。ある面から言うと、誠実に対応しているようだが、これによってクライアントの怒りはますますエスカレートするのである。

クライアントがこのような一見無理難題をしかけてくるときは、クライアント自身が周囲から無理難題を押しつけられ、まったく身動きのできない状況であることを、治療者が的確に理解してくれていないことを訴えている、と思うとよい。料金を返すべきか、返すべきでないかなどと考えるよりは、クライアントのほんとうに訴えたいことは何か、クライアントの置かれている状況を、自分はほんとうに理解しているのか、と考え、その線に沿って応答すると、クライアントの怒りはおさまる。

「その線に沿って応答する」とは、何かよい解答が見つかったとか、クライアントのことがはっきり理解できたとか、それほど明確である必要はない。治療者の姿勢がどちらを向いているかを示せばよい。

三　転移／逆転移の深さ

1　転移の強さと深さ

転移／逆転移を考える上で、その強さと深さを区別して考えることが必要である。クライアントが実際に身体的攻撃を加えてくるとか、抱きついてくるなどということがあれば、それは「強い」転移であるが、必ずしも「深い」とは限らない。治療の進展のためには、むしろ「深い」転移が必要なのである。「深い」転移／逆転移とは、先に示した図3を参照していただくとよいが、こころの深い層が活性化されて、それが両者の関係のなかにはたらいているときである。

「深い」層が活性化されている、と言っても、それが表現されるのは、自我意識を通じてなされることを忘れてはならない。深い層のこころのはたらきが自我によって把握される場合、それは言語としてよりイメージとして把握される。あるいは、その体験を言語化しようとすると「記述」よりは「物語」に接近してくる。これらのことは、本書の第二章および第三章に論じられている。夢や箱庭や絵画、あるいは、その他のイメージや物語などがクライアントによって生み出され、治療者がそれによって、クライアントとこころの交流を感じるときは、「深い」転移／逆転移が生じている。しかし、それは必ずしも「強い」とは限らない。

「深い」転移／逆転移は治療に必要であるが、一般に転移／逆転移という場合、「強い」方を意識しすぎるのではないだろうか。「強い」転移は行動化されることもよくあるので、どうしてもそちらの方に目が奪われる。そのような点もあって、ユングの「転移は起こらないにこしたことはない」という類の発言についていろいろ論じられるが、筆者はユングのこの発言を「強い」転移は起こらない方が有難い、という意に解している。たしかに治療が進展してゆくときは、「深いが強くはない」転移／逆転移関係が成立していると思う。

転移／逆転移について一般論を述べるのは困難であるが、一応の考えを述べておくと、転移／逆転移が生じるとき、治療者のコンプレックスがそれにかかわってくると、「浅くて強い」転移／逆転移が起こるようである。人間である限り、コンプレックスがないなどということはあり得ない。しかし、通常はそれらがあまり「ひっかかる」ことがないので普通にこころがはたらいているが、それがかかわってくると反応が変化する。治療者とクライアントのコンプレックスが共鳴すると、それは「浅くて強い」転移／逆転移関係になる。もっとも、クライアントの転移があまりに強いと、治療者の平素は眠っているコンプレックスが急に目覚めさせられるような感じのときもある。クライアントより「強い」転移を受けたときは、治療者はそれと関連して自分のコンプレックスを点検する必要がある。点検と言っても知的にだけやってみても仕方ないので、苦労の伴う仕事であるが、それこそ治療者としてするべきことなのである。

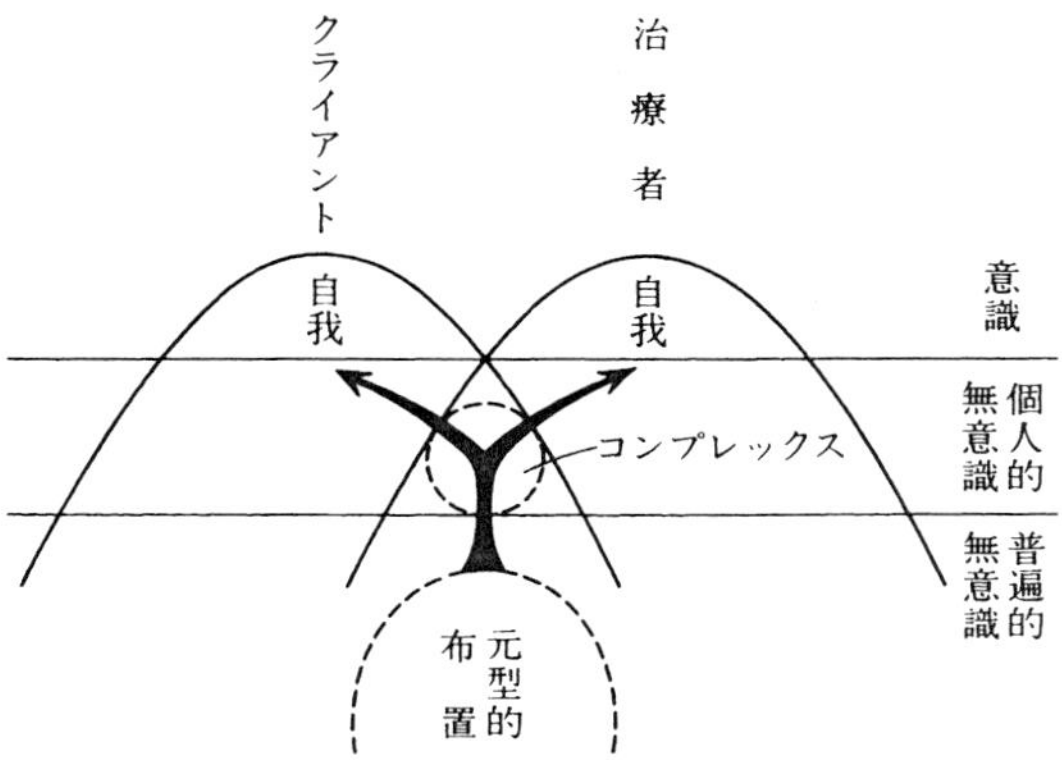

図4　深くて強い転移／逆転移

「深い」転移が生じるためには、治療者はそのようなことの可能な人間関係をクライアントと持てるように努力しなくてはならない。そのためには、やはり教育分析が必要だと思う。端的に言えば、クライアントに会っているときに、治療者のこころが自分のこころの深い部分に向かって開いている、ということになるだろうか。通常の会話のように、相手の言った内容に関して自分の意識をかかわらせてゆくのではなく、意識と無意識の境界をできるだけあいまいにし、相手の言ったことを自分のこころの深くに投げ込んでゆき、果してどんな反応があるのか待つ、というような聴き方をする。あるクライアントに、「先生に最初に会ったとき、私の話をほとんど聞いておられないのじゃないかと思いました」と言われたことがあるが、表面的にはそんな感じがするだろう。意識的にいわゆる熱心に聴くのとは、まったく異なっている。クライアントも最初は不思議に感じるが、すぐにそれは何か意味のあることらしいとわかるようである。

クライアントと会ったとき、このような「深い」関係が生じるように自分を鍛えることが、専門家であるための条件のひとつであると言えるだろう。もちろん、治療者がクライアントに会えばすぐに「深い」関係が生じるというのではなく、クライアントの表現を通じて両者の関係も深まってゆくのであり、治療者の態度とクライアントの表現、それを理解する治療者の能力などが相まって、「深い」関係が成立してゆくのである。クライアントの行動のひとつひとつについて、治療者が自分との関連で考えてゆく過程は、穂苅千恵の論文によく示されている。(7)

このような関係を築きあげる訓練も受けず、単にクライアントに箱庭をつくらせたり夢を聴いたりすることで心理療法が行えると考え、「患者にいろいろやらせてみたが、うまくゆかない」と嘆くぐらいならまだよいが、だから心理療法など役に立たないなどという人は、何の練習もせず、バットを持って打席に立っているとヒットが打てると思っているのに等しいものである。

そして、その訓練は何も「聴き方」が上手になるなどということではない。すでに述べたように、自分の意識と無意識との関係を見極めてゆくことが大切なのである。そうなってくると、秋田巌の論文にあるように、[8]その探索は終わりのないものということになる。ユングは「個性化の過程」と言って、「過程」であることを強調したが、心理療法家は、そのような終わりのない探索の過程を歩み続けるべきで、それを止めると心理療法家としての資格はない、と言うべきだろう。

「深くて強い」転移／逆転移の場合はどうなるであろう。すでに述べたように、「深くて強くない」転移は望ましいが、「深くて強い」場合は、対応が難しくなる。心の深いレベルでのテーマが重要になっているのだが、それが自我に意識されるときには、個人的なコンプレックスを経過してくる。極めて図式的な表現をすると、深い内容が自我に到達する間にあるコンプレックスをも治療者とクライアントが共有しているときは、深い内容が強さを伴って意識される。このようなときは、治療者はクライアントのために仕事をしているのか、自分のためにしているのか見分けがつかなくなる。その程度の強いときは、治療関係を解消し、治療者も他の治療者について自分の問題の解決に励んだ後に、再契約をするか、いろいろと打開策を考えるべきである。ともかく、職業的な関係をそのまま維持することは困難であろう。

2　精神病圏のクライアント

精神病圏のクライアントに会うときは、そこに幻覚や妄想の内容が語られるので、対応が非常に難しい。そして、転移／逆転移という関係が生じにくい。初心者が何とかしてこの人の役に立ちたいという逆転移を起こしたとしても、そんなのはクライアントにまったく認知されない。その上、クライアントが妄想を語り出すと、まったく理解できないので、逆転移はすぐ消えてしまって、こんな人には薬物治療が必要、などと考えはじめる。

精神病圏の人という表現をして、あいまいだと言われそうだが、診断は容易ではない。幻覚や妄想があっても、心理療法だけで薬物なしで治癒する人もある。おそらく、その人は精神分裂病ではないのかもしれないし、そもそも「精神分裂病」としてまとめられる患者が、ほんとうに同一の疾患を病んでいるのか、などと根本的に問いはじめると、答えは簡単ではない。

要は、幻覚や妄想のある人のなかに、心理療法が有効な人がある、という事実が大切なのである。ではそのような人に会うときの関係はどうすべきなのか。この問題について伊藤良子が論じているが[9]、そのなかで、伊藤が引用しているフロイトの言葉、「患者の内界に抑圧された感覚が外界に投射されるという言い方は正しくない。むしろわれわれは、内界で抹消されたものが外界から再び戻ってくると考えるべきである」は注目に値する。「投射」(projection「投映」とも訳される)という、転移／逆転移を説明するのに便利な用語はここでは使えない。

ところが、治療者とクライアントの間に、関係が成立してくるときがある。治療者の能力が高く、「深い」こころの層にまでよくこころが開かれているときは可能になってくる。そのとき、転移は「深くて強い」ものとなる。しかし、図4に示したほどの相互性はなく――と言ってまったくないわけではないが――何しろ、深い層から出てくるものの勢いが強いので、コンプレックスとか、相手の特性とかにかかわらずに転移が生じてくる。たとえば、クライアントから強い妄想性恋愛転移を受けたとき、図4に示したような考えで自分のコンプレックスの点検をしても、あまり実りのある結果は得られないかもしれない。

ユング派の分析家で精神分裂病の心理療法に力を注いでいる武野俊弥は、無意識の側からの力が強すぎて自我が圧倒されている分裂病の状況を「洪水」にたとえている。[10] それはつまり「見境のない」力なのである。転移／逆転移という二者の「関係」など成立して来ない。このように考えると、恋愛性転移は、たとえ妄想であれ、それは二者関係のなかで語られるのだから、病態としてはむしろ好ましい方向に変化したことになる。ただ、その強さと深さをもった転移が治療者に向けられてくるので大変なのである。

このような精神病圏のクライアントに対しては、コンプレックスなどを考えるのではなく、「個人神話」の構築が必要と、武野は主張している。この点については武野の論文[11]に譲るとして、「個人神話」が展開してゆくためには、武野も主張しているところであるが、極めて「深い」関係が土台となっていることを忘れてはならない。心理療法はいかなる場合も、治療者とクライアントとの人間関係をベースにしているのである。

(1) 成田善弘「心理療法的関係の二重性」河合隼雄総編集『講座心理療法 第六巻 心理療法と人間関係』岩波書店、二〇〇一年。
(2) C. A. Meier, "Projection, Transference, and the Subject-object Relation in Psychology", *J. Analytical Psychology*, IV, 1959, pp. 21-94.
(3) M. Spiegelman, "Some Implications of the Transference", *Spectrum Psychologiae*, Rasher & Cie. AG, 1965.
(4) 横山博「ユング派の心理療法における転移／逆転移」河合隼雄編『ユング派の臨床』金剛出版、二〇〇〇年。
(5) 成田善弘、注1前掲書。
(6) A・サミュエルズ、第14回日本箱庭療法学会大会シンポジウムにおいて。
(7) 穂苅千恵「「切る」に見えてくる関係性――母子同室並行面接の事例」、注1前掲書。
(8) 秋田巌「心理療法と人間――Disfigured Hero 試論」、注1前掲書。
(9) 伊藤良子「精神病圏における人間関係」、注1前掲書。
(10) 武野俊弥「〈分裂病〉の臨床」河合隼雄編『ユング派の心理療法』日本評論社、一九九八年。

(11) 武野俊弥「無意識の神話産出機能と夢分析」河合隼雄総編集『講座心理療法 第二巻 心理療法と物語』岩波書店、二〇〇一年。

第7章　心理療法場面における個性

一　心理療法の狙い

現代の心理療法は欧米において生じてきたものである。したがって、それは欧米の社会や文化の在り方と深く関係している。われわれ日本人は、このことをよく知っておく必要がある。「個性」について考える場合も、文化差の問題が深くかかわってくる。

現代の心理療法が生まれるまでは、心理療法は宗教家の仕事であった。エレンベルガーが『無意識の発見』において詳しく論じているように[1]、心理療法——特に深層心理学が関連するもの——の先祖は、シャーマニズムである。シャーマニズムの場合、治療は何らかの超越的存在の力に頼ってなされるが、それは患者の属する集団の成員が、そのような超越的存在に関する世界観を共有していることが前提になっている。したがって、治療は患者個人に対するにしても、彼を取り巻く家族やコミュニティの集団の共同参加によって行われる。つまり、あくまでも集団のなかの個として、集団全体の力を借りつつ治療が行われるのである。このようなとき、患者の個性などということは問題にはならないであろう。

この際の目標は、病気あるいは苦悩からの脱却ということである。そこで、その病気の状態を、何ものか悪霊などの侵入と考えるにしろ、あるいは患者の霊魂が行方不明になったと考えるにしろ、それに対する処置を、何らかの超自然の力に頼って行う。シャーマンはそのようなことが可能な人間であり、患者の属する集団全体が、以上の考えを共有して、それに参画する。そして、患者は元の健康な状態にかえることによって、治療は終結する。

このような治療法は、近代になって急激に衰退する。西洋の近代に生じた劇的な意識変革によって、人間は超自然的なものに頼らず人間の力によって治療ができるし、そちらの方がはるかに効率がよいことを知ったのである。こころと体とを区別し、研究者と研究対象とを区別する考えによって、近代医学が成立し、多くの身体の病気の原因が合理的に究明され、治療法や予防法が見出されていった。このとき、医学的治療においても「個性」などということは問題にならない。人間の「身体」が客観的に研究され、それぞれの病気に対する治療法が確立しているのだから、患者の「個性」など考える必要はない。

自然科学の急激な発展によって、人間は実に多くのことを可能にすると共に、超自然的存在に対しては疑惑の念を強くし、シャーマニズムなどはすべて迷信として排除することになった。この世のことは、人間の理性によって合理的に判断し、操作できると考える。このため、個々の人間がそれを実行できるように努力することが必要であり、それを行なっている限り、その個人の力は強く、おそらく限界を知らないであろう。集団の共有する疑わしい共同幻想に頼るよりも、個人の合理的判断の方がはるかに強力なのである。

身体医学は急激に進んだが、人間を困らせるものとして「こころの病」が残っている。十九世紀末から、精神分析の考えで、フロイトをはじめ、こころの病の治療を目指した者は、それが近代科学の考えに矛盾しないことを示すのに極めて熱心であった。すでに述べてきたような時代精神のなかでは、下手をすると「非科学的」「迷信」というレッテルと共に排除される危険があったからである。

二十世紀には、精神分析のみならず多くの学派が心理療法のなかに生じてきた。これらのなかの一部を除いては、近代科学の線に沿うように努力をした。つまり、ある病気に対して、その原因を明らかにし、それを除去あるいは克服する方法を見出す。訓練を受けた治療者がそれによって行えば、誰でも一定の方法によって治療ができる、と考える。これは、身体医学のモデルによっているのでわかりやすい。ここで大切なことは、この考えにおいては、個人ということが中心になってはいるが、個性ということは不問にされているということである。たとえば、外科医が手術をするとき、それに必要な知識や技術を身につけている必要はあるが、外科医の個性や患者の個性は関係ない、と考えるのと同様のことである。

心理療法が「近代科学」の一部であるならば、そもそもそのなかに「学派」が存在していることがおかしいのではないか。「真理はひとつ」であるべきである。この考えによって、心理療法の学派は、それぞれ自分の学派こそ「唯一の正しい」ものであることを主張し、他派を攻撃した。その論争は長く続いたが、それによって、かえって学派の数が増加するくらいであった。つまり、心理療法を近代科学の一部と考えることに無理がある、ということであろう。これについては、後にもう一度論じる。

個性のことはともかく、個人ということについて考えてみよう。古来からあった宗教を背景にした心理療法と異なり、近代の心理療法は、個人を対象とし、個人の問題を考える。しかし、それを行う上において、個人のこころの仕組みやダイナミズムなどについて、「普遍的な法則」を見出し、それによって治療を行う、と考える。かつての療法のように共同幻想を共有する集団のなかに、その一員としてかえってゆくことを狙いとするのではなく、個人としてものごとを的確に判断し、自分の欲することを適切に達成してゆけるような人間となることが狙いになってくる。

このような望ましい個人として、西洋近代に確立された自立的な自我ということが、ひとつの理想像として提示される。「自立」「主体性」「統合性」などがキーワードとなって、そのような望ましい強い自我をつくりあげることが、心理療法の目標となってきた。

このような個人への重視によって、いろいろと予期せぬことが生じてきた。まず、個々の治療者とクライアントの人間関係が心理療法の重要な要因となる、という認識である。このことは、第六章「心理療法における転移／逆転移」に詳しく論じたが、両者の関係の在り方が心理療法の結果に大いに影響を及ぼすのである。この点をとってみても、心理療法は近代科学の方法とは異なってくることは明らかである。そして、両者の関係の在り方を追究していくうちに、必然的に、治療者とクライアントそれぞれの個性ということを取りあげざるを得なくなってきたのである。

ここで、二人の人間の個性、その関係の在り方を極端に強調するならば、心理療法の一回一回はすべて異なるものになり、そこに「普遍的」に通じる法則などあるはずがない、ということになる。つまり、近代科学とは何らの関係もないのである。

このような主張を強くするのが、「現存在分析」「実存分析」などと呼ばれる学派であり、アメリカにおいて、人間性心理学派と呼ばれる人たちが、それである。これらの人にとっては、心理療法は、病気の治療などということではなく、個性をもった治療者が個性をもったクライアントに「一回限りの出会い」をすることを狙ってなされることになる。

これは確かに、個々の人間は個性が異なる点を強調すれば、この通りと言っていい。しかし、実際に「では、どうするのか」となると困ってしまう。「一回限りの出会い」をしようと治療者が張り切っても、クライアントが会っても仕方がないと感じれば、それまでのことである。「出会い」とか「実存」とか立派なことを言っても、クライアントの問題解決に役立たなければ、仕方がないことである。

心理療法の狙いが、病気の治療ということからクライアント個人に注目し、その個性の伸長ということに変化してきたのだが、これはまったく別個のことではなく、病の克服を考える上で個性を伸ばすことは必要になるし、個性を伸ばすことを考えることが病の克服につながることになる。と言っても、両者がいつもまったく一致するとは限らない点に難しさがあり、人間それぞれ個性が異なると言っても、共通の性質を有していることもあるので、話は単純にはすすまないのである。

二　人間の類型と個性

人間は人それぞれ異なるのは事実であるが、何らかの類型によって分類できる、ということも考えられる。心理学には以前から「性格心理学」という領域があり、そこでは人間の類型《タイプ》がいろいろな学者によって考えられてきた。

フロイトと共に精神分析運動に参加したC・G・ユングは、しばらくして、アドラーがフロイトと別れ、自分もフロイトと別れることになるが、なぜこのような学説の相違が生じるかについて考え、それは人間の類型の差によるものだという結論に達する。性《セックス》を人間のこころにとって重要なものと考え、個人の人間関係に注目するフロイトに対して、人間のこころのなかの力への意志を重要視し、劣等感に注目するアドラーがいる。そして、

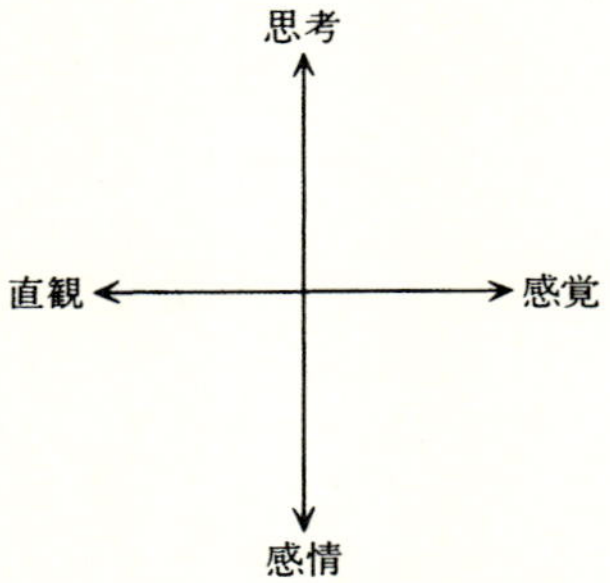

図５　ユングによる心的機能

両者はそれぞれ自分の正しさを主張しているが、これは、言うなればどちらも正しく、ただ人間に対するものの見方が基本的に異なるためだとユングは考えた。そして、個人の興味や関心が外へと向かう「外向」、内へと向かう「内向」という類型を考え、フロイトの学説を外向型、アドラーの考えを内向型と考えた。

ここにユングの類型論を詳述することはできないが、心理療法との関連で強調したいことは、類型によって人間の性格を固定的に見ようとするのではなく、その変化ということに重きを置いている点である。つまり、内向型の人間は一生そのままというのではなく、外向的な要素を生きることが必要になったり、可能になったりすると考えるのである。

ユングは個性化の過程(process of individuation)ということを、心理療法の目標として考えているが、その方向性を考えるときに、彼の類型論がヒントになる、というのである。ユングは、すでに述べた外向・内向という基本的態度の分類に加えて、心的機能として、思考、感情、感覚、直観の四つを考える。それらは図示したように直交する軸によって示され、思考と感情は対立し、感覚と直観も対立している。ものごとに対して、思考型の人は、すぐ「なぜか」と考え、正しいとか誤りとかの判断をするのに対し、感情型の人は自分の感情に従って、好き、嫌い、美しい、醜いなどと判断する。これに対し、感覚と直観は、判断抜きで「そうだ」と認識するのだが、感覚は、まさに五感を通じての認識であるのに対して、直観は五感によるのではなく、可能性や潜在性を、判断抜きで直覚する。

思考型の人は感情が劣等機能になり、その逆も真である。感覚と直観も互いに優位、劣等の関係にある。これに、外向・内向をつけ加えると、外向的思考型、内向的思考型、というように八つの類型が考えられる。外向的思考型の典型がダーウィンとすれば、内向的思考型の典型はカントということになろうか。このような類型は、生得的なものとユングは考えている。

このように、ある個人が何らかの類型にあてはまるとしても、それをまったく変化しない固定的なものと考えないところにユングの考えの特徴がある。簡単な例をあげてみよう。

中年の会社員の男性が、課長に就任してすぐに、抑うつ症になる。会社に行く気がしないし、自殺まで考えるようになる。そのために心理療法を受けることになる。その過程で、彼が訴えたことは、女性の気持がわからない、ということであった。理科系の人間としてその才能を発揮し、他人よりも早く課長に昇進したのだが、部下の女性たちとの間の感情的もつれに巻きこまれ、彼としては合理的に正しい判断を下して解決しようとするのだが、問題はますますこじれてしまって、どうしようもない。会社に出て彼女たちの顔を見るのさえ嫌になってしまったという。

話を聞いていると、ユングの心的機能という観点からすれば、思考優位の男性が、自分の地位が変化したために、急に接触する必要が生じてきた女性たちの感情問題に巻きこまれ、自分の劣等機能としての感情ということについての学習を必要とする状況になっていることがわかってくる。

このように言っても、心的機能について、このクライアントに説明すれば、問題が解決して抑うつ症が消失する、などというものではない。むしろ、このクライアントが一時間にわたって、女性がいかに不可解かとか、感情に従って行動するのはどんなに馬鹿げているか、などを話すのに、ただ熱心に耳を傾けて聴いている。しかし、このときに治療者は、中年の男性が女性に対して愚痴をこぼしている、というのではなく、人間がその劣等機能を開発し変化してゆくのは、どれほど大変なことかを実感させられている、と思って聴いている。それだからこそ、熱心に話を聴くことができるのである。このような面接を続けてゆく間に、クライアントが徐々に感情機能の重要さや素晴らしさに気がついてくる。その間に抑うつ症も消失してゆく。

このような場合、治療者がどのような時点で「説明」をするかは、なかなか難しいことである。早く言ってしまうと、クライアントがそれに従って解決しようと焦りすぎたり、知的な解決に走ったりする。と言って、「説明」は最後にする方がいい、などとも言えるものではない。治療の方向性をある程度示すことによって、クライアントが安定したり、観点を変える努力をすることになったりする。こんなときこそ、クライアントの個性との関係で、どうするかを考えるべきであろう。

類型の考えは、夫婦関係を考えるときにも、便利な指針となることがある。内向・外向、あるいは心的機能の場合も、常に対極との相補関係が見られる。したがって、夫婦の場合は互いに他を補償するはたらきが生じ、自分とは対極になる相手を選んでいることが多い。夫婦が協調して仕事に取り組んでいるときは、両者が相補的に補完し合ってうまく機能する。しかし、たとえば、家のローンを返済し切ったとか、息子が大学に入学した、などという何らかの達成が行われた後に、夫婦が「対話」しようとすると、互いに相手のことが理解できない、ということが生じる。内向的な夫は、休日にはゆっくり休んでお茶でも飲んでと思うし、外向的な妻は、どこかに出かけて行こうと思う。

中年の夫婦の危機には、このように、人間の類型の問題がからんでいることが多い。妻の外向性をまったく不可解と感じている夫が、何かの機縁で内向的な女性に接すると、お互いに話がよく通じるので嬉しくなってしまう。同様のことは外向的な妻の場合にも言えることである。このようなときに短絡的な行動が生じると、夫婦の危機はますます拡大されることになる。

このとき、たとえば内向的な夫が安易に内向的な相手を求めるのではなく、外向的な妻をよりよく理解するために、自分のなかに潜在する外向性を掘り起こす仕事をするとき、それは自分の個性をあらたにつくり出すことになってくる。

個性を伸ばすというとき、自分の得意とすることをより発展させるという面と、苦手なところを開発するという面とがある。どちらが大切だとか、どちらを先行させるべきだ、ということは簡単に言い難いが、その人の置かれている状況によって、それは異なってくる。一般的に言って、中年の危機の場合は、自分の劣等な部分を認識し、その開発をはからねばならぬことが多いようだ。人間のこころは全体性に向かって成長してゆく傾向をもっている。しかし、その筋道はいろいろとあるし、そこに個性がかかわってくるのであるが、ユングの類型論は、人間の個性が変化し、時と共にだんだんと形成されるときの方向性について考えるのに、役立つものである。この場合も、その考えに縛られてしまうと駄目になるのであるが。

三　倫理的葛藤

個性ということは、当然のことながら個別的なものであり、それは何らかの意味で一般的ではないはずである。個性ということを重視しはじめたのは、キリスト教文化圏であるが、そこにおいては、キリスト教的な倫理観が背後において強く作用していることを忘れてはならない。

次にも論じるが、わが国においては最近、「個性を伸ばす」ことを誤解して、たとえば、小学一年生の中には、授業時間に教室に入らない子や、授業中にまったく勝手なことをする子どもなどが増えているとのことである。これは、個性の尊重を、まったくの放任と誤解しているわけで、基本的なしつけは各家庭においてなされるべきである。そのような基本的なしつけを土台にしてこそ、個性が生まれてくることを知らない親がいる。この点、わが国の倫理観はキリスト教によっていないし、そもそもどのような倫理観によるべきかさえあいまいであり、そのようなかで、文字どおりの「自由」を与えたのでは、子どもの人格が育ちにくく、個性などという以前の状況である。ここで論じたいことは、実はこのようなことではないのだが、ともかく、何らかの倫理観を身につけていることは、個性を論じる前提となるので、先にこの点を指摘しておいた。

先にキリスト教の倫理観について述べたが、いかなる社会も、その社会を維持してゆく必要上、その社会に共通する道徳的規範や、生活習慣をもっている。それを破る者は、その社会内に留まることが困難になってくる。そして、その道徳的規範や生活習慣は、社会や文化が異なると相当に異なるものである。

個性が形づくられてくるとき、その傾向が社会の一般的傾向と相容れないものであることがある。たとえば、ある青年が自分はどうしても都会に出て勉学したいと思っていても、その社会は、その青年が家業を継ぐことを道徳的規範として持っており、それにもかかわらず都会に勉学に出るなどというのは「悪」と考える、というような場合がある。少し以前のわが国においては、このような葛藤が強く、多くあった。

現在でもこれに類することはある、と言っていいだろう。そんなときに心理療法家はどうすべきであろうか。個性の尊重の立場に立って、青年の勉学の意志を支え、あるいは、必要とあれば、彼の両親の説得に赴くべきであろうか。あるいは、一般道徳を守って、青年に家業を継ぐことをすすめるべきであろうか。そのいずれをも簡単にしないのが心理療法の特徴であろう。その背後には、本人の希望することをすぐにかなえることが、個性の尊重とは限らない、という考えがある。むしろ、このような葛藤のなかで苦しむことによってこそ、真の個性が形成される、と考えるのである。このような葛藤保持の力によってこそ、個性は養われてくる。したがって、心理療法家自身が強い葛藤保持力を有することが必要である。

次のような場合はどうであろうか。

高齢の女性のクライアントの心理療法において、自分は子どものときから、父親に従い、夫に従い、夫の死後は息子に従って、一度も自主的に行動したことがない、と訴える。そして、一度でいいから自分の意志で思い切った行動を取りたいので、「一度家出がしてみたい」と言う。誰にも言わずに家出をしたい。その際、家人がそのことを知っていたのでは家出の意味がないので、このことは誰にも絶対秘密にして欲しい、とのことである。

この際、このクライアントの気持はよくわかる。しかし、このような高齢者が家出をして、もし事故にあったとすれば、心理療法家の責任は大きい。このような場合も、家出について話し合いを続け、そこに何らかの許容可能な範囲内の解決策が見つかればよい。しかし、クライアントが明日は家出をします、と宣言したときはどうすべきであるか。あるいは、治療者に知らせずに家出を決行してしまった場合はどうするべきか。

このような場合、心理療法家としては何らかの具体策を考える前に、このような事態がなぜ生じているかについてよく検討してみることが必要である。心理療法は、クライアントと治療者との個性のぶつかり合いであり、それを通じて両者共に変容し、個性のあらたな形成に向かおうとしているものである。したがって、クライアントの話すこと、および家出をしたいなどという願望は、クライアントのものであることはもちろんであるが、治療者の在り方にも深くかかわってくる。この点については、大場登の論文が、まさにそのことについて述べてい

るが、この点は最後の節に取りあげる。(2)

家出をしたいというクライアントの例に話をもどすと、彼女が家出を明日にでも決行すると言ったとき、彼女が、ずっと他人——すべて男性——に従ってきたが、今はじめて自分の意志で行動したい、と言っているその気持を、ほんとうに共感して理解しているか、ここに潜在的に述べられている男性と女性の生き方、という点において、治療者自身はどう考え、どう生きてきたか、などについてよく検討しなくてはならない。

ここで簡単に一般論を言うなら、クライアントが抱えている葛藤に対して、心理療法家の器が充分に大きければ、行動化(acting out)は起こらない、ということになるだろう。「家出」を行動として実行しなくても、象徴的に家出を体験し、それについて語り合うことによって、自分の生き方を改変してゆくことになる。しかし、そうは言っても、なかなか理想どおりにはゆかず、クライアントの行動化におびやかされることになる。このような行動化との対決を通じて、心理療法家の器量が広げられる、とも言うことができる。

クライアントの葛藤保持力のみではなく、それを取り巻く環境の葛藤保持力ということも、常に問題になる。困難な事例の場合は、ある程度の行動化は避けられないときがある。特に思春期の子どもの場合は、本人がそれほどの葛藤保持力をもたないため行動化が繰り返される。それを家族や学校関係者などの協力によってカバーしつつ、子どもの成長を助けることになる。

心理療法家は、以上に述べたような倫理的葛藤を保持してゆく上で、将来に対する見通しを持っているとやりやすい。今は大変だけれど、そのうちにこのようになるでしょう、と見通しを述べることによって、周囲の人びとの協力を得られる。それまでに類似の体験をしてきたことが、心理療法家の支えになるだろう。

非常に困難なときは、それほどの見通しが立たないこともある。危険性も極めて大きくなってくる。そのようなときは、見通しよりも「賭け」の要素の方が大きくなると感じられる。心理療法は人間の生きることそのものに深くかかわるものだけに、人生と同じく「賭け」の要素を持つことは避けられない。しかし、その場合、それ以外に方法はないのか、それに失敗したときの全責任を負う覚悟ができているか、などについてはしっかりと検討しなくてはならない。人間の個性にかかわるということは、並大抵のことではない。

心理療法家がさんざん迷った末、大きな賭けに挑戦する覚悟をきめたときに、クライアントが思いがけない解決策を見出したり、すでに解決が生じていたりする、というようなこともある。まったくの偶然としか言いようのないこともあるが、人間の個性が唯一かけがえのないものであってみれば、個性にかかわるもっとも大切なときに、一回限りで意味深いことが生じるのは、むしろ当然のことかも知れない。

四　日本人として

個性を大切にするとき、その人間を取り巻く状況を考慮しなくてはならないことはすでに述べたとおりである。その点で、われわれ日本人は日本人としての自分の置かれた状況を知っておく必要がある。自国の文化や特性について日本人ほど意識する国民はない、などと揶揄されることもあるが、筆者はこれはある程度致し方ないことと思っている。たとえば、サミット会議などを見るとわかるが、他の国々はすべてキリスト教文化圏に属しているのに、日本だけが異なっている。現代は欧米文化が世界を席捲していると言っていいだろうが、非欧米諸国のなかで日本だけがいわゆる先進国のなかに入っているのだ。これでは、やはり自国の文化について意識せざるを得ないし、それは必要なことなのだ。

かつて、日本人のなかで極めて個性的な人びとを選んで、その人の子ども時代のことについてインタビューをしたことがある。(3) それら十人の方々は確かに個性的であったが、特徴的な点として、誰一人一般的な意味における「よい子」ではなかったことが明らかになった。たとえば、鶴見俊輔さんは自殺未遂の体験を語られたし、大庭みな子さんは、孤独で友人がなかったと言われた。不登校の人たちもあった。筆者は、このような話を聴きつつ、当時にスクールカウンセラーの制度があって、筆者がスクールカウンセラーとして、これらの「悪い子」に会っていれば、どのような態度をとっていただろうかと考えた。

最近は多くの人が主張するように、日本人は非常に均質性の強い社会をつくっているし、ある与えられた場の平衡状態の維持ということを非常に大切にする。そのため、このような均質性や調和性を乱すと見なされる者は、「悪」というレッテルを貼られやすい。これは先にあげた十名の個性的な人たちが、子ども時代には、決して「よい子」ではなかったことを説明するものだと思う。

このような日本文化の在り方が、わが国において個性的、創造的な人物を育てることに妨害的にはたらいているのではないか、という反省がつとに生じてきた。小渕総理(当時)の要請によって、筆者が座長を務めてつくられた「21世紀日本の構想懇談会」においても、このことに関する反省がなされた。二十一世紀日本にとって、もっとも大切なこととして「個の確立と公の創出」ということが強調された。(4)

ノンフィクション作家の柳田邦男が、事実を検証して丹念に論じているように、(5) 日本は、第二次世界大戦の決定や、その後の戦いにおける重要な決断のときに、明確な判断と決定を下しその責任をとる個人――つまり、リーダーシップをそなえた人間――がいないために、同じ失敗を繰り返してきた。そして、バブル経済の失敗のときも、まったく同じパターンを繰り返しているのである。今後、このような失敗をしないためには、「個の確立」

ということがどうしても大切になってくる。

先の個性的な人たちの例でもわかるように、日本では「個の確立」をはかろうとすると、うっかりすれば「悪」のレッテルを貼られる危険性さえある。日本の教育は、全体のレベルをあげるという点においては高く評価されてきたが、どうしても、全体的な調和を優先させるので、たとえ個人がすぐれた能力を持っていても突出するのを許さない。日本特有の均質化のなかに埋もれるのを嫌って、特別に才能のある子が不登校になったり、反抗的な態度をとったりすることもある。

文部科学省が試験的な調査期間をおいた後に、スクールカウンセラーを制度化しようとしているのは、これまでの日本の教育の一般的傾向に対して、個人をより大切にする観点を導入しようとの意図によっている。時に誤解されるように、不登校の子どもやいじめをしている子どもたちを「早く学校に適応させる」ことを意図しているのではなくて、むしろ、そのような問題として示されている子どもの個性をいかにじっくりと取りあげ考えてゆくか、が問われているのである。カウンセラーとの話し合いを通じて、結局は不登校の生徒が登校することになるかも知れないが、それはひとつの結果であって、それを目標としてカウンセリングがなされるのではない。

もちろん誤解されることはないと思うが、別に、不登校の子どもの方が登校している子どもより個性的だなどということはできないし、普通に適応している人はすべて没個性などということも言えない。社会に適応する努力を放棄する弁解として、社会の欠点をあげつらっている人もいる。心理療法はあくまで個人と個人との対決を含むものであるので、一般論のなかに逃げこむことはできず、結局のところは、その個人が自分なりにいかに考え、いかに行動するか、というところに焦点があてられるのである。

このようにして、心理療法においては、あくまで個人を中心として発想してゆくのであるが、深く考えはじめると、個人と個性の問題で、日本文化との関連において論じるべきことが、まだ残されていることに気づくのである。これは「日本文化」というよりは、個性ということに関するより根本的問題と言うべきかも知れない。

「個の確立」という場合、そのモデルは欧米にある。それは西洋近代になって生まれてきた、主体性、統合性をそなえた自立的な主体としての自我をつくりあげることを意味する。現在の科学技術、資本主義経済、民主主義など、世界に通用している多くのシステムは、ここに示したような自立的な自我の存在を前提にして成立している。それは重要なことではあるものの、本章の最初に少し触れたように、自我の確立のみを狙いとして心理療法を行うことには次第に疑問が生じてきた。そのことは、心理療法が近代科学の方法論に従えないことが明らかにされることと、軌を一にしている。

強い自我ができても、あるいは、そのためにと言えるほどに、人間には不安が残る。ユングは自分のところに来談した人の三分の一は、財産、名誉、家族などの点で、何の申し分もない人で、問題は「よく適応している」ことだったと述べている。そのような適応が達成されてしまうと、人間は「私とは何か」「私はどこから来てどこへ行くのか」などという根元的問題に逢着するのだ。このような問題になってくると、心理療法の狙いは非常に深くなり、一般的な理論によって考えることは難しくなる。

ユングは、自我に焦点を当てる心理療法の限界を悟って努力を続け、結局は自我が人間の意識の中心としての重要さを持つのに対して、意識、無意識を共に含んだ人間のこころの全体の中心としての自己(Selbst, Self)の存在を考える必要性を強調するようになる。自己はあくまで仮説的な考えであり、中心であり全体であるようなパラドックスに満ちている。あくまで自我の強化を追求してきた西洋近代の考えからすれば、不可解、あるいは、ナンセンスとしか言いようのないものである。したがって、ユングの考えは長らく西洋においては理解されなかった。

ユングはそのうちに東洋の知に触れる機会が増え、「自己」に関しては東洋人の方がはるかによく知っていることに気づいた。当時のヨーロッパにおいては、ほとんど注目する人のなかった『易経』や、鈴木大拙の禅の書物、チベットの『死者の書』などに対して、それを西洋人に紹介させるための序文やコメンタリーを書いているのも、このためである。西洋に比して、東洋は「こころの豊かさと物の貧しさ」を体験している、というのが彼のコメントである。

ユングのコメントは二十世紀の前半のことである。現在の日本は彼の言葉とは逆の状態にあると言うべきだろう。しかし、日本の伝統はまだまだ消え去っていない。心理療法のようなこころの深層にかかわる仕事をしていると、日本人としての特性を自分が持っていることに気づく。そのことは、個性ということに密接につながってくる。自我よりも自己に焦点を当てて個性を考えることが、日本人は西洋人に比して容易ではないかと感じる。

ここにひとつのジレンマがある。欧米人にとっては、近代自我の確立は個性の形成の前提条件、あるいは同等と見なされるほど重要なことである。これに対して、近代自我抜きの個性の確立ということがある、と日本人としては考えるべきなのだろうか。現在のように西洋文明の影響の強いときには、やはり、自我より自己へ、というユングの提示した線に沿うように努力するべきであろうか。このあたりのことは、筆者も確信を持って言うことはできない。迷いながら心理療法をしている、ということになる。欧米の人に対しては、自我の確立と関係のない個性があり得ることを指摘したりはしている。[6] しかし、現代人の生き方として考えると迷いも生じてくる。

個性について、作曲家の三善晃氏と対談して西洋人と日本人の個性の在り方の差についても話し合ったが、そこでひとつ注目しておきたいのは、三善氏が彼の作曲した曲を、西洋人も深く理解することができる、と述べている事実である。(7) 日本人と西洋人とでは発想は異なるにしろ、できあがった作品は両者ともに味わうことができる。それは、その作品がどこかで人類共通のものとつながっているからである。文化差は存在する。しかし、そのことは文化が異なると人間が異なるということを意味しているものではない。人類共通の潜在的普遍性を、どのように意識化してきたかによって文化差は生じる。しかし、それは異文化の人にとって、まったく了解不能なものではない。

日本人としての心理療法ということを考えているにしろ、それは世界の他の文化の人びとにとって理解できないものであってはならない。あくまで普遍性とのつながりにおいて考えねばならない。

五　治療者の個性

日本人ということにこだわりすぎかとも思われるが、これも筆者の個性によるところかも知れない。心理療法の問題に深くかかわっていると、治療者自身の個性ということが必ず関係してくる。このことが、心理療法に学派の相違が生じてくる要因となっている。フロイトの精神分析学、ユングの分析心理学、いずれにしろ、彼らの個性と深くかかわっている。このように考えてくると、心理療法の理論は、心理療法家それぞれの個性に従って、心理療法家の数だけあることになってくる。このことは基本的には正しい、と筆者は考える。そうなると、心理療法家が「フロイト派」とか「ユング派」とか名乗るのはおかしいのではないか。各人が自分の流儀によって心理療法をするべきではなかろうか。そこで折衷主義ということも主張される。つまり、いろいろな学派の理論を自分の個性と照らし合わせて、自分にとってふさわしいと思うものを折衷してゆくという考えである。

ここで忘れてならないのは、個性というものは常に形成過程にあるものであり、相当な鍛練によってこそ形成されてくるものである、ということである。それは、相当な自己否定や自己放棄、自己に対する懐疑などを経ずに顕われてくるものではない。そのような点で、ある学派を選択するということは、一種の自己放棄なのである。これを踏まえた上でいかにして独り立ちできる心理療法家になるかが問われるのである。この点についての自覚のない者は、ややもすると学派の創始者を「教祖」のように思うような傾向に陥ってしまう。これに反して、折衷派の人は、自分らしい方法を生み出してゆく努力を重ねていても、自己放棄や自己否定を体験しない甘さがつきまとうことになる。いずれの道を選ぶにしても、そこに生じる一長一短についてよく自覚することであろう。

すでに述べた倫理的葛藤も、治療者の個性を鍛える上で大いに重要な要因である。何らかの規範によって、AかBかを選択するのではなく、AかBかの決定に悩み抜いて見出す解答は、その本人の個性から生み出されたものであるし、その悩みの経過のなかで、個性が形成されるとも言うことができる。クライアントの倫理的葛藤のなかに治療者も深くかかわることによって、自らもそれによって個性を鍛えられるのである。

大場登の論文[8]は、心理療法の過程のなかで、いかに心理療法家の個性がそれにかかわり、鍛えられてゆくかを丹念に跡づけたものである。そのなかで、治療者の夢が重視されているが、個性ということを考える際に、その人の無意識内でのこころのはたらきがいかに深くかかわってくるかを如実に示している。無意識的な要素にも注目することによって、個性の形成のなかで、自分にとっても思いがけない展開が生じるのである。意識的反省にのみとらわれていると、一見厳しくは見えても、自分を追いつめるだけの袋小路に入ってしまう危険性が高い。

治療者の個性抜きでは心理療法を行うことはできないが、治療者は自分の個性が個別的でありつつ、いかに普遍へとつながるものであるか、いかにしてつながることが可能かなどについて、常に考え続けることによってこそ、その心理療法をクライアントにとっても意味あるものにすることができるのである。

（1）H・エレンベルガー『無意識の発見——力動精神医学発達史』上・下、木村敏・中井久夫監訳、弘文堂、一九八〇年。

（2）大場登「クライエントの「個性」とセラピストの「個性」」河合隼雄総編集『講座 心理療法 第五巻 心理療法と個性』岩波書店、二〇〇一年。

（3）河合隼雄『あなたが子どもだったころ』講談社、一九九五年。

（4）河合隼雄監修『日本のフロンティアは日本の中にある』講談社、二〇〇〇年。

（5）柳田邦男『この国の失敗の本質』講談社、一九九八年。

（6）河合隼雄『ユング心理学と仏教』岩波書店、一九九五年。〔本著作集第三巻所収〕

（7）三善晃・河合隼雄「「みんながいた、だから私がいた」」、注2前掲書。

（8）大場登、注2前掲書。

第8章　個人と社会

はじめに

一九六〇―七〇年代、多くの人たちが「社会改革」に熱意を燃やし、特に学生たちがそのために多大なエネルギーを費した。この頃、「社会改革」に熱心な人たちに、「心理療法などと言って、たった一人の人間の幸福のために時間とエネルギーを費やすのは浪費に等しい」と、よく批判されたものである。あるいは、これは誤解も大分あるが、「人びとの不満が集まって、社会改革(あるいは、革命という人もあった)が行われるのに、個々人の不満をなくす心理療法は、社会のためにはマイナスの効果をもつ」という批判もあった。要するに、「社会」という偉大な存在の前では「個人」などという小さいものは問題ではなく、心理療法の評判はよくなかった。

いきり立っている人とは論争しても意味がないので、表立って反対はしなかった。しかし、彼らの行おうとしている社会改革が成功しないとは、はっきりと判断していた。学生の勢いがあまりに強いので、大学が今にも潰れそうに錯覚してあわてている人たちに、「今の状況によって動くのではなく、五年後にはどうなっているか考えて、それを判断の根拠にしてはどうですか。五年も経てば、こんな騒ぎはほとんどなくなっていますよ」と言ったことがある。事実、五年後は――何も変らなかったとは言えないにしろ――大学は静かになってしまった。

社会改革が無意味と言っているのではない。私も、社会は可能な限り改革してゆくべきだと思っている。その点では、当時の運動をしている学生の動機は、よく理解することができた。しかし、そのイデオロギーには、まったくついてゆくことができなかった。彼らの考えのなかで、個人と社会についての極めて微妙で複雑な関係に対する考察が、まったく抜け落ちていた。彼らは社会の構成単位として見ている「個人」の恐ろしさを全然知らない、つまり、自分自身のことをまったく知らずに、それを抜きにして「社会」を考えている愚かさ。それについてゆくことは出来なかった。

心理療法は、もともと個人ということを出発点にしている。しかも、フロイトやユングの生涯を見ると明らかなように、個人と言っても話のはじまりは「自分自身」なのである。フロイトもユングも、彼らの心理学体系の基になったのは、自分自身の「こころの病」と、その治癒への自らの努力、その経過である。病の体験は大きな創造につながるものとして、後年、エレンベルガーによって「創造の病」と名づけられたものであるが[1]、ともかく、その理論体系の基礎に「個人体験」がある、ということを見逃してはならない。そうではあるが、彼らの個人としての体験から出てきたことが、その他の多くの人たちの「こころの病」の治療に役立っているし、二人共に晩年になるに従って、社会や文化に対する有益な発言を多くしている。つまり、それは、社会へとつながるものである。

ところで、フロイトやユングはおくとして、実際の心理療法家を見てみると、「社会」にはあまり関心のない人がいることも事実である。何と言っても、自分の会っているクライアント個人のことが大切であり、「社会のことなど考えておられない」という感じがしてくる。このことも否定できない。

ずっと以前のことであるが、私は何者かに後頭部を鈍器でなぐられ瀕死の重傷を負う夢を見て、とび起きたことがある。どうしてそんな夢を見たのか、いろいろと考えてみたが、なかなか思い当ることがない。夢の自己分析を断念して、朝刊の新聞を見ると、原子力潜水艦入港反対のデモをした人の一人が、警官ともみ合っているうちに、「後頭部をなぐられ重傷」という記事が目に入り、驚いてしまった。これを見て、私もすぐ原潜反対に駆けつけたわけではない。しかし、心理療法に入りこみすぎて、社会的状況について考え、コミットすることを怠っていないかについて検討し、少し自分の生きる姿勢を変えようとしたことを記憶している。「後頭部への一撃」は、そのことが私の盲点になっていたのではないか、ということをよく示していると思ったのである。社会のことを無視して、心理療法は成立しないのである。

個人を大切にする、と言っても、その個人は社会のなかに生きているのだ。社会の情勢を無視して、個人のことを考えることはできない。と言って、時に誤解されるように、社会に早く適応することを目標として心理療法をするわけではない。社会の一般的傾向と異なるにしても、その個人の意志、欲求を尊重して考える。もちろん、すぐに実行されるはずはないが、そこにどのような折合いをつけてゆくかを、あくまで、その個人を中心として考えてゆく。

このような作業を続けるためには、社会の在り方についてよく知っている必要があるし、逆に、社会の在り方に対して、批判や警告を発する、ということも出てくる。個人のなかに、社会の問題が反映されているのだ。このような観点に立って、筆者も個人を通じて見る社会の姿に対して、いろいろと発言してきたが、これは大体受けいれられてきたと思う。筆者以外にも心理療法家の人たちが、同様の発言をしてきている。ただ、ここで大切なことは、われわれは社会評論を専門にしているわけではなく、基礎はあくまで臨床家として、個人のために力を尽くしていることであり、このことを忘れてしまっては、虻蜂取らずの結果になることである。

一　家族の問題

現在の日本において、家族の問題は相当に深刻である。何らかの意味で問題をかかえていない家族などない、と言っていいほどである。なぜそうなのか。それはわが国において、家族に関する考え方が急激に変りつつあるのに、それについて自覚がなさすぎるからだと思われる。実態が大いに変化しているのに、それに対応する態度ができておらず、古い生き方をそのまま引きずっているので、そこに生じるギャップのために、つぎつぎと問題が起こっている。そこで本章においては、もっとも本質的と思われる点にのみ焦点をあてて論じてみたい。

1　イエの崩壊

歴史的に確実に記述することは、筆者の能力をこえることではあるが、近世の日本人が、自分の拠りどころを「イエ」に求めてきたことは、多くの先賢の指摘するところである。「家名」が大切なのであり、これはアジアの他の諸国において、血縁の家族を重視するのとは、はっきりと異なっている。もちろん、血縁もある程度は大切にするが、「イエ」の存続を第一義と考え、たとえば嫡子に能力がないと判断したときは、それを廃嫡し、有能な人物を養子にする、ということが行われる。そのようにして、「家名」が永続し、自分は死んだ後も、その先祖として祀られるという点に、自分のアイデンティティの支えを感じるのである。

「イエ」の存続を第一義と考えるので、家長はそのために努力しなくてはならない。そこで家族のメンバーも家長の命に服するのであるが、メンバー個々の意志や欲望がそのために制限されることも多くなる。それでも、個々人は「イエ」集団のなかに満足して生きていたが、そのような集団の情緒的一体感を担うものとして、「母」という存在が非常に大切であった。つまり、「イエ」のなかの「母」は、超個人的存在であらねばならなかった。超個人的なイメージを押しつけられつつ、なお「個」として生きることの意味や、困難さについて、橋本やよいは自己の体験に基づいて論じている。(2)

明治維新になっても、「イエ」観念は変らなかった。ところが、第二次世界大戦の敗戦後、アメリカ占領軍は日本の封建制を破るために、日本の「イエ」制度を廃止してしまった。日本人は以前よりもはるかに「自由」になった。ところが、「イエ」を失っては、アイデンティティがなくなるおそれがある。そこで、日本人はあまり意識していなかったかもわからないが、「代理イエ」をつくった。そして、いずれかの「代理イエ」に所属することによって、そのアイデンティティの支えにした。日本人にとっては、どこに「所属」しているかが非常に大切なことになった。どのような能力や個性を持つかということの前に、「所属」が問われるのである。

このため、日本の男性は「代理イエ」の存続に全力を尽くし、自分の家庭はかえりみず、それは「家内」にまかせることにした。

終戦後五十年の急激な経済的発展のため、核家族化が進み、多くの若い夫婦は年長者の支配から逃れ自由になったと思った。しかし、それに伴って生じる大変重要なことを忘れがちであった。つまり、「イエ」のなかにおいては、イエ集団として行なっていた育児の仕事がすべて、若い夫婦に担わされることになった。最近よく論じられる父親の役割、母親の役割などということは、「イエ」内のいろいろなメンバー、祖父母をはじめ叔父叔母など、それに加えて「イエ」を取り巻く「村落」の人間関係によっても機能していた。これらがすべて取り除かれ、若い父母に育児の責任がかかる上に、父はむしろ家庭の外の「代理イエ」にアイデンティティを求めるとすると、育児の全責任は母親にかかってくる。そこで、母親が子どもの成長に生き甲斐を感じるのは当然である。ひところ「教育ママ」という言葉が、母親を非難する言葉として流行したが、教育ママを生み出したのは日本人全体である。

2 新しい家族関係

家族の問題に悩む人が心理療法家を訪れる、あるいは、表向きは個人の問題として来談するが、結局は家族の問題で来ていることがわかる。そして、その家族問題に、すでに述べたような日本の社会、文化の問題が色濃く影を落としていることが明らかになってくる。

心理療法家が事例研究をしていて、「グレート・マザー」とか、「父親像の稀薄」とか言っていながら、研究会全体の雰囲気が深刻になるときがある。ケースのこととして論じていることが、心理療法家自身および自分の家族にもそのまま当てはまるのではないかと、ふと意識されるためである。このような観点から、不登校を「文化の病」として論じたこともある。(3) すべてがそうだとは言えないにしても、いわゆる「退職金離婚」とか「家庭内離婚」などという現象も、多分に「文化の病」の様相をもっている。

たとえば、子どもが不登校になったとき、その子どもが「問題だ」、もっと端的に言えば、その子が「悪い」ということになる。そして、そのような「悪い」子を「良い」子にする目的で、その子は心理療法家のところに連れて来られる。しかし、われわれ心理療法家は、そのようなことは別にして、ともかく、その子の話に耳を傾ける。また、同伴してきた親——多くの場合、母親——の言葉に耳を傾ける。

これはどこまで意図して行われたことかわからないが、日本の家族における革命と呼んでいいことだろう。日本の家庭のなかに、「個人の言葉」が生命を持ちはじめたのである。特に、日本の母が自分の言葉で語りはじめたことは、計り知れぬ意味をもつことである。この点については、後に前掲の橋本やよいの論文[4]とも関連して、女性の生き方のこととして論じてみたい。これまで、日本の母親は語らなかった。しかし、それは「偉大な沈黙」でもあった。これが変化しつつある。革命と呼びたいほどのことである。

相談室で聴く子どもたちの言葉や行動は、日本人が「イエ」を壊して、いかなる新しい家庭を築くべきかという課題に対して、多くの示唆を与えてくれる。

不登校のある女子中学生は、母親が眠ろうとすると枕頭で足を踏みならし、自分はこんなに苦しんでいるのにと訴えたという。母親にすると理不尽なことに思われたが、考えてみるとこれは「母親よ、目覚めよ」というアピールとも考えられる。事実、この母親はそれまでの専制的な夫に従っていた生き方を変え、新しい家族関係を築くことに努力するようになる。

他の心理療法家から聞いて、深く印象づけられたことがある。それは家庭内で暴力を振るう男子高校生に、両親が自分たちは子どもに必要なものはすべて与えてきたのに、何が不足で暴力を振るうのかと言ったとき、息子が「この家に宗教はあるのか」と問いかけた、という話である。これは、日本の家族の在り方に対する痛烈な批判である。

この家の父親と母親にしてみれば、一生懸命になって子どもに必要と思われるものはすべて用意をしたのであろう。衣食住どころか、文化的なものも「すべて」満足と思っていた。ところが、子どもによれば一番大切なものが欠けていたのだ。古来の日本の場合、「イエ」は日本人のアイデンティティの基盤であった。それを壊してしまって欧米の真似をして核家族をつくってみても、それでは日本人のアイデンティティはどうなっているのか。

一番大切なものを無視して、物ばかり豊かになってどうしているのだと息子は問いかけている。「ある人にとって必要なすべてのもの」を与えることなど、人間にとってできることだろうか。親は何でも金で手に入ると思っているうちに、自分は神だと錯覚したのではないか。その傲慢さを打ち破るには、暴力しかなかったのではないだろうか。

こう考えてくると、この高校生の言葉は、一軒の特別な「家」に対してではなく、日本のすべての家庭に向かって投げかけられたもの、と言うべきではなかろうか。心理療法の場における個人との対話は、このように普遍性をもったものとして感じられるのである。それらはすべて、新しい家族をつくり出そうとする契機を与えてくれる。

二　時代精神

どのような時代にも、「時代精神」と呼ばれるような考え方の潮流がある。同じようなタイプの人間でも、平安時代に生まれるか、戦国時代に生まれるかによって、その人の人生は大いに変ることだろう。たとえば、織田信長などが現代に生きていたとしたらどうなっているだろう。少年鑑別所、少年院などというコースをたどったかもわからない。

心理療法家は、あくまで個人を大切にし、個人を中心に考えてゆくのだが、時代精神ということに対して鋭敏な感覚をもつべきである。豊かな才能をもっていても、時代精神と反する傾向を強くもっていたり、無理をして時代精神に合わせようと努力しすぎたり、そのためにこころの病に陥る人もあるからである。この逆に、時代精神にうまく合う傾向をもっているために、すいすいと生きてゆく人もある。「時流に乗る」という表現があり、これは好ましくない意味合いを感じさせる。しかし、生来そのような傾向をもっているのであれば、時流に乗ること自体は、別にどうのこうのと価値判断を下すべきことではない。ただ、本人がどのあたりが自分の能力で、どの程度が時流の作用によるものかを自覚できている方が望ましいであろう。と言うのは、時の流れは突然に方向を変えることがあるからである。人生におけるもっとも本質的なことは、「自分を生きる」ことだが、それにしても、時流というのは相当に強く、それを無視しては、「自分を生きる」ことも難しくなる。さりとて、時流に自分が屈しては意味がない。この難しさを心理療法場面において感じることは多い。

1　IT革命

現在の時代精神を示すキーワードは、「グローバリゼーション」と「IT革命」であろう。前者の方は掛声の割には一般人にそれほど作用をもたらさないが、後者の方は相当に影響を与えつつあるし、今後もますます強くなるであろう。IT革命の時流に素早く乗れる人、乗るのに困難を感じる人、乗ることをあきらめている人、いろいろある。この問題で特徴的なことは、IT革命という時代精神そのものにこころの病を誘発させる要因があり、その点に留意していないと、時流に乗る者がかえってこころの問題に悩まねばならない、ということである。

IT革命をその重要な要素に分けてみると、「情報」「速度」「操作」ということになるだろう。現代は情報の時代と言われる。人よりも早く多くの情報をキャッチすることによって優位に立つことができる。そのためには、機器の操作が手早くできるのは当然だが、その情報そのものや、情報に基づいて他の人びとをいかに「操作」するかが、大切なことになってくる。名取琢自の論文(5)には、現代のITのなかに生きる若者の姿がうまく描かれている。

これはよく言う冗談であるが、ＩＴによって即座に世界中の情報をキャッチできたとしても、自分の横に坐っている妻が何を考えているかは、まったくわからないものだ。天気予報が正確になって翌日の天気は詳しくわかるが、家庭のなかでまさに起ころうとする嵐については、まったく予知できない。ＩＴをどんなに駆使しても、そもそも自分とは何者なのかはわからないのである。

だから、ＩＴは駄目だと言うのではない。ＩＴを思うままに駆使していても、それをもってはまったく知ることのできない領域に対してもこころを配っていなくてはならない、ということである。そして、心理療法はそのような領域に深くかかわるものである。筆者はこのことを、ＩＴ革命の前に「it革命」のあったことを忘れないようにしよう、と表現したことがある。itはフロイトがその重要性を指摘したIdである。人間の心の深層にitとして呼ぶしかないような領域があり、それが人間の主体性を脅かすことを、彼は明らかにした。そして、このitこそＩＴによって伝えることが難しいものなのである。

人間存在は、ＩＴによって表現し得る部分と、フロイトの言うitの両方を含んでいる。しかし、itにこだわっていると「速度」も「操作」も捨てなくてはならない。あるいは逆に言えば、ＩＴに頼って多くのことを成し得たと思っていても、取り残されたitにいつか手痛い復讐を受けることになる。それは種々のこころの病や思いがけない事故、事件などという姿で顕現してくるだろう。

人間存在の全体性の回復は、心理療法の目標のひとつ、と言っていいほどであろう。そして、それはフェイス・ツー・フェイスで行われるところに特徴がある。生身の人間が相対して会うということは、大変なことである。それであるだけに、心理療法の面接においては、心理療法家はできる限り全人的に会う必要があるのではなかろうか。つまり、機器によって伝えることのできる情報以外の情報ということにも心を開いて、すべてをキャッチし発信する態度が必要である。このことは本書の第六章で、治療者とクライアントとの人間関係について論じたことにつながってくるものである。

もちろん、電話やテレビ電話によっての面接も可能である。しかし、そこにはある程度の限界のあることを知っておかねばならない。テレビ面接で効果をあげている徳田完二は、それでも一度は直接に会うことが必要と述べている。(6) これは当然のことであろう。

2　女性の生き方

心理療法家のもとに訪れてくる成人は、男性より女性の方が多いし、心理療法家になっている人、なりたい人も女性の方が多い。このような事実の要因は、他人を助けるとか受容するとかいうのは、女性の方が男性よりも適しているからとか、女性の方が暇が多いから、などという人もあるが、それよりも、もっと本質的なことが関係していると思う。そう言えば、筆者が心理療法の仕事をはじめた頃、「カウンセリングなど、男子一生の仕事ではない」などとよく言われたものである。

心理療法と時代精神、それに女性の問題は少し複雑な関係をもっている。心理療法はもともとヨーロッパからはじまり、アメリカに渡ったものである。欧米の文化は父性原理によって発展してきたものであるだけに、原理的には女性を劣等視する傾向が強かった。レディ・ファーストの考え方も、もともと女性は弱いので、弱い存在を大事にするという考え方であった。心理療法は時代精神を補償する傾向があり、その上に、あくまで「個人」を大切にする、ということもあって、女性がその潜在能力を発揮し、その地位を高めることに役立ったと思われる。

とくに、C・G・ユングの心理学は、その、アニマ／アニムスという考え[7]によって、女性も潜在的に男性的傾向を有し、男性も潜在的に女性的傾向を有すると考え、また、西洋における父性原理優位の考えを補償する母性原理の重要性を強調したので、多くの女性を惹きつけることになった。しかし、ユング自身もまったく時代精神から自由になることはできず、アニムスによって動かされる女性を、必要以上に問題視するようなところもあった。

アメリカに起こったウーマン・リブの運動は、女性が男性と同等に仕事をする能力のあることを主張し、また可能であることを実際に示してきた。ユング派の女性たちもこの運動に参加し、ユングの前記のような傾向を批判した。この運動は、現在のフェミニズム運動として定着し、わが国にも強い影響を与えている。

その後女性が男性と同等に仕事をし、社会進出を遂げた後に、果してそれに女性は満足するのか、という問題が生じてきた。男性と女性は同じではない。この点を不必要に強調して、男性優位の社会をつくってきたが、それに挑戦して男性と同等の能力のあることを主張し、それが達成された上で、果して、自分が女性であるとは、どういうことかという、根源的な問題に突き当たったのである。

実は、このことは男性にとっても同様なのである。社会的地位、財産、家族など、すべてが自分の望むままになった後に、果して、自分は何ものなのか、という根源的問題が生じるのである。もちろん、これには男性とは何か、という問いも含まれている。これに答える道を見出してゆくことが、ユングの言う個性化の過程(process of individuation)であり、本来的な意味における自己実現の過程である。これは大変な仕事であるが、多くの男性は、地位、財産、家族などのことにこころを奪われてしまっていて、根源的な問いに関する仕事に至らないか、あるいは、前者のことでつまずきが生じても、こころの問題として意識することが少ないので、心理療法家のところに訪れてくることが、女性に比して少ない、と思われる。

女性の場合も、男性と同等に働くことを目標として努力し、それに生き甲斐を感じている人は、心理療法家のところに来ることもないが、それがある程度達成されてきた後に、いったい女性として本来的にどう生きるべきかを問いはじめる人がいる。これは、昔風の「男は男らしく、女は女らしく」とはまったく異なるが、それを否定して生じてきたフェミニズムとも異なる傾向である。ユング派の女性の分析家でこのようなことに取り組んで書物を出版しているのが、ナンシー・クォールズ-コルベットの『聖娼』(8)、シルヴィア・B・ペレラ『神話にみる女性のイニシエーション』(9)などである。彼女たちは、現代人として必要な「個」として生きると共に、深く大地に根ざした非個人的な女性の性も生きることを重要と考えるのである。

西洋の文化のなかでの女性の生き方について述べてきたが、日本ではどうなるのか。ここに簡単には述べ難いものである。日本はいまだに母性原理の強い国である。したがって、男性は社会的な地位や権力という点では女性より優位に立っているが、その生きる原理は母性原理優位である。その上、欧米文化の影響を強く受けているので、タテマエとホンネの使い分けのなかで、父性原理と母性原理が奇妙に交錯するようなこともある。このような状況のなかで、すでに述べてきたような筋道によって説明はできないが、結論的には、いかにして父性原理と母性原理の折合いをつけるか、本来的な自己実現の道をどのように歩むかなどの課題を背負っている、という点は、欧米と同様に日本においても大いに自覚しなくてはならないことである。

日本においては、母性のポジティブな面が非常に強調され、それが個々の女性に押しつけられる、という長い歴史があったが、そのなかで、個人として女性が母になる、ということは何を意味するか、どのような生き方があるのかは、極めて重要なことである。この点については、前述の橋本やよいの論文[10]を参照していただきたい。いままでひたすら沈黙を守ってきた(守らされてきた)日本の母が、心理療法の場を通して、発言しはじめたことは、日本文化のなかで画期的な出来事と言わねばならない。この母の発言には、男性も自分の生き方に密接にかかわることとして耳を傾けるべきである、と思う。

三　心理療法と道徳

中学校の教師のある研修会に講師として行ったとき、「カウンセリングは道徳教育と正面から対立しているものですが、先生は道徳教育についてどう考えますか」と質問されて驚いたことがある。筆者としては、これらを「対立する」とは、まったく考えていなかったからである。しかし、このように質問されると、この質問者の意図はよくわかる。たとえば、「煙草を吸ってはいけない」というのが道徳教育で、中学生が「煙草を吸っている」と言っても、それを「受容」するのがカウンセリングだから、この両者は正反対だ、という考えである。ただ、この考えは、道徳教育についても、カウンセリングについても、非常に皮相的な理解をしている、と言わねばならない。

深く考えると、心理療法と道徳、あるいは、道徳教育は底の方で関連し合っている。だからこそ、心理療法家が道徳教育に手出しをするのは望ましいことだと思っている。筆者は、小学生に授業できる機会があったときに、道徳教育を考えてみた[11]。決してうまくできたとは思わなかったが、関心は強く、今後もし機会が与えられたら、してみたいと思っている。皆藤章の言うとおり[12]、心理療法は、人間の生きることと死ぬことに密接にかかわるものだから、道徳とかかわってくるのは当然と言わねばならない。

思春期の子どもたちのまったく思いもよらない犯罪が生じたために、道徳教育の必要性を強調する声が急に高くなった。なかには、昔の修身や教育勅語まで持ち出してくる人もあるほどだが、これにはまったく賛成できない。修身教育や教育勅語によって鍛えられたはずの日本人が、戦争中にアジアの国々においてどんなことをしたか、と考えるだけでも、いかに道徳教育というものが難しいかがわかるだろう。タテマエを強調してみても、何の意味もない。

道徳教育の根本は家庭にある、と筆者は考えている。子どものときに自分と深い関係の大人がいかなる姿勢で人生を生きているかが、一番大切な要因となるであろう。親が口で言うことではなく、親の生きている実態が大切である。この際、親と子どもの関係が稀薄なときは、道徳はなかなか子どもに伝わらないであろう。わが国における道徳教育の一番の問題点は、親子の関係が稀薄化していることだ、と筆者は考えている。ここをおろそかにして、学校で「道徳教育」をやってもらおうというのは本末転倒である。

犯罪を犯した少年たちに心理療法の場面で会うときに感じることは、彼らが深い人間関係をもつ体験をして来なかった、ということである。心理療法の場において、彼らがたとえば「煙草を吸った」などと言った場合、それを是認するのではなく、その善悪の判断をしばらく停止して、関係の成立の方に力を注ぐのである。そこでは、関係の成立後に、その行為についての道徳的判断が行われることを前提としている。

しかし、そこに語られる「悪」の程度が治療者の許容度をこえるときは、それについて正面から話し合うことが必要である。そのようなとき、治療者自身が道徳的規範をしっかりと身につけていることが必要である。さもなければ、心理療法の過程は極めて不明確なものになり、時には破壊的な結果になることもあろう。

倫理的葛藤

心理療法の場面で、クライアントが倫理的葛藤に悩まされていることを訴えることは多い。たとえば、大学生が自分の進路を自分で決定しようとしているとき、親が反対したり、他の就職口を見つけてきたりする。ここで、子どもは自立するためには、親の意見など無視するべきである、とか、子どもは親の意志に従うべきである、とかいずれか一方の価値観に従うと答えはすぐに出るし、それによって忠告や助言を与えることになる。この際、時代精神の影響も大きい。今から百年前の日本でなら「親孝行」が重視されたであろうし、現在であれば「自立」をとることになろう。治療者は現在の時代精神や、文化的状況などをよく知っている必要はあるが、根本的には、本人の判断に従うのがいいであろう。と言ってもすぐに答えを出すのではなく、その葛藤に耐えつつ、両方の場合についてよく検討することが必要である。これが心理療法において非常に大切なことではなかろうか。

単純にAかBかという選択をするのではなく、どちらを選ぶにしろ、それに伴って生じる他人のこころの痛みについて、どれだけの配慮ができるかが大切になってくる。理念的に、どちらかが「正しい」と決めた人は、自分が「正しい」ことをしていると考え、他人のことなど考えなくなってしまう。

あるいは、倫理的葛藤に耐えて、いろいろ方向を探索していると、二者択一的ではない、思いがけない解決法が生じてきたりする。このことを心理療法家はよく体験してきているので、倫理的葛藤を保持する力が強いのである。

このようなことを踏まえて、皆藤章の言う「考える道徳」ということが生じてくる。[13] 現代のように価値が多様化してくると、何らかの意思決定をするときに、何が「正しい」かを明確に言えないことがある。だからと言って、何でもいいというわけではない。自分はこれを選択した、ということに対してのコミットメントと責任が生じてくる。そのためには、子どものときから、状況に応じて自分なりに考えて決断し、その結果に対して責任をとる訓練が必要である。この場合、主体が全面的にかかわることとして、知的判断のみに片寄らないことが必要である。道徳教育を行うときに、このような「考える道徳」という現実から行うことは、子どもたちの人生にとって意義あることと思われる。

四 個人のなかの社会

個人と社会との関係を考える上において、個人が社会のなかに存在していると考えるのは当然だが、「個人のなかの社会」という観点も持つ必要がある。心理療法を行う場合には、とくにこのことを忘れてはならない。

たとえば、会社に新しく入社した女性社員が、職場の人間関係がうまくゆかず、仕事は面白くないので、会社に行く気がしない、ということで相談に来る。話を聴くと、彼女は新入社員として少しでも役立つことをしようと努力するが、「女のくせに」とか「新入りは黙っていろ」と正面から言われたことはないにしろ、無言のうちにそのような圧力を感じて、だんだん意欲がそがれてきたと言う。このような話を聴いていると、彼女のこころのなかにひとつの「社会」があって、その社会との関係のなかで、彼女は自分の生き方を探ろうとしていると感じる。

彼女のなかの「社会」などと言ってみても、彼女の外に「社会」があるのも事実である。いったいこれをどう考えるのか。実はこの両者は微妙な関係にある。この関係の在り方が、その人の人生に大きな力を及ぼすし、この微妙な関係のなかで、生き方を探ることが心理療法の役割なのである。

彼女の話を聴いて、心理療法家は、「そんな職場はやめてしまいなさい」とか、「日本の会社は、大なり小なりそのようなものですよ、辛抱しなくては」などと忠告したり、助言したりはしない。心理療法家が関与し、二人でかかわることによって、彼女のなかの「社会」、社会のなかの「彼女」がどう変化してゆくかを見ようとする。そのためには、通常の思考だけでは突破口が開けない、と思ったときは、夢や箱庭、絵画などのイメージの表現に頼ったりする。そして、心理療法の過程のなかで、「彼女のなかの社会」が変化し、折合いのつけやすいものになってゆくのだ。

この変化は徐々に生じるときがある。このようなときに、「会社もこの頃は大分変ってきました」と言った後にすぐ「変ると言えば、私も変ったのかしらん」と独り言を言う人もある。あるいは、上司との大げんかとか、思いがけない事故とか、何かを契機として急変化することもある。しかし、この際も、外的には急変であるが、内的には徐々に変化してきて、その頂点としてこのようなことが生じたことがわかる。あるいは、彼女が退職を決意し実行するときもある。どのような結論が出るにしろ、彼女が自分のなかの「社会」と、しっかりとつき合ってゆく姿勢をつくりあげることが必要である。

このような過程をクライアントと共にしてゆく上で、心理療法家は、あくまでクライアントの個人としての道を重視するが、日本の社会の在り方、時代精神、地域の特性などについて、ある程度の知識を持つことが必要である。また逆に、クライアントと共に歩む間に、いろいろと知識が増えてくるのである。この間に読書をする必要も生じてくるが、生きた人間との関連において本を読むので、そのなかの知識が生きたものとして感じられる、という利点も持っている。心理療法家は、常に知的好奇心を持っていなくてはならない。

心理療法家は「個人」のことのみ扱っているので、「社会」のことをもっと考える必要があるとか、社会の改革をしてこそ個人が幸福になるのだから、心理療法は無用だなどという議論が成り立たないことは、これまでに本論に述べてきたことによって明らかであろう。この両者は思いの外にからみ合っていて、片方を無視して、片方のことのみを扱うことはできない。したがって、心理療法家は、社会のことについてよく知っていなくてはならず、個人を通して見た社会、という観点から、社会に向かって発言し、その改革に寄与することもできるのである。

(1) H・エレンベルガー『無意識の発見――力動精神医学発達史』上・下、木村敏・中井久夫監訳、弘文堂、一九八〇年。
(2) 橋本やよい「現代社会と母親の語り」河合隼雄総編集『講座心理療法 第八巻 心理療法と現代社会』岩波書店、二〇〇一年。
(3) 河合隼雄「「文化の病」としての不登校」河合隼雄編『不登校』金剛出版、一九九九年。
(4) 橋本やよい、注2前掲書。
(5) 名取琢自「情報機器の光と影」、注2前掲書。
(6) 徳田完二「「いやな自分」イメージが強いとき」河合隼雄『閉ざされた心との対話』講談社、一九九九年。
(7) ユングは夢分析を行なっている間に男性の夢に登場する女性像が深い意味をもっていることに気づいた。それは男性のなかの女性的側面を示すのみならず、その「たましい」のイメージとして解釈するのが妥当なときがあると考えた。ゲーテの言う「永遠に女性なるもの」は、そのひとつの例であろう。そして、ラテン語の「たましい」を示す言葉「アニマ」をもって、そのような女性像の元型を名づけることにした。また、女性にとっては男性像が同様の役割をもつと考え、「アニムス」(アニマの男性形)と名づけた。
(8) ナンシー・クォールズ‐コルベット『聖娼』菅野信夫・高石恭子訳、日本評論社、一九九八年。
(9) シルヴィア・B・ペレラ『神話にみる女性のイニシエーション』山中康裕監訳、杉岡津岐子他訳、創元社、一九九八年。
(10) 橋本やよい、注2前掲書。
(11) 河合隼雄「道徳」河合隼雄・梅原猛編著『小学生に授業』小学館、一九九八年。

(12) 皆藤章「心理療法と道徳教育」、注2前掲書。

(13) 同右。

Ⅱ

ブックガイド心理療法

プロローグ――何をどう読むか

本書の執筆に際して、もともとあまり本を読むほうでもないので、この企画をお引き受けするかどうか迷ったが、編集者から「独断と偏見」に満ちたものを書いてほしいといわれ、「独断と偏見」には大いに自信があるので、お引き受けすることになった。と最初から冗談めかして申しわけないが、概観的、あるいは網羅的なものにせずに、書物の選択も、それに対するコメントも、自分の好みを遠慮なく前面に出して書かせていただこう、ということで決心がついたしだいである。

そこで、さっそくどのような本を取り上げようかといろいろ考えたが、その点について次に少し述べておきたい。まず、「心理療法」のためのブックガイドであるが、それをせまく限定することなく、他領域のものもどんどん取り上げることにした。心理療法の根本は、その場に生きている個人と個人が会うことである。したがって、人間についての理解ということが不可欠のことになってくる。もちろん、心理療法の理論や技法はそれをふまえてつくられているわけであるが、ある程度体系化されたものを、無反省に受けとめてしまうと、それらの背後に存在している人間理解ということが弱くなってしまう。

ここでいう「人間理解」ということは、あくまで自分という人間存在とのかかわりのなかでのことであって、いわゆる「頭による理解」とは異なっている。自分にとって「腑におちる」体験をともなって理解することが必要である。もっとも、この点を強調する人は、「書物による知識」を軽蔑し、もっぱら「体験」を重視する。事実、心理療法家であまり本を読まない人が多いのも、このような点が関連しているし、はじめに述べたように、筆者自身も「読書家」ではないことを自認している。しかし、これは読書が不必要というのではなく、それは必要であり、ただその読み方が問題なのだといえる。

本を読むことが、その人にとっての「体験」であるといえるような本があるし、そのような読み方もある。本書では、なるべくそのような本を選んでゆきたいと思っている。もちろん、心理療法家にとって知っておくべき基礎知識というのはあるわけだが、概説書的な本は、あまり取り上げないつもりである。

以上のような考え方をすると、書物の選択の幅がぜん広くなってきて、哲学、宗教、文学、文化人類学などの領域のものを取り上げることになった。と言っても、それらについての「学者」になったり、「もの知り」になる必要はなく、あくまで心理療法の実際場面と関連し、それを深く考えてゆくうえで必要なこととして、それらを読んでゆくべきだと思う。したがって、それらの領域における有名な本というのではなく、筆者が自分の心理療法を行なってゆくうえで、その支えとなっていると考えるものを選択することにした。

文化人類学においては、調査をする人は、ある民族の文化を「外から」観察するのではなく、「中にはいりこんで」体験しつつ調査を行う、というその根本姿勢が、心理療法家の場合と同様である。したがって、それによってもたらされる知見が、われわれに役立つことが多い。そして、異なる文化と自分の生きている文化に通底しているものを探し出すことによって、自分たちの生き方の根本問題や、無意識的側面などが照射されるのである。

心理療法家は自分の行なっている仕事が、どのような性格のものであるかをよく認識しておく必要がある。これにかんする最も端的な問いとして、「心理療法は科学であるか」というのがある。つい最近まで「科学である」

ということは、正しいとか信頼しうることを意味し、「科学でない」ということは、間違いだとか、信頼できないことを意味するような、単純な思いこみが強かった。しかし、現在においては、そもそも科学とは何かという点について深く考える必要があるし、「科学」の定義をせまくとって、科学ではないといっても、それはすぐに信頼できないということには結びつかない、と思われる。筆者は心理療法の科学性という点に、ずっとこだわり続けてきたので、この問題についても深く考えさせられるような書物も取り上げてみたいと思っている。

文学には、まさに人間そのものが描かれている。すでに述べたように、心理療法は理論の体系化に努め、技法も開発してゆかねばならないが、なんといっても、一人の生きた人間をかけがえのない存在として受けとめることが基本であり、そのような点で、生きた人間の姿を如実に知るためには、文学を読むことが大いに役立つわけである。時にクライアントが「自分の性格はある小説の主人公と同じです」などと言われることもある。文学作品も取り上げたいのが多くて迷ってしまうが、どれかを取り上げ、心理療法家として文学を読むことの一般論的なことにも関連させて論じてみたい。

児童文学は、そのなかでもとくに「子どもの目」という透徹した目で世界を見たものとして、われわれ心理療法家にとって大切なものと考えている。心理療法家は世の中の常識に精通していなくてはならないが、それと同時に常識によってくもらされていない目で、ものごとを見ることができなくてはならない。そんな点で児童文学はわれわれに多くのことを教えてくれる。

最後に、筆者自身も多くの本を書いているが、これをどうするかで迷った。本を書くにはやはりそれだけの自負があるわけで、正直のところ読んでほしいという気持と、自分の本を取り上げるほど失礼なことをしなくとも、という気持の葛藤がある。結局のところは、あまり宣伝めかぬ程度に自著も割り込ませていただいて……と考えている。

いちおう、以上のような考えにもとづいて、書物を選びコメントしてゆくが、原則として各章ごとに二冊を選んでゆくつもりである。

1　〈創造の病い〉体験とその普遍性ということ
H・エレンベルガー『無意識の発見』を読む

最初に取り上げる本として、あまり迷うことなく本書に決めた。これは、心理療法家にとって必読の書である。こんな厚い本を、と言われそうだが、ともかく読み出されるといい。こんな面白い本は、またとないだろう。「巻を措《お》くあたわず」という表現がぴったり、読み出すと面白くてやめられないのである。最初から古くさい歴史など読みたくないと思う人は、フロイト、ユング、アドラー、ジャネのどれでもいいから、ためしに読んでみられるといい。その面白さがわかるはずである。

『無意識の発見』

本書は後にも述べるように多くの長所をもっているが、なによりも筆者が好きなのは、「人間」が生き生きと描かれていることである。前記の四人の巨人に対しても、それぞれその生涯と人柄に対する記述があって、実に興味深い。これは、「無意識の研究」はその研究者の人間としての在り方と切っても切れぬ関係があるからである。たとえば、アルフレッド・アドラーが「非常に優秀な兄と競争心の強い弟とにはさまれた二番目の子どもだった」ことは、彼が「権力への意思」ということを重要と考えたことと無関係ではないだろうし、エレンベルガーも指摘しているように、アドラーとフロイト、ユングとの関係を考えるうえでも興味深いのである。

本書はできるかぎり一次資料にあたるようにして、十二年間の歳月をかけて書かれたものであるだけに、これまで明らかにされなかったり、誤った情報がそのまま信じられたりしてきたことについて、多くの真実を明らかにした点においても高く評価される。深層心理学は最近まではもっぱらフロイト派が圧倒的に強く、フロイト派の党派色の強い記述がそのまま信じられていたために、多くの誤解があった。その点、エレンベルガーは、驚くべき中立性を保持して本書を書いている。

フロイトに比して、これまであまりにも低く評価されたり、誤解にもとづく非難を浴びてきたりした、ジャネ、ユング、アドラーに対して、その正当な位置を与えたことは、本書の功績のひとつである。筆者もジャネにかんする章においては、実に多くの新事実を教えられた。また、ジャネの治療例が紹介されていて面白かった。ジャネにかんすることで印象的だったのは、「ジャネは心理分析ということばを使う折に、決してこれを自分の方法だなどと主張していない。この言葉を、数学者が代数分析と言い化学者が化学分析と言うのと同様、全くふつうの語義で使っているようである」。ここで、「自分の方法だなどと主張していない」というところは、明らかにフロイトのことを意識して書かれている、と言うべきであろう。フロイトは「精神分析」という用語を「自分の方法」として主張しているのだ。

少し考えてみるだけで、誰しもジャネのほうがフロイトより普遍的である、あるいは、より客観的であると思うのではなかろうか。代数や化学の分析は、誰もができることで、そこに「自分の方法」があり、他人が勝手にその方法を用いると困るなどと言うほうがおかしいのではないだろうか。ところで、ジャネとフロイトを比較すると後世への影響という点ではフロイトのほうがはるかに大きい。いったいこれはどうしてなのだろうか。この問題は深層心理学の大問題で、このことについては後まわしにして、本書の最初の部分から目を通してゆくことにしよう。

これも本書の特徴のひとつであるが、第一章に述べられている、いわゆる「原始精神療法」の記述は、いままで簡単に「迷信」の類として排斥されそうだった、呪医や悪魔祓、参籠《インキュベーション》などについて、実に的確で正当に評価を下している。啓蒙主義の興隆によって、ここにあげているような方法は、まったくの迷信とされがちだったのだが、エレンベルガーは、これらの方法の本質をよく見抜き、近代的な精神療法とつながるものとして述べている。

その一例として、参籠について述べたなかで、「〝本当の夢〟とは非常に特殊な夢のことで、夢自体の中で治癒が成就する夢である。これは、夢の与える助言の意味を解くために解釈が必要な夢などではない。患者はただ夢を見さえすればたちどころに病気が消える」と述べ、現代においても「もう少し注目されてよいのではあるまいか」と提言している。このような見方で夢について考えてみることは必要なことだ、と筆者も考えているところである。ともかく、第一章を精密に読むと、「原始精神療法」についての事実を知るなどということではなく、現在の精神療法を行ううえでのヒントを多く得られるであろう。

続いて、メスメルを中心として、力動精神医学の成立の歴史が語られるが、メスメルについての記述がなかなか興味深い。「後世はメスメルをきわめて不当に扱い、受けて当然の評価を惜しんでいることだけは間違いない」と述べているが、本書はメスメルに対する正当な評価を与えるものである。

内容をいちいちくわしく紹介しておられないので、とばしてゆくが、一九〇〇年に至るまでの力動精神医学の発展を述べた後に、その背景として、社会、文化、哲学などについて論じているところが本書のすばらしいところである。このことは、このブックガイドにおいて、心理療法以外の領域のものもどんどん取り上げると述べた際に明らかにしたように、深層心理学の理解には実に幅の広い人間理解を必要とすることを示すものである。

　力動精神医学の背景を論じるうえで、ロマン主義が大きく取り上げられているところは、わが意を得たりという感じである。先にジャネのことを少し紹介したが、エレンベルガーも言うように、ジャネを啓蒙主義とすると、フロイト、ユングは明らかにロマン主義である。

　啓蒙主義のもつ社会的、文化的な重要性を指摘したうえで、それに対するロマン主義の価値について、エレンベルガーが項目をたてて論じているところは、深層心理学の哲学的な基礎について述べているようにさえ感じられる。たとえば、ロマン主義の第三の特徴として、彼があげる「「生成《ヴェルデン》」に対する思い入れ」というところをみてみよう。「人生とは短期間の未熟期のあと長い成熟の時期がつづくものでは決してなく、おのずから花開いてゆく過程、昆虫の変態《メタモルフォーゼ》に比すべき変態につぐ変態である(のちにユングがこれを個別化《インディヴィドゥアツィオーン》とよぶことになった)。教養小説《ビルドゥングスロマーン》は一個人の知的、感情的発展過程を描写する長篇小説で、当時の嗜好に投じた文学形態となったが、おそらく精神科医が患者の生活史全体と関連づけて症例報告を書くヒントにもなったのではあるまいか」。

　こんなのを見ると短い文のなかに、現在われわれが行なっている心理療法にまでつながってくる重要な知見が多く語られているのに驚いてしまう。本書はこのような調子で、各所に意味の深い文を見出せるのである。

　ロマン派の思想家ゴットヒルフ・ハインリッヒ・フォン・シューベルトの考えが紹介されるが、読者はそれがあまりにもフロイトやユングの考え方と通じるところがあるのに驚くだろう。エレンベルガーによる、この三者の概念の比較対照表をみてよく考えていただきたい。

本書のなかで明らかにされている、もうひとつの重要なことに、「創造の病い」の考えがある。創造の病いは「ある観念に激しく没頭し、ある真理を求める時期に続いておこるものである。それは、抑うつ状態、神経症、心身症、果てはまた精神病という形をとりうる」。当人にとっては非常に苦しく、軽快と悪化を繰り返すが、その期間中、「その当人は自分の頭を占めている関心の導きの糸を失うことは決してない」。そして、自己自身に没頭しているために「完全な孤立感に悩むものである」。病気が終結するとき、「当人は、人格に永久的な変化をおこし、そして自分は偉大な真理、あるいは新しい一個の精神世界を発見したという確信を携えて、この試練のるつぼの中から浮かび上がってくる」のである。

フロイトもユングもこの創造の病いを体験しており、教育分析というものが、創造の病いを引き起こす役割をもっていることも指摘されている。このことをふまえ、エレンベルガーは重要な提言を行なっている。つまり、「力動精神医学体系は二群に分かれる」というのである。第一群はジャネとアドラーの体系、第二群はフロイト－ユングの体系で、前者の重要な発見は「客観的臨床研究」によるのに対して、後者は「基本的なよりどころは彼らの内面に発するものである。すなわちその起源は創造の病いの体験にある」。ここでアドラーを第一群と言い切れるかどうか少し疑問に思うが、この分類は注目に値する。

この問題はしばらくおくとして、本書の結論としてエレンベルガーが重大なジレンマの存在を指摘していることを紹介しておきたい。

「科学的精神医学は、現代力動精神医学の諸流派の教えるところを採り入れようと思えば、自分の科学性を失わずにはおれず、さりとて現代力動精神医学を全部切り捨ててしまえば、その与えてくれた価値の高い多量のデータを失わないわけにはゆかない。「科学は普遍的な一つのものである」という観念の方を諦めて、新しい力動精神医学の諸流派の与えてくれた成果を受け容れるべきだろうか。それとも理想を捨てず成果の方をしりぞけるべきなのだろうか。」

この問題は実に深刻である。「科学は一つ」の考えからすれば、深層心理学に学派の相違があるなどというのがナンセンスである。このようなことをかたく押しすすめようとする人は、深層心理学のすべてを「非科学的」だとして否定しようとする。しかし、それでは実際の心理療法の場で、われわれはまったく無力になってしまう。

この点について筆者は次のように考える。科学は観察する者と観察される現象との距離によって、その性格を異にしてくるのだ。その距離が一定で観察者と現象が独立のとき(実は厳密にいえばそんなことはないのだが、そう考えてもなんら問題がないとき)、そこから導き出される法則は、観察者という個人に関係のない一般法則となる。つまり、普遍性をもつ。これが、地球上でニュートン力学の理論を適用するような場合である。これに対する一方の極が、すでに示したような、創造の病いの体験を通じて「偉大な真理」を発見した場合である。ここで観察者と現象とは限りなく接近している。したがって、この結果は個人に無関係の普遍性をもつことができない。しかし、ある人がそれと同様の方法によって、みずから発見の道を歩もうとするときのガイドとして、それは有力なものとなる。つまり、出てきた法則を他人に適用するのではなく、みずから体験したのと類似の方法によって他人が行う観察に強力な援助を提供できるのである。そのとき、先人の見出した理論は、誰にも適用できる普遍性ではなく、多くの人に役立つ普遍性をもつのである。言うなれば、各人は各人にふさわしい創造の病いの体験をするべきであり、その内容は人の個性との関連で一人ひとり異なるが、その大枠において先人の見出したことが役立つのである。

人間は全体をひっくるめて客観的観察の対象となる面と、個人によって一人ずつ異なる面とがある。心理療法においては、どうしても後者の側面が大切となるので、客観科学の手法によって見出した普遍的法則が、あまり有効ではなくなってくる。そして、むしろ、個々人のみずからの体験を通じて知る方法のほうが有効となるのである。このことはジャネよりもフロイトのほうが影響力が大きいことに関連している。この後者が深層心理学であり、学派による差が生じるのも当然である。厳密にいえば、深層心理学の学派は人間の数だけある、と言っていいだろう。したがって、後者の場合は「一つの科学」に収斂することなどありえない、と筆者は考えている。ジレンマの解決への道として、エレンベルガーは、「無意識のもつ神話《ミュトス》産生機能」を重視している。たしかに個々人のこころのなかでは、ジレンマは解消されるかもしれないが、その結果が「一つの科学」になるとは筆者には考えられないのである。

2 人間の全存在へのまなざし
中村雄二郎『哲学の現在』、井筒俊彦『意識と本質』を読む

どのような職業であれ、その背後にはなんらかの「哲学」があると言っていいだろう。心理療法家は人間のこころをあつかうのだから、なんらかの哲学をもつのは当然とも言える。しかし、なんといっても大切なことは、われわれは心理療法家なのであって、その実践的経験を通じて哲学することである。哲学書を読んで、それを応用しようとすると、どうしても無理が生じてくるし、ましてや哲学書を読むだけで、心理療法もあまりせずにとやかく言っているのは、外野席の勝手な批評に近いものになってしまう。哲学書のほうが好きだったら哲学者になればいいのであって、勝負をする場所を間違っていると言わねばならない。

心理療法家は、それぞれが自分の方法にふさわしい哲学を見出して、それによって自分の方法を反省し、その意味について深く考えてみることが必要である。ここに取り上げた二冊は、筆者にとっては心理療法を行ううえで大いに役立ち、支えとなったものである。どちらの本も、むずかしい内容がわかりやすく述べてあるところが特徴的である。

『哲学の現在』

人間がこの世に生き、それについて考えることを「基礎づける確実性」には二つの方向がある。「一つは、物事の認識についての確実性であり、もう一つは、私たち一人ひとりの考え方や生き方に確信を与えてくれるような確実性である。客観的な確実性と主体的な確実性といってもいいが、困ったことに、また不幸なことに、この二つの確実性は、なかなか相互に一致しがたい」のである。これは現代人にとっての悩みである「知恵と知識、確信と認識との甚だしい背離」として現われてくる。心理療法家に助けを求めてくる人の多くは、背後にこの問題をもっている、と言ってもいいくらいである。

「私たち人間は、自分をとりまく周囲の物事やそれを含む世界を自分のうちに秩序立ててとらえたいという、根源的な欲求をもっている」。そこで、人間は自分の体験する現実や事実などを体系的にまとめ、それを「知」として保存し、それに頼って生きている。それはさまざまの形態をもっているが、そのなかでとくに「科学の知」が近代においては代表的なものとなるのみならず、それがほかのすべての知を駆逐してしまいそうにさえなってきた。科学の知はなんといってもその「普遍性」のために、非常に強力であり、西欧近代に起こった「科学の知」が全世界を席捲した事実に示されているように、それは唯一絶対のものであるかのようにさえ見えてくる。しかし、果たしてそうであろうか。

科学の知は「対象となる物事から感覚的なイメージ性、多義性を徹底的に奪い去ることによってそれと私たちとの生きた有機的なつながりをまったく断ちきるため、科学の知において、物事の認識が私たちの一人ひとりと直接には無関係の、独立したものになる」。ここに科学の知の普遍性が生じてくるが、この知をもって人生のすべてを見ようとするとき、「対象と私たちとを有機的に結びつけるイメージ的全体性を」喪失してしまう。つまり、人間が世界との関係性を失って、強い孤独感を味わうことになる。

このため人間には科学の知のみではなく、「神話の知」が必要である。「神話の知の基礎にあるのは、私たちをとりまく物事とそれから構成されている世界とを宇宙論的に濃密な意味をもったものとしてとらえたいという根源的な欲求で」ある。そして、「科学の知が概念を構成要素としているのに対して、神話の知を構成しているものはなにかといえば、それは意味を担ったイメージである」。つまり、イメージということが非常に大切なこととして、ここに浮かび上がってくるのである。

『哲学の現在』によって、私が学んだいちばん大きいことは、「神話の知」の重要性を「科学の知」との対比において実に明確に理解することができた点にある。これによって、われわれ心理療法家の行なっている仕事の質がきわめて明らかになってきたのである。

「科学の知」があまりに有効なので、どうしても近代人はそれのみを信頼しそうになるが、それのみに頼って生きているときは「関係性の喪失」という重大な欠陥にはまりこんでゆくことを、この書物は示してくれている。実際に考えてみると、われわれのところに来られるクライアントは、なんらかの意味で「関係性の喪失」に悩んでいる、と言えるであろう。だからこそ、心理療法において、われわれ治療者とクライアントの関係について注目し、それについての議論を繰り返してきているのである。

以上の議論と密接に関連することであるが、「私たち人間を互いに交わらせ結びつけて共同社会を形づくっている」うえで、それにはどのような原理があるかを考えると、その「原理の一つは必要あるいは現実的な欲求」

ということになるが、著者はこれに加えて、第二の原理として「交感原理」があると主張する。「私たち人間は、はっきりした自他の区別の上に一人一人が必要から自己を保持し拡張しようとして相互に結びついているだけではなく、それにもまして類的な存在として、同じコスモスを共有するものとして、交感によって相互に結びついている。ここで交感とは、交流・共感といっても同化といってもよく、同情や一体化や愛をも含んでいる感情的でも精神的であるようなあり方である」。

この二つの原理はからみ合っていて、どちらも共に大切であるが、「近代社会は経済法則がつよく貫くようになった時代としてあまりにも必要原理の支配した時代であったし」、その傾向は現代にまで及んできている。そこから、現代の病理も生じてくると考えると、われわれ心理療法家としては「共感の原理」を重視し、その回復をはかることが役割となってくることがよくわかるのである。

ところで、必要原理に対して交感原理も大切と考える場合、後者のはたらきが最もよく見られる人間活動の在り方として、「祭り、遊び、演劇」が考えられると著者は主張している。たとえば、ここで祭りについて考えてみると、「祭りにおいては、まず、ある特定の時期に神話的で象徴的な世界が現実に甦り、神と人間、人と人との交感が高まるうちに、集団とその成員たちの再生が象徴的に実現される」ことになる。

「しかもこの場合、祭りは集団の象徴的な再生をもたらすものとして、それ自身のうちに相反する二つの要素あるいは過程を含んでいる。その一つは祭儀、もう一つは祝祭と呼ばれるものである」。つまり、祭儀のほうは形式と秩序が重んじられるのに対して、祝祭では、むしろそのような秩序の転倒が行われるのだ。「激しい集団的な興奮と忘我の状態」になり、日常的な秩序は無視され、破壊されるのである。

このような「祭り」の重要性はわかるとして、それが心理療法とどう結びつくだろうか。端的に言って、私は心理療法の場は「祭り」の場でもある、あるいは、あらねばならないとさえ思っている。ただし、「でもある」と言っているのは、それは「日常」場面でもあらねばならないからである。それは必要に応じて変化しなくてはならないし、それに参加する治療者の態度もそれに対応して変わらねばならない。

心理療法の場が「祭り」である、ということは、そこではたらくイメージが「神話的で象徴的な世界が現実に甦」るようなものでなければならないことを意味している。したがって、そこではクライアントは完全な自由が保障されている。といっても、「祭り」のもつ「祭儀」と「祝祭」という相反するものの共存という条件は、なんらかの意味でそこにもちこまねばならない。心理療法がクライアントの自由を限りなく許すと言いつつ、「時間、場所、料金」などに、素人目から見ると不可解なほど心理療法家がこだわるのも、このためであると考えられる。

以上は『哲学の現在』において、われわれの仕事にかかわりの深い点のみを簡単に紹介したものであるが、これだけからしてもこの書物の重要性が了解されるだろう。なんといっても、「神話の知」についてその意味を明らかにし、現代における意義を教えてくれたところが大きいと思われる。

中村雄二郎は、以上の考えをますます発展させ「臨床の知」という、心理療法家にとってきわめて重要なキー・コンセプトを提出する。これについては本書の最後に取り上げる。なお、同氏の『魔女ランダ考』(同時代ライブラリー34、岩波書店、一九九〇年)もぜひ読んでいただきたい書物として推薦する。

『意識と本質』

これは一九八〇年に雑誌『思想』に連載されたのだが、毎回毎回感激して読みながら、次の回を楽しみにしていたことを思い出す。心理療法家は人間の「意識」を扱っているのだ、と言っても過言ではない。フロイトをはじめ深層心理学では「無意識」という用語を用いるが、それも広い意味では「意識」の問題といっていいと思われる。その大切な意識の問題について、これほど明快に書かれたものはまずないであろう。

著者の井筒俊彦は文字どおり「世界に誇れる」日本の哲学者、宗教学者である。彼は本書の後記に「青年時代、ヨーロッパの文学と哲学に感動し、そのなかに情熱的にのめりこんでいきながら、さりとて「東洋的なるもの」の魅力も忘れきれず、結局、西と東の間を行きつ戻りつしつつ揺れ動いてきた私だが、齢《よわい》ようやく七十に間近い今頃になって、自分の実存の「根」は、やっぱり東洋にあったのだと、しみじみ感じるようになった」と述べている。

心理療法を行うさいに、自分が日本人であることを不問にできない。しかも、われわれの行なっている心理療法のほとんどは西において生まれたものである。心理療法ということは人間の全存在にかかわるものであるので、われわれはなにかの「技法」を手軽に「適用」したり「修正」したりするような安易なことはできないのである。ここにわれわれの大きい苦しみがあり、筆者自身はそれを重い課題としてずっと引きずってきた。本書はその点について、実に深くて強力な示唆を与えてくれたのである。それは、本書の著者が「西と東の間を行きつ戻りつしつつ」全人格をあげて思索し続けてきた結果をここに示してくれているからであろう。すべてのことが著者の身体にまできざみこまれているので、きわめてむずかしいことが、平易に語られているところが本書の特徴にもなっている。著者自身の言葉が語られているのである。

意識というのは「分ける」のが得意である。天と地を分ける。したがって、天と地という名も生じるし、それを意識することもできる。そのような分節が生じるのであるが、サルトルの「嘔吐」体験にいみじくも記述されているように、「何かのきっかけで言語脱落が起り、本質脱落が起ると、手がかりも足がかりもない。つまり全く符牒のついていない無記的、無分節的「存在」の真只中に抛り込まれる」。

ここで表層意識と深層意識という区別が大切になってくる。表層意識の分節を精密に行うことは人間にとって必要なことであるが、先に述べた「存在」そのものが露呈してきたとき、それはただ「嘔吐」をもよおすしかない。ところが、東洋の哲学的伝統は、むしろ、その「存在」のほうに身をおこうとする。つまり、深層意識によって世界をみようとする。「東洋の哲学的伝統では、そのような次元での「存在」こそ神あるいは神以前のもの、たとえば荘子の斉物論の根拠となる「渾沌」、華厳の事事無礙・理事無礙の窮極的基盤としての「一真法界」、イスラームの存在一性論のよって立つ「絶対一者」等々である」のである。

表層意識と深層意識とをこのように区別したとき、人間が生きてゆくためには、その両方についてよく知るべきだと思われる。この点を、井筒は次のような「老子」の言葉を引用してうまく述べている。

常に無欲、以て其の妙を観
常に有欲、以てその徼《きょう》を観る

常に無欲とは、まったく執着するところのない深層の意識であり、ここでは、いろいろなものの区別がなくなって、絶対無分節の「妙」の世界になる。これに対して、「欲」はものに執着するこころの在り方で、そこには

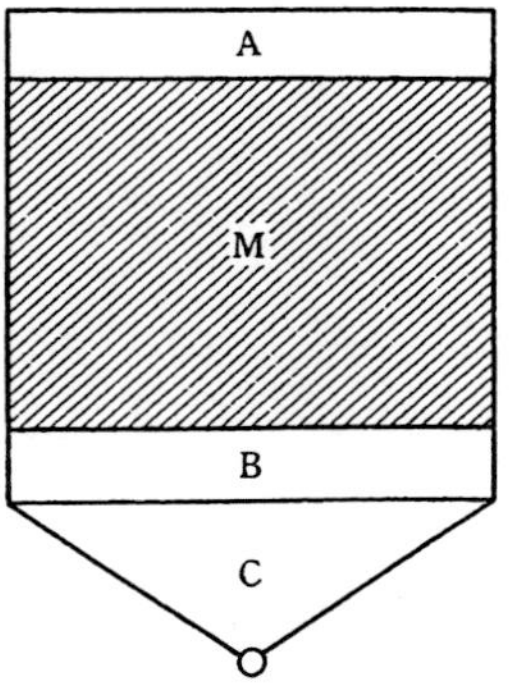

井筒俊彦『意識と本質』
222頁参照.

「徼《きょう》」が見える。徼は「明確な輪廓線で区切られた、はっきり目に見える形に分節された「存在」のあり方を意味する」。

「老子」によれば、この両方を同時に見ることが必要ということになろうか。考えてみると、われわれ心理療法家は、たとえばクライアントが「死にたい」と言ったとき、それはどの程度実際に実行するつもりで言っているのか、なにか他のことを訴えたいためなのか、治療者に向けての攻撃なのか、などという点で、できるだけ分節して把握し、「徼」を見ることが必要だが、一方では「生きることも死ぬことも、それほど変りのない」とも言える「妙」の世界を見ることも必要である。

意識の深層について、井筒は一種の構造のモデルを示している。これは、われわれにとって非常に有効でありがたいものである。それを簡単に紹介しておこう。

この図でAは表層意識、その下部はすべて深層意識を表わしている。最下の一点は、井筒が「意識のゼロポイント」と呼ぶもので、「文字どおり心のあらゆる動きの終極するところ、絶対的不動寂莫の境位である」。これはまたこころの働きの原点とも言えるもので、その上のC領域ではすでにそのような働きがはじまっているのだが、これはまだ無意識の領域である。Cの上にあるB領域を井筒は仏教の唯識学の言葉を借りて、「言語アラヤ識」の領域と呼んでいる。唯識学は仏教における深層心理学と言ってもいいくらいで、それは人間の「識」(意識)を八識の層に分けるが、アラヤ識はその八番目の深層意識である。このB領域を井筒は、「意味的「種子《ビージャ》」が「種子」特有の潜勢性において隠在する場所として表象する。大体において、ユングのいわゆる集団的無意識あるいは文化的無意識の領域に該当し、「元型」成立の場所である」と述べている。

このBとAとの間にひろがる中間領域(M)が、「意識構造論的には表層意識と無意識の中間にひろがる深層意識であるとともに、存在論的には物質的・物理的リアリティーと純粋精神的リアリティーとの中間に位置する第三のリアリティーでもある」わけで、これがイメージの世界なのである。この領域がわれわれ心理療法家にとっては、最も重要なのである。実のところ、このM領域はフロイトやユングなど西洋の深層心理学者が「無意識」と呼んだところであるが、これを東洋では「意識」と考えるところが面白い。西洋ではAの意識を自我との結びつきにおいて、それこそを「意識」として固定して考えるので、他の領域はそれと区別して「対象化」して考えるため「無意識」と名づけることになったと思われる。

ところで、このM領域のイメージは、「(一)説話的自己展開性、あるいは「神話形成的」(mythopoetic)発展性と、(二)多くの、あるいはすべての「元型」イマージュが一定の法則性をもって結合し、整然たる秩序体をなすという、構造化への傾向と」をもつと井筒は指摘している。このような特性のために、われわれは、夢や箱庭などを用いて、この領域のことを知りうるのである。

『意識と本質』は、われわれ心理療法家が行なっていることの「哲学的背景」を明らかにしてくれるものであるが、東西の万巻の書に触れつつ、著者自身が「自分の実存の「根」は、やっぱり東洋にあったのだと、しみじみ感じる」と言っているように、東洋人としての著者の深い実存とかかわるものとして提示されているものだけに、ますます日本における心理療法家として強い支えを感じるのである。もっとも、この書に展開されている知見は、東洋、西洋という区別など超えるものだとも言えるのであるが。

心理療法の本質について考えさせてくれるものとして、この書物は非常に価値あるものである。なお同著者の

『イスラーム哲学の原像』(岩波新書、一九八〇年)も、意識の層構造を考えるうえで大いに役立つものとして推薦しておきたい。

3 両義性への視座――イニシエーションとトリックスター
V・W・ターナー『儀礼の過程』、山口昌男『アフリカの神話的世界』を読む

ここには文化人類学者の著作を取り上げることにした。文化人類学者の研究態度とわれわれ心理療法家の態度とは根本的に似通ったところがある。たとえばヴィクター・ターナーは、ンデンブ族の娘たちの成女式を研究するにあたって、それに何度も出席してできるかぎり精密に記録しようとやってみた。「だが、人が慣習化され様式化された身振りをおこない、儀礼の執行のための秘儀的な歌をうたうのを観察することと、その身振りや歌のことばがその人にとってもつ意味を正確に理解することは、まったくちがうことである」と述べている。観察によっては、ことの本質を把握することができないのである。

それではどうすればいいのか。文化人類学者たちは、自分が研究しようとする文化を「外から観察する」ことをやめ、「その中にはいりこんでともに体験しつつ、観察すること」をはじめたのである。つまり、われわれがクライアントという個人に対して行うのと同様のことを、彼らはある文化に対して行うのである。そのようにして得られた文化に対する理解は、人間存在を内側から見たものとして、われわれ心理療法家にとって役立つ知見を含んでいることが多い。そのために、筆者は文化人類学の本が好きでよく読むのだが、それらから得たことの

なかで、「イニシエーション」、「トリックスター」ということが、心理療法の理解のために最も役立ったと思う。そこで、そのような点で学ぶところの大きかった本を、ここに選ぶことにした。

『儀礼の過程』

ヴィクター・ターナーの本は、イニシエーションの本質を伝えるとともに、心理療法の過程そのものが書いてあるのか、と思うほど、筆者にはピッタリとくるところが多かった。この書物には、ンデンブ族の儀礼についてまず述べられており、それも非常に興味深いのであるが、その後に論じられている、「リミナリティとコムニタス」ということが、とくに心理療法の過程の理解に役立つと思われるので、それについて述べる。

イニシエーションの儀礼においては、分離、周辺、再統合、の三段階が必要である。以前に属していた社会から分離されて周辺に行く(行かされる)。そこでの経験を経て次に再統合の段階がくるのであるが、その中間の周辺部の特性をリミナリティ(境界性)という用語によって表現する。

境界にある人たちは「こちらにもいないしそちらにもいない」。かくて「リミナリティは、しばしば、死や子宮の中にいること、不可視なもの、暗黒、男女両性の具有、荒野、そして日月の蝕に喩えられる」。このようなリミナリティの特徴は、一般社会における身分体系と比較することによって明らかになる。ターナーは次のような対照表をあげている。

〔リミナリティ〕	〔身分体系〕
移行	状態

全体	部分
同質	異質
コムニタス	構造
平等	不平等
匿名	命名の体系
財産の欠如	財産
身分の欠如	身分
裸ないし制服	服装による識別
性欲の節制	性欲
性別の極小化	性別の極大化
序列の欠如	序列の識別
謙虚	地位に対するプライド
個人の外観の無視	個人の外観に対する配慮
富の無差別	富の差別
非自己本位	自己本位
全面的服従	上位の序列にのみ服従
聖なる性質	俗なる性質
聖なる教訓	技術的知識

沈黙	ことば
親族関係の権利と義務の停止	親族関係の権利・義務
神秘的な力に対する絶えざる祈願	神秘的な力に対する間欠的な問いかけ
愚かさ	聡明
単純	複雑
苦悩の受容	苦悩の回避
他律性	自律性の諸段階

この表中のコムニタスについては後に説明するが、このような表を見ながら心理療法場面のことを考えると面白い。心理療法の場は完全なリミナリティの場ではない。リミナリティと身分体系のいりまじった状況にあることがその特徴なのであるが、この表を見ながら、自分は心理療法家として、どのあたりをどの程度いりまじらせているのか、そして、それはなぜなのか、などと考えていると実に多くのことが得られるのである。

コムニタスについて、ターナーが「コムニタスの概念を考えたほかの人たちと同じく、私自身、比喩《メタファー》や類推《アナロジー》に頼らざるをえないのは偶然でもなければ科学的厳密さに欠けるためでもない。コムニタスは実存的な性質のものである。それは人間の全人格を他の人間の全人格との関わり合いにまき込むものである」と述べているのは示唆深いことである。われわれ心理療法家も自分の仕事について、「科学的厳密さ」をもって語りがたいと感じることが多いのではなかろうか。

コムニタスとは身分や序列や性別などのあらゆる社会的構造を取っ払ったところでの、まったく自由で平等な人間の相互関係の在り方である。ターナーはこのような対照表によって、コムニタスのほうが身分体系より優れているとか望ましいなどと言っているのではない。人間にとっては両者が必要である。「社会や個人の発展の周《サイ》期《クル》は、無文字社会においては儀礼によって保護される境界状況《リミナリティ》の多少とも幅のある瞬間――その中核には潜在的なコムニタスを備えている――によって区切りをつけられるが、それと同様に、複雑な社会における社会生活の段階構造も、自然発生的コムニタスの無数の瞬間によって区切りがつけられる。ただし、この場合には刺激も保護も制度化されてはいない」。

構造とコムニタスはうまくバランスされていてこそ意味があるし、そもそも、コムニタスは長続きするものではない。近代においてコムニタスの永続を無理矢理に追求してゆくことは、イデオロギー的コムニタスとなるが、ターナーは「完全な平等がひとつの社会的次元で想定されるときはつねに、別な次元で完全な不平等を惹き起こす」ことを述べている。これは、ソ連や東欧などですでに実験済みの事実である。

近代になって古代のイニシエーションの儀式が消失し、社会の「構造化」がすすめばすすむほど、人間の生き方を活性化するために、コムニタス状況が必要となってくる。そのような場を提供するものとして、心理療法の場を考えてみることは意味あることである。ただ注意しなくてはならぬことは、それは絶対的なコムニタスではなく、時と場合に応じて、コムニタスと構造とを交代に体験する弁証法的過程でなくてはならない。

なんといっても、心理療法は古代のイニシエーション儀礼のようになんらかの「神」の存在を前提にしているわけでもなく、また、一時間の心理療法の後には、クライアントは社会生活へと帰ってゆくのであるから、常にそのような点を考慮していなくてはならない。

リミナリティ(境界性)という言葉は、われわれに、「境界例」のことを思い起こさせる。現代の心理療法家で境界例に悩まされていない人はない、と言っていいほどであろう。リミナリティとコムニタスの考えは、境界例の治療を考えるうえで有効なことであると筆者は考えている。それについてはすでに論じた(拙著『生と死の接点』岩波書店、一九八九年〔第Ⅰ期著作集第一三巻所収〕)ところであるが、要約すると、境界例の人はここに述べてきたようなコムニタスに対する激しい希求をもつと考えると、その本質がわかるし、対処の仕方にも参考になることが多いと思うのである。

ともかく、本書は心理療法の過程の本質的理解に役立つものとして、ぜひとも読んでほしい本である。読者は自分の心理療法の在り方について反省するヒントを多く得られるに違いない。

『アフリカの神話的世界』

イニシエーションとともに心理療法家にとって有用な知識として、トリックスターにかんするものがある。筆者がトリックスターについて知ったのは、一九六二―六五年のスイス滞在時代である。ユング研究所に提出する分析家の資格論文として日本神話を取り上げ、それについて考えているうちに、スサノオをトリックスターとしてみると、その特性がよく理解できると思いはじめた。そのようなことを論文に書いたのだが、一九六五年に帰国したときは、神話のことなど話そうものなら、右翼と断定されそうな状況だった。それに筆者の考えていることは、スサノオやヤマトタケルなどがトリックスター性を強くもち、日本の神話には典型的な英雄が登場しない、などというのだから、右翼のほうにしても喜ばないことは明らかであった。そんなわけで、まずは黙っているのがいいだろう、と沈黙を守ることにした。

ところが、一九七一年に出版された本書を読むと、トリックスターのことが正面から取り上げられ、「妖怪に策略で立ち向うという構造においてはヤマトタケルの場合も、スサノオノミコトの場合も、基本的には「いたずら者《トリックスター》」の英雄のパターンの上に成立しているということができるのである」などと書いてある。そして、アフリカのトリックスター説話と、わが国のアマテラス‐スサノオ神話との構造比較が試みられており、そこに描かれているスサノオのイメージは、筆者が先に述べた論文において明らかにしたのと類似性が高いものである。

これを読んで筆者は驚くとともに、すっかりうれしくなった。自分が一人でスイスのチューリッヒで考えていたことが、それほど見当はずれでないことがわかったし、トリックスターや神話などについて自分の考えを語っても、一般に理解されるときがそのうちにやってくると感じたからである。

ところでトリックスターとは何者だろうか。本書ではまずアフリカのアニューアック族のトリックスター野兎を主人公とした昔話が紹介され、続いてその他の話も紹介しつつ、「嘘つき、ペテン野郎、搾取者、人殺し、見栄っぱり、強慾、裏切り、忘恩、臆病、大ぼら吹き」といった、トリックスターの特性が述べられる。そしてこのような話が、「反面教師としての主人公による道徳の確認というレヴェルと、いかにしてディレンマや危地を脱するかという智慧の働かせ方のレヴェルと、話の形態そのものの追求のためのレヴェルという異なった次元で同時に進行する」と述べる。

しかし、トリックスターのもつ意義は、もっと深いものであることを、著者は豊富な例をあげながら明らかにしてゆく。次にそれを引用してみよう。

「我々の推定したところでは、「いたずら者」は、そのイメージが示す本質的な媒介者としての性格の故に、天地創造の神話が展開したところでは重要な位置を占め易いはずである。何故ならば、「いたずら者」は、その神出鬼没のゲリラ性の故に、世界のあらゆる隅まで姿を現わすことが可能であり、それが示す反秩序性の故に、日常生活の現実を構築する論理・分類体系を御破算にして、すべて存在するもの皆「はじまり」の時の関係に立ち還ることを可能にする。」

このようにトリックスターは単なる「いたずら者」ではなく天地創造ということにさえかかわる重要な存在であり、そのはたらきとして、その途方もない思いつきによって、日常的には不可能と思われているような部分を「結びつける」。道徳にこだわらないので、日常生活ではマイナスの価値を与えられているものを排除せず、そこから可能性を象徴的に引き出し、「負の部分もとり込んだ世界に対する全体的な感受性を可能ならしめる」のである。

このようなところを読んでいると、そのものズバリ、心理療法家の仕事について語っているのか、と思わされるほどである。

トリックスターはその意味が高まるにつれて文化英雄に近似してくる。山口昌男はジュクン族、ヨルバ族などのトリックスター説話を紹介しつつ、「「トリックスター＝文化英雄像」が、何らかの意味で両義的な存在である」ことを明らかにし、その両義性が「境界性」のイメージとして民話の中に定着していることを明らかにする。

このような両義性は「創造と破壊」、「文化と自然」などにかかわるもので、人間存在の根本につながってくるものである。トリックスターは「秩序(文化)と秩序を脅かすもの(自然)との境界領域」に存在しているのである。トリックスター説話の例と山口昌男によるその解明の例をここにあげることができず残念であるが、「他愛もない話の中に、人間の社会の基底をぶち抜くような可能性が投げ込まれている」ことを明らかにする彼の手法は、まことにみごとであり、われわれが夢の分析を行うさいの参考になる、という副産物ももっている。

山口昌男は本書に続いて、『文化と両義性』（岩波書店、一九七五年）、『道化の民俗学』（筑摩書房、一九八五年）などを著わし、トリックスターのもつ道化性に焦点を当てて、道化論を展開しつつ、その文化的意義を明らかにしてゆく。これらの著作からも学ぶところは多く、心理療法家の必読の書として、山口昌男のどれかの本をあげたいと思ったが、本書は、筆者が最初に彼の名を知ったものとして印象深く、しかも、このたび読みかえしてみると、彼のその後に展開した考えの萌芽が多く認められて興味深いので、いちおう、この本を選ぶことにしたのである。

次に、このようにして知ったトリックスターということが、実際の臨床場面でどのように意味をもつかについて、拙著『影の現象学』（講談社学術文庫、一九八七年〔第Ⅰ期著作集第二巻所収〕）にすでに論じているが、ここではそれを要約して述べることにする。まず、多くのクライアントがトリックスター性をもっていることである。たとえば、ある中学生が万引きをしたというのでカウンセリングを受けにくる。万引きというのは、まさに山口昌男のいう「負の社会的価値」をもったものである。そして、それはうっかりすると悪として単純に排除される。ここで恐ろしいことは、「万引き」という行為が悪とされるだけではなく、その人間そのものが悪として、学校や家庭から排除されることさえある、ということである。そのようなときに、カウンセラーが、トリックスターの両義性について知っているかぎり、その負の価値をもった行為に潜む可能性を象徴的に見つけ出そうと努めることであろう。

実際にこのようなことを考えながら、この少年に会っていると、彼がトリックスターとして、彼の家族の旧秩序を破壊し、新しい秩序を建設するための重要な役割を担っていることに気づくことがある。そして、このカウンセリングが成功するときは、その少年はその家の文化英雄の地位を占めることにもなってくるのである。

すでに述べたように、トリックスターのもつ「境界性」という点から考えても、境界例のクライアントは、強烈なトリックスター性をそなえていることが推定されるだろう。事実、境界例のクライアントの「神出鬼没」には驚かされる。そして、なによりもその強烈な破壊性には誰もが悩まされるに違いない。破壊と創造の両義性などといっても、まず、前面に出てくるのはすさまじい破壊性のほうなので、誰しもたじろいでしまうのである。しかし、トリックスターの意義についてよくよく思いをめぐらすことによって、境界例のクライアントと会うことが、少しはやりやすくなってくるのである。

セラピストがトリックスターの役割をとることもある。たとえば、自我防衛があまりにも強いクライアントの場合など、セラピストがトリックスターとして、その防壁を壊す役割を——意識的・無意識的に——とることになる。このようなとき、道化のもつ「笑い」が、その破壊による痛みをやわらげたり、客観化したりすることに役立ってくれる。心理療法家にとって、ユーモアというものは非常に大切なものである。相反するものを共存させつつ、余裕を失わないところから、ユーモアが生まれてくる。

心理療法というものが、そもそも旧秩序を破壊して新秩序をつくり出すようなことであるので、いかにそれを個人のレベルで行なっているにしても、そのはたらきは集団や社会へと及んでいる。したがって、心理療法家がなんらかの組織に属しているとき、自分は意識していなくとも、他の成員から「トリックスターイメージ」を投影されることは多い。このようなことに気がつかず、自分は「社会に役立つ」よいことをしているのだなどとカウンセラーが「英雄」気どりでいるのに、周囲の人びとが自分を「破壊者」、「邪魔者」などとして見ていることに気づいて愕然とするなどということも生じてくる。

「境界」に出没するものとして、トリックスターは、しばしば夢のなかに登場するのも当然のことである。夢は意識と無意識の中間に現われるのだから、夢そのものがトリックスターだといってもいいくらいである。したがって、日本の現代人が見る夢が、アフリカのトリックスターの民話に類似するものがあるとしても、別に驚くに当たらないわけである。

心理療法家はつねにこころが広く開いていることが必要である。単純で固定的な人生観に縛られていては仕事ができない。われわれのところに訪れてくる人は、社会的にはなんらかの負の価値を背負わされたり、それにみずから悩んだりしている、といっても過言ではないだろう。そこから可能性を引き出していくためには心理療法家が柔軟で豊かな人生観をもつことが必要であり、そのためには、ここにあげた書物のみではなく文化人類学者の多くの著作に親しむことが必要と思われる。

4 元型的イメージの宝庫
呉茂一『ギリシア神話』、武田祐吉訳注『古事記』を読む

ここに神話を取り上げたことについて、はじめに少し説明をしておきたい。心理療法を行う者にとって、神話を読むことは必要なことと筆者は考えている。いったいそれはどうしてなのか、ということを論じた書物もあり、そちらのほうを選ぼうかとも思ったが、やはり、なんといっても神話に直接ふれてほしいと思ったので、これらの本を選んだわけである。したがって、最初に少し長くなるが、前置きを述べておきたい。

太陽を四輪馬車に乗った英雄の姿として語るギリシャ人たちも、太陽が赤い球体であることを知っていた。ではなぜ彼らはそんな神話を好んだのであろうか。人間はある事象を自分から切り離して観察し、それを記述することができる。しかし、それとは別に、自分との関連においてその意味を知ろうとする。たとえば、恋人が死んだとき、その死についての医学的説明がいかに十分になされても、恋人の死が自分にとって何を意味するかについて答えるものではない。相談室を訪れる人たちは、後者についての問いかけをもってやってくる、と言っていいのではなかろうか。あるいは、後者のような問いかけに正面から向き合うのを避けているために生じてくる問題や症状をもってやってくる、と言っていいだろう。

太陽を見たとき、客体としての太陽ではなく、主体としての自分に感じとられた太陽、およびそれが自分にと

ってもつ意味、などを考えると、それは四輪馬車に乗って天翔《あまか》ける英雄として語るほうが、ギリシャ人にとってはぴったりであったのだろう。

近代人の自我は自然科学的な知識によって武装されているので、それに照らして神話をみるときは荒唐無稽に思われるが、神話は低級な自然科学などでなく、すでに述べたように別のねらいをもっているのだ。現代人の自我が対象を自分から切り離すことに慣れすぎたので、今は関係性の喪失に悩んでいるわけであるが、その回復のためには神話が必要なのである。ただ、それがきわめて安易になされるときは、かつての日本がそうであったように、「日本は神国である」とか「一億一心」式のものに堕してしまう。現在の世界を見渡しても、まだそのような危険性は十分にある。神話の安易な使用を許さないためにも、われわれは神話の意味を十分に知り、自分の責任において自分の神話を明確にする必要がある。

自分は「どこから来て、どこに行くのか」という最も根源的な問いに答えようとして、神話は生まれてきた。したがって、どのようなクライアントの問題でも、その背後には「神話」が存在していると言ってもいいだろう。クライアントが一生懸命に日常の問題について語り、われわれはそれに耳を傾けつつ、その背後に、ディオニューソスやペルセポネーや、多くの神々の姿を見ることが多い。また、それによってこそ、クライアントの問題の本質が明らかになるのである。

ここで大切なことは、神々の物語としてそれを把握するということで、抽象的に「親子の敵対関係」とか「母と子の結合」などというように知的にのみ理解するのではない、ということである。「物語」のなかでは感情が動く。自分の内的体験をともなわない理解は、心理療法では役に立たないどころか、有害でさえある。

フロイトがわざわざ「エディプス・コンプレックス」という名前をつけたのは、父と息子の関係を抽象的・概念的に理解するのではなく、血なまぐさい物語を通して理解する必要を感じていたからである。ところが、心理療法家で、エディプスのもともとの話を読んだこともないまま、エディプス・コンプレックスについて語る人がいる。これでは話にならない。その物語を読んで、自分のこころのなかに沸きあがってくるいろいろな反応を抜きにして、エディプス・コンプレックスについて知っているというのはおかしいのである。

エディプスのみではなく、いろいろなコンプレックスに神々の名がつけられているのは、奇を衒《てら》っているのではなく、すでに述べたように、それについての「物語」を通して、感情体験をもって理解することが望ましいからである。そのような意味で、心理療法家は神話を読むことが必要なのである。

『ギリシア神話』

実のところ、この本を通読することは大変である。そしてまた、無理矢理に読み通してもあまり価値はないことであろう。ただ、的確でくわしいギリシャ神話についての情報を得られる本として、これをあげておいたわけで、ともかく座右においていただきたい本なのである。そして、読むときには、気が向いたところとか、自分のケース理解との関連などで、ポツリポツリとゆっくり読むことである。

全部読んだとか、なにを記憶しているなどということではなく、この本に述べられている数行のエピソードでも人間のこころに深く関連する洞察を含んでいることを、どれだけ感得できるかが問題なのである。すでに知っていると思う物語でも、読みかえしてみるとまた新しい発見をするであろう。寺田寅彦が物理学者の必読の書としてギリシャ神話をあげているのも、同様の考えからであろう。彼によると、ギリシャ神話は、物理学の多くの理論の祖型を内包しているというのである。物理学でもいえるわけだが、心理学においても同様のことがいえるだろう。ここに、ユングのいう、「元型」の考えが生まれてくる。ギリシャの神々の姿はユングのいう元型的イメージを提供してくれるのである。

そんなわけで、この本を座右において、暇なときにあちこち読んでいると、クライアントについて、あるいは自分の心理療法家としての仕事の在り方について、思いがけない発見をすることになるのである。

ギリシャの神々すべてについて語ることは、とうてい不可能なので、思いつくままに述べてみる。まず、天地生成の神話に注目したい。ヘーシオドスの説明によれば、最初に成ったのはカオスであったという。これは、キリスト教神話において、冒頭に、「はじめに神は天と地を創造された」、そして、「神は「光あれ」と言われた。すると光があった」と語られるのとはいちじるしい対照を示している。

呉茂一も述べているように、天地創世神話は、神あるいは唯一者が創造してゆくタイプと、自然万物がおのずから生成してゆくタイプと二種類ある。キリスト教神話は前者であり、ギリシャ神話や、後で述べる日本神話は後者である。このような世界観における根本的な差は、その文化の特性を相当に規定する力をもつと考えられる。近代文明の先端を進んできたヨーロッパはキリスト教によって支えられている。日本もいわゆる「先進国」の仲間入りをしているが、両者の間の基本的な差を認識しておく必要があるだろう。

ただ、ヨーロッパの文化はキリスト教ではあるが、ギリシャの文化を相当に吸収しているわけで、そんな点がヨーロッパ文化の強みなのかなと思わされたりする。なんだか大まかな文化論のようなことをいっているようだが、心理療法を行ううえで、このような認識は必要であると筆者は考えている。わが国の心理療法家は非常に多くの者が欧米の学者の理論に頼っているのだが、彼我の間にある根本的な差について相当に認識する必要があると思うからである。欧米人と日本人とでは、その意識の在り方に違いがあることを考慮すべきである(この点については、次章に論じたい)。

カオスから何が生まれてくるか、どのような順序で生まれてくるかも興味深いことである。エロースが早く生まれてくるのは注目に値する(もっとも、エロースについては相当にほかの説も存在しているが)。

ウーラノス－クロノス－ゼウスにいたる父と息子の戦いはすさまじい。父－息子間の葛藤は、西洋文化の発展を支えるものとさえ言っていいであろう。これが、エディプスの話になって、もっと明確なかたちをもった話になるわけである。

プロメーテウスの話も興味深い。これは現在も存在している人間の罪、「盗み」の本質に深くかかわるものである。

ゼウスの姿も実に興味深い。彼は最高の神であり、統治者でもある。しかし、キリスト教の神のように至高至善の唯一の存在ではない。やはり、彼以外にも「神々」は存在しているし、いつもいつも彼の意志がとおるわけではない。彼は妻のヘーラーにえらく気をつかっているようなところもある。

ゼウスが人間の女性のところに、いろいろな変身をして会いに行く。そして、その女性から「英雄」が生まれる、という話も、こころの深層の状態をよく反映している。ここに生まれてくる英雄像を「自我」と解してもいいし、新しい生き方、考え方などと解してもいいだろう。ともかく、神性をそなえた存在とのかかわりによって、その新しいものが女性の胎内(無意識界)に生じてくるのである。

多くの興味深い話のなかで、とくに取り上げておきたいのは、女神デーメーテールとコレー(ペルセポネー)の神話である。これは次に示す日本神話の天照《あまてらす》の天の岩戸隠れの神話と信じられないほどの高い類似性を示す。

筆者がユング研究所留学中（一九六二―六五年）に、日本神話について論文を書いたとき、この両者の類似性に気づいて感激したことを思い出す。

デーメーテールとその娘ペルセポネーは、一身両体とも考えられる、というのだから、母・娘結合の強さが端的に示されている。そこへ、地下の神ハーデースが現われ、この結合を破って、ペルセポネーを強奪してゆく。その後の詳細は、本を読んでいただくといいが、女性の心理的成長過程における内的体験を語る物語として、実にぴったりのものである。

相談室でお会いした多くの女性の背後に、デーメーテール‐ペルセポネーの女神の姿を見たと思うことは、実によくあった。この神話とほとんど並行的な夢を見る人もあった。文化を超え、時代を超えてはたらく元型の強さ、元型的イメージのもつ普遍性には、ほんとうに感嘆させられる。

デーメーテール‐ペルセポネーの姿が、女性のひとつの根元的な在り方を示すとするならば、女性のイメージとしてこのほかにも、アテーナー、アルテミス、アプロディーテー、ヘスティアーなどがあることを忘れてはならない。このような異なる元型的イメージをよく理解することによって、女性の生き方として硬直した紋切り型を押しつけたりすることがなくなるであろう。

男性神のほうでいえば、ヘルメース、ディオニューソス、アポローン、エロース、などが興味深い。そして、これらの男女の神々の関係に、人間関係の元型的イメージを見ることができるのである。

『古事記』

日本人として、やはり日本の神話を知っておくことは必要であり、『古事記』は必読の書として取り上げた。面白いと感じた人は、続いて『日本書紀』もぜひ読んでいただきたい。日本書紀のほうが官製の感じが強いが、「一書に曰く」として、類話が述べられるので、その点が非常に興味をそそられる。どうして、そのような類話があり、それが何を意味するかを考えると、また違った角度から神話をみることができるからである。

日本神話は日本の軍閥によって用いられ、筆者は子どもの頃にその被害を受けたので、敗戦後は、日本神話などまったくばかげたことと感じていた。それがアメリカ、スイスに留学し、ユング派の分析を受けて自分の内界の探求を行なっているうちに、日本神話の重要性を徐々に感じはじめるようになり、すでに述べたように、それについて論文を書くことにもなった。しかし、一九六五年にスイスより帰国した頃は、神話のことなど話すと右翼と間違われそうな状況だったので、長い間沈黙を守っていた。

その後、日本でも日本神話に対する研究がすすみ、神話に対する日本人の態度も変化してきたのは非常に嬉しいことである。とくに、大林太良、吉田敦彦両氏の研究からは教えられるところが大であった。お二人による著書はたくさん出版されているので、読者も参考にされるといいだろう。

『古事記』を通読して、まず関心をもったのはスサノオであった。日本神話の神々はギリシャのそれに比して個性に乏しく、人間的な関心をもちがたいが、スサノオだけは特別である。スサノオを取り上げて論文を書こうかとさえ思ったが、日本神話の一種の中心とも思えるアマテラスについて書くことにした。これは、太陽が男性神である文化が多いのに、太陽が女神であるという事実が、日本人のこころの在り方をよく反映していると思われたからである。

『古事記』を読みすすんでいるうちに、すでに述べたように、アマテラスの岩戸隠れの神話とデーメーテール‐ペルセポネーの神話の類似性に気づいたりして、ますます、アマテラスを中心に読みすすんでいたのだが、古事記神話を全体としてみるときは、むしろ、ツクヨミが中心で、アマテラスとスサノオが対向者としてバランスをもって存在している、と考えるようになった。

このような考えの詳細は、拙著『中空構造日本の深層』(中央公論社、一九八二年)に収めている論文を参照していただくとして、端的にいえば、『古事記』に語られる神話の中心は、むしろ「空」であると考えるのである。世界の始まりに現われる、カミムスヒ、アメノミナカヌシ、タカミムスヒの三神は、その中心に存在するアメノミナカヌシがまったく無為である。アマテラス、ツクヨミ、スサノオの場合も、ツクヨミはまったくの無為である。これは、海幸・山幸の神話においても、ホオリ、ホスセリ、ホデリの三神に同様のことが生じる。二神が対向し、いろいろとその活動が伝えられるのに、中心の神はまったくなんのはたらきも語られないのである。

中心が無為であるが、ほかの二者がうまく平衡を保っている。このような点に注目して、日本の中空均衡型を、キリスト教神話のような中心統合型と対比して考えてみると、欧米人のこころの在り方と日本人のそれとの対比が、うまく示されている。欧米の場合は、中心の確立が重要で、それによる原理なり力なりによって全体が統合され、全体に矛盾がない。しかし、このようなシステムは、ユングがしばしば問題にしたように「悪」の位置づけができなくなってくる。悪はただ排除すればいいというものではない。悪とか矛盾とか思われていたものから、創造的なことが生じてくることはよくある。

中空均衡型は、中心に原理や力がないが、全体の平衡状態が保たれているところに特徴がある。これは相反したり、矛盾したりするものが共存できるところに面白さがある。日本の歴史を考えてみると、この中空の中心に外から取り入れた、仏教、儒教、などが位置するかのように思われたときがある。しかし、それらはいつとはなく日本化されて、全体のバランスのなかに吸収されてゆくのである。中心が空であるために、外来のものを受容するのは、しやすいのだが、それをいつまでも中心においておかないのが特徴なのである。

中心統合型と中空均衡型は、まったく一長一短で優劣はつけがたい。くわしく論じることはできないが、自分の経験に照らして考えて下さるとよくわかるであろう。

ところで、日本の神話は中空均衡型なので、そのなかに矛盾や対立をも共存させることができると述べたが、日本の神話においても「追放された」神がいることは注目に値する。それがヒルコである。ヒルコについてもくわしいことが述べられず残念であるが、いちばん大切と思われる点は、アマテラスがヒルメと呼ばれるところから考えて、男性の太陽神ではなかったかと思われることである。

なんでも受けいれる日本の神々の集団も、男性の太陽神は受けいれられないのである。この神こそ、中心統合型の神だったのではなかろうか。そのように考えると、棄てられた神、ヒルコを日本の神々のなかに呼び返して、どのように位置づけるか、ということが、現代日本人の課題のようにも考えられてくるのである。ギリシャ神話におけるヘッパイトスは、ヒルコに似たところがあるので、両者を比較することも面白いであろう。

勝手なことを書いてきたが、神話は人によってそれぞれの「読み」があるところに意味があり、正しい解釈などというものがあるはずがない。ここにわざわざ神話についての解釈ではなく、神話そのものを書いた書物を取り上げたのも、各人が読んで自分なりの読みを展開してほしいと思ったからである。

最近、出版された、織田尚生『王権の心理学――ユング心理学と日本神話』（第三文明社、一九九〇年）は、そのような試みの、きわめて興味深い例として読者にすすめたいものである。この本の強みは、分裂病者の治療例が基礎としてあることで、神話の構造を読みとってゆきつつ、それに相応する患者の夢や絵画表現などが提示される。このため、神話が遠い昔のこととしてではなく、現代に生きることと密接に関連して感じられてくることである。織田尚生はアマテラスを中心として日本神話を読み解いてゆくが、すでに述べたように、そのようないろいろな読みを許容するところに神話の面白みがあると思われる。

5　日本社会の構造と自我のかたち
中根千枝『タテ社会の人間関係』、土居健郎『「甘え」の構造』を読む

心理療法における大切な要因として、治療者とクライアントの関係がある。このため、両者の関係についての論考は非常に多くあり、このことについてわれわれはよく知っておく必要がある。しかし、日本人の人間関係は欧米のそれと異なるものがあり、そのことをよく自覚していないと、欧米からの直輸入の理論をふりまわしながら、実際はそれと相当に異なることを行なっているようなことが起こってくる。このために、案外な落とし穴ができてきたりするのである。

このことは、日本にいてただ漫然と西洋の本を読んでいるだけでは、なかなかわかりにくいことである。日本の外に出て、単なる観光客としてではなく、外国人と人間関係をもつとその差が感じられてくる。とくに、筆者のように外国で分析を受けると、その関係が深くなるにつれて、その差を感じ、しかもそのことを英語で表現しなくてはならないことに非常な困難さを感じるという経験をする。単に違うというのではなく、それを相手の国の言葉で相手に納得させるためには、それだけの視点をもつことが必要である。さもなければ、ただ、日本がいいとかアメリカがいいということになってしまうだけで、発展性がない。

ここに取り上げた書物は、日本人の考え方、日本人の人間関係を論じたものとしてあまりにも有名である。その後、たくさんの日本人論が出てきたのに、なにもいまさら古い本をと思う人があるかもしれない。しかし、筆者があえてこの二冊を取り上げたのは、これらに書かれていることは現在もなお、その価値を保っており、真剣に考えるべきであるということと、多くの人がこれらの本を読まずに批判的なことを言ったりしているというためである。

とくに「タテ社会」というのを、中根の使用している意味とまったく違った意味に誤解して、たとえば、タテ社会を権威主義の社会と勝手にきめつけて、「中根さんはタテ社会というけど、日本はタテ社会ではないのですよ」などと言ったりする。中根の本をちゃんと読むと、こんなことはけっして言えないはずである。後述するように、中根が論じている「タテ社会」は、権威主義の社会と異なることは、はっきりと述べられている。

『タテ社会の人間関係』

この本が出版されたのは一九六七年、今から二十年以上も前のことである。今回これを書くにあたって読み直してみて、今もそのまま通用するところが多いのに感心している。著者が解明しようとした「社会構造」というものは、「社会(あるいは文化)を構成する諸要素の中で最も変わりにくい部分」と著者みずからもいうとおり、この二十余年の間に日本も相当に変わったともいえるが、この本に論じられているような基本的なところは、なかなか変化しないものであると思われる。次にこの書物に論じられていることを簡単に紹介する。

社会集団の構成の要因として、二つの異なる原理、「資格」と「場」を設定して考える。そうすると「日本人の集団意識は非常に場におかれて」いることがわかる。このことは現在では相当一般に理解されていることと思われるが、日本人が自分を紹介するとき、職種をいうよりは、自分の所属している会社名などをいうことによく示されている。そのような「場」を明確にするためには、なんらかの「枠」(たとえば所属集団名など)を必要とする。

このような「枠」集団を強化するために、「一体感」をもたせるということと、「一様序列性による組織化」という二つの工夫がなされている。まず「一体感」のほうを取り上げる。これは日本的集団にとって非常に大切なことで、それは「個人に全面的参加を要求する」のである。

このことは、わが国で心理療法を行うことの困難さにつながってくる。たとえば、学校などで、担任とそのクラスの生徒が「一体感」をもつことを絶対と考える教師にとっては、自分のクラスの生徒がカウンセラーと二人だけの「一体感」をもった関係をつくることが許容できなかったり、非常に不愉快に感じたりすることになる。あるいは、ある教育研究所内で、一人だけがカウンセラーであるとき、所員全員が集まって談笑しているときに、「私はカウンセリングがありますので」などといって出てゆくと、それはその所員全体の「一体感」を破るものと受けとめられがちである。

このような点を配慮せず、しかし自分は、カウンセリングという素晴らしくよいことをやっているなどと思っているカウンセラーは、知らぬまに職場内の嫌われ者になっていることがある。このことは心理療法家として、よくこころえておくべきことである。たった二人だけの濃密な関係をつくることは、日本社会ではなんらかのかたちで他人をおびやかしていることが多いのである。

枠内の「一体感」を強調するので、日本では「しらずしらず強い「ウチの者」「ヨソ者」意識を強めることになってしまう」のである。「ウチの者」のすることならなんでも認めるが、「ヨソ者」に対しては何をしてもいいのである。「和をもって貴しとなす」などといいながら、どうして日本企業が海外でやたらに戦闘的になるのかなどということも、このことから説明できるであろう。

次に「一様序列性による組織化」の問題を取り上げる。場の共通性により、枠によって閉ざされた集団は、それを組織化するときに「タテ」の関係が重視されるが、その根本に絶対というほどの能力平等感があるのがその特徴である。人間はすべて能力的に平等だが、その集団の組織化の都合上、序列をつける。それは年齢とか勤続期間とか、いろいろなことで実に精密に順序がつけられるのである。そして、その序列の最高のところまで、「だれでも」努力すれば登りつめられると考えて、刻苦勉励する。中根は「筆者のみるところ、日本人の「オレだって」という意識は全く世界に類例をみないほど強く、自己に対する客観性をミニマムにしている」という。

このような集団に所属すると、自己主張をすることは非常にむずかしい。そこでしばしば、「上からの権威」によって自分は抑圧されていると思ったりするのだが、実はそうではない。絶対的平等感を背後にもつ一様序列性の社会構造が、個々人を圧迫しているのである。したがって、中根のいう「タテ社会」は、権威による統制とまったく異なることは、本書のなかでも明言されている。

「タテ社会」におけるリーダーが、他の集団のリーダーと異なることもよく解明されている。「「親分」というものは、たいへん権力をもっているように思われているが、実は他の社会におけるリーダーに比べて、リーダーとしての権限を制約される点が非常に多い」のである。「日本のリーダーほど、部下に自由を与えうるリーダーというものは、他の社会にはちょっとないであろう。日本の組織というのは、序列を守り、人間関係をうまく保っていれば、能力に応じてどんなにでも羽をのばせるし、なまけようと思えば、どんなにでもなまけることができ」、「序列偏重で一見非常に弾力性がなく、硬直した組織のようであるが、これは同時に、驚くほど自由な活動の場を個人に与えている組織である」。

中根の論は、日本の「タテ社会」について、一方的に善悪を述べるのではなく、その長短を的確に記述している。そして、この状況では「組織が個人に優先する」ので、その不自由さを感じた人は、下の者は「権威主義」を嘆いたり、上の者は「民主主義による混乱」を嘆いたりするが、そんなことでも、封建主義でも近代主義でもなく、日本人のもつこのような特異な集団構造に由来するものであることを自覚すべきであるという。

「タテ社会」は感情的一体感を基礎にして結びついているので、契約精神に欠けることもその特徴である。中根によると契約精神は「日本人には全く欠如しているものであり、ほとんど絶望に近いと思われるのである」。また、「論理よりも感情が優先し」、二人の人間は、「ウチ」か「ソト」かの判断がまず大切となってくるので、少しほめると「ウチ」と考え、少し非難すると「ソト」と感じるようになって、論争によって弁証法的な対話の発展を期すことができない。「真の「対話」がありえない社会」であるという。

中根の分析はみごとであって、まさにその通りと思われる。そうすると、われわれ心理療法を行う者にとって、それが西洋流の考えに従うかぎり、「契約」と「対話」とは、その中核にあると考えてもいいほどの概念であり、その両者を欠く日本において、そもそも心理療法を行うことができるのか、また、もし行うとするなら、その意味はどのようなところにあるのかを真剣に考える必要があると思われる。これは実に重大な問題である。

「契約」にしろ「対話」にしろ、われわれが行う心理療法においてもちゃんとできているという人もあるだろう。それに対しては、中根の書いている次のようなエピソードが参考になろう。中根がある企業の人たちと話し合いをする。そのとき、「わが社はほかと違って、アメリカ式の能力主義を採用し、民主的な経営をしています」

などと、上座にいる部長さんが誇らしげに語り、下座に順番に居並ぶ課長・係長は「いかにも、その通りで」などと反応するというしだいである。これと同じことは、われわれの心理療法においても行われていることを自覚する必要がある。

もちろん、このような困難のあることを承知し、それを乗りこえてわれわれは「対話」をしようとしている。しかし、そのような類の「対話」のよさを知った人が、日本社会に適応できるようになるのだろうか。このことについてもわれわれはよく考える必要があると思う。心理療法の目標が「適応」にあると思ってはいないが、その結果として不適応を助長することも、どうかと思われる。

この問題は後にもう一度論じるとして、次に『「甘え」の構造』について述べる。

『「甘え」の構造』

筆者が米国に留学したのが一九五九年である。そのとき教育分析のなかで「甘える」ということを表現しようとして、それがうまく英語では言えないことに、はたと気がついた。これは日本人を理解するためには大切なことなので、次の週までによく考えてくると言ったことを今もよく記憶している。ユング派の分析家だったので、グレートマザーのことを持ち出して説明してやっと了解してもらったように思う。その後、スイスに留学して、続けて教育分析を受けたが、そのときにも日本人の「甘え」について、その重要性を痛感することが多かった。筆者の場合はそのことを、後述するように日本における母親元型の強さとして認識したのであった。

一九六五年に帰国後、すぐに土居による「甘え」にかんする英語の論文(一九六二年発表)を読み、非常に感心した。その後、一九七一年にこの書物が刊行され、周知のとおりのベストセラーになったのである。

「甘え」のほうは日本人にはピンとくるものがあるので、「タテ社会」ほどの誤解は引き起こしていないようだが、わかると感じるだけにかえって本を読みとおしていない人も多いようである。やはり、これはちゃんと読みつくすべき本で、ここに示された分析の方法や解明されている事柄は、今もなお重要な意味をもっていることが多い。また、土居が個人のこころの在り方として記述していることと、中根が社会の構造として述べていることとは、たがいに相呼応して支持しあっているところも多く興味深い。たとえば、「甘え」のイデオロギーとして、天皇の問題を論じ、「天皇に限らず日本の社会ですべて上に立つ者は、周囲からいわば盛り立てられなければならないという事実が存する」と述べている。これは先に「タテ社会」におけるリーダーの在り方として中根の意見を紹介したが、それと呼応しているところである。

この本の第二章では、中根の「タテ社会」のことに言及され、「むしろ日本人の甘えに対する偏愛的な感受性が日本の社会においてタテ社会を重視させる原因となっているといってよいかもしれない」と述べられているのは興味深い。これは、土居も中根の説を高く評価していることを示すとともに、甘えを「原因」として、他の現象を説明したいという姿勢をも示している。

「甘え」を通して日本文化・社会をみることは、この書物に示されているようにきわめて有効であるが、すべてを、甘えを「原因」としてみてゆくのは、やや危険ではないかと思われる。あまりに直線的な原因‐結果の把握は、現象の奥行きを見損ってしまうと思うのである。

次に、土居の述べる「同性愛的感情」の論も注目すべきである。ここに漱石の『こころ』を用いたのも卓見と思われる。漱石の『こころ』は今もなお日本の若者たちによく読まれるようだが、そこに「同性愛的感情のあり方を非常に適確に写し出し」ているなどというと驚くのではなかろうか。しかし、欧米人にとっては土居のいうとおりだと感じられることであろう。日本人の「甘え」が欧米のコンセプトでは「同性愛的感情」とされがちなことを、われわれはよく知っておかねばならない。そして、『こころ』のなかでの先生の言葉、「自由と独立と己れとに充ちた現代に生れた我々は、その犠牲としてみんなこの淋しさを味わなくてはならないでしょう」ということについてよく考えてみる必要がある。「この淋しさ」というのは端的にいえば、「甘え」の感情を棄てるこの淋しさと言っていいのではなかろうか。

西洋の個人主義に立脚するかぎり、「甘え」は超克しなくてはならぬ感情である。実際に、西洋の近代はそれを成し遂げてきたし、そのために多くを得てきた。しかし、現在はその巻きかえしを生じている。土居は最終章で「「甘え」と現代社会」について論じ、その論点は省略するが、「現代が奇妙に甘えの充満している時代であること」を指摘する。そうして彼は「こういう傾向が果して喜ぶべきことなのかどうか、私にはわからない」という。いうなれば、洋の東西を問わず、老若男女の別なく「皆一様に子供のごとく甘えている」のだが、これもひょっとして「創造的退行」なのかもしれないのだ。「この人類的退行現象が死に至る病か、それとも新たな健康への前奏曲かという点について予言できるものは誰もいないであろう。そしてこの予言できないということにこそわれわれが今日直面している事態の深刻さがあると考えられるのである」。

これが土居が最後に述べているところであるが、筆者もこれにまったく賛成である。「予言できない」「事態の深刻さ」の自覚が、現代に生きるわれわれにとって、最も必要なことと思われるのである。

それでは、心理療法家はどうすればいいのかということになる。このことこそ筆者もつねに問題にしてきたことであり、それはこれまで多くの書物に記してきた。筆者の論もこれらの説と大いに重なるものであるが、「自我」のあり方に注目したことと、元型論を背後にして論じているところに特徴があるといえるだろう。『母性社会日本の病理』、『中空構造日本の深層』(いずれも中央公論社、一九八二年)にそれらのことは発表しているので、興味ある方は参考にされたい。土居の「甘え」理論には、日本人と他のアジアの国の人々の差を論じる場合に困難を感じるのではないかと思われる。その点で、筆者の場合は「母性社会」から「中空構造」のほうに論を展開していったともいえる。

ともあれ、実際の心理療法の場面においては、これらの書物に述べていることを、よくよく自覚していることが必要である。われわれが「契約」をかわしているとき、それは西洋人の行うものと同じなのか、あるいは、「対話」をしていると思っているとき、それは真の対話なのかどうか、ということをつねに考えていなくてはならない。

そして、土居の最後の言葉に示されているように、現代は未来のことに確実な予言ができないのだから、単純に西洋をモデルにできないことも知っておくべきである。つまり、日本の心理療法家が西洋人と同じ「契約」や「対話」ができないからといって、それが間違っているとか、悪いとか簡単にはいえないのである。もちろん、正しいということもいえない。大切なことは、なぜ西洋と異なるのか、その意味は何かについての深い自覚があるかどうかである。

クライアントの自我を、西洋近代の自我をモデルとして強化するようなことをしたとき、それが、その人にとってのその後の社会生活に、どのような効果を及ぼすのかを、治療者はよく知っておく必要がある。「予言」ができないものとして、心理療法家はクライアントの個性に従って、その進路を決定してゆくべきであるが、それが日本社会のなかではどのように生かされてゆくことになるのか、あるいは、どのような困難と戦ってゆかねばならないのかなどについても、よくよく話し合うことが必要であると思われる。単純な「理論」によってクライアントの方向づけをすることは、非常に危険な状況のなかにいるのである。そのためにも、これらの書物に論じられている日本人の傾向をよく知っておかねばならないのである。

6　夢の複雑さ・豊かさ
C・A・マイヤー『夢の意味』、鑪幹八郎『夢分析の実際』を読む

心理療法における重要な素材として、「夢」がある。夢にかんする書物は実に多くてどれを取り上げようか迷ったが、後述するような理由で、とうとうこの二冊にすることにした。

フロイトの『夢判断』はなんといっても名著である。マイヤーもその序文で言っているとおり、『夢判断』は「疑いもなく「昔」に属するであろう」が、やはり夢分析の仕事につく者にとっては必読書である。フロイトの提出する多くの夢の例(そのなかに彼自身の夢も多くある)をみながら、自分なりの解釈をしてみるのもいいのではなかろうか。

ところで、筆者がフロイトの『夢判断』を読んだのは学生時代、数学科に属していた頃で、そのすごさに圧倒される思いと、「コジツケで非科学的」という思いが交錯してアンビバレントな状態になりながら、結局は深いところで動かされる体験をしたと思う。それにしても、自分がその後に夢分析をする人間になるとは「夢にも思わなかった」のである。

一九五九年に、アメリカに行き、ユング派の分析を受けることになり、自分の夢と取り組むことになった。はじめは半信半疑であったが、分析はその後、スイスのユング研究所に移った後も続けられ、長い分析体験を通じ

て、夢の重要性を認識することができた。

しかし、一九六五年に帰国した時は、夢のことなどうっかり言いだそうものなら、非科学的という烙印を押されそうな状況であったので、夢について語るのはきわめて慎重にした。それでも、実際に心理療法に従事している人たちは、臨床の実際経験を語ると通じるありがたさがあって、徐々にではあるが、心理療法における夢の重要性が一般に理解されるようになった。現在では、わが国の心理療法家で夢に関心をもつ人は非常に多いことと思われる。

夢分析でいちばん困るのは、「蛇は再生の象徴である」というような一対一関係をつくりあげてしまい、それにもとづいて「解釈」をすることである。そのような意味で、「××の夢をみれば××である」式の「夢判断」の書はナンセンスで取り上げるまでもない。夢はきわめて個別的であり、それゆえにこそ、ユングのいう「個性化(individuation)」に深くかかわるものなのである。

夢分析という語は誤解をまねく言葉で、この言葉から「分析家」という技術者が夢という素材を上手に「分析」してみせてくれる、とのイメージをもつ人が多い。ところが、実際に行うことは、被分析者に途方もない努力を強いることなのである。夢の個々の部分について連想をしなくてはならない。このときに、被分析者がこころを閉ざしているとなかなか夢の意味がわからないのも当然である。連想によって夢の意味がだんだんわかってくるが、その多くは自分の弱点と深くかかわるものだから、それに耐える力がないといけない。そして、何よりも夢の示すところを自分が「生きる」ことをしなくてはならない。さもなければ、分析の過程は進展しないのである。夢分析を受けることによって、その人は全人的な努力を必要とされてくる。

被分析者に全人的な努力を求めるためには、もちろん、分析者がそれを行なっていなければならない。このようなことのためにも、夢分析を行う者は自分がまず夢分析を受けるべきであろう。体験を通じて学ぶことが必要なのである。

このようなことであれば、「夢分析」などと言わないほうがいいといわれそうであるが、そこにはジレンマがあって、全人的とか実存などという「殺し文句」にとびつく人は、夢の個々の詳細について考え、生きることにともなう細部にわたっての配慮とわずらわしさの克服などを忘れ去って、ただただ高尚な知恵についてのみ語ったり、知的遊戯に陥ってしまったりすることも多いのである。ユングが言ったように「下水道の工事」にみずからの手を汚し、一つひとつの細部のことに気を配ってゆくという意味では、やはり「夢分析」という言葉を残しておくほうが、はるかにいいと思われるのである。

このようなわけで、心理療法の実際に関係の深い書物をと思って、次の二冊を選んだのである。すでに述べたように夢分析といっても、すぐに実際にとびつくのではなく、夢について深く知ることが大切で、その点では、マイヤーの書物は簡潔ではあるが、歴史的背景についても述べられており、夢分析のことを全体的に知るうえでは適切な本であると思った。鑪幹八郎の書物は、夢分析を実際に行うための知識を与えてくれるものとして、最も穏当でよくまとまったものとして選んだ。たとい、夢を心理療法に用いない人でも、この程度の知識は臨床心理士としては、もっておくべきと思われる。

なお、以上述べてきたような意味で、夢を「生きる」ことがいかに個性化の過程に深くかかわるかを示すものとして、拙著『明恵　夢を生きる』(京都松柏社、発売＝法蔵館、一九八七年〔第Ⅰ期著作集第九巻所収〕)はひとつの事例を提供するものとも言うことができるであろう。

『夢の意味』

マイヤーはユングの高弟の一人で、長年にわたって夢分析に取り組んできたユング派の分析家である。彼はまた読書家で古今の文献によく通じており、それらの経験と知識をふまえて本書を著した。私事になって恐縮であるが、筆者は彼に長年にわたって分析を受け、その分析家として能力の高さ、その知識の豊富さについては非常によく知っているつもりである。

本書の特徴は前述のような著者の体験から生み出されたものであるが、彼の性格を反映して、きわめて慎重にかつ的確に、必要なことを必要なだけ語る態度によって書かれている。したがって、なにげない表現や、短い文章のなかに、実に多くのことがこめられていることをこころえて読んでいただきたいものである。

著者は序のなかで、「人間の心から生み出されるものでまさに夢ほど複雑なものはない」と述べ、「私が有しているような(約五万の夢の記録)かなり大きい資料に含まれていることを述べるためには、今日もなおいかなる見通しもないのである」と言っている。たしかに、夢に対しては「確実な」ことなどなかなか言えないのである。相当な謙虚な態度をもっていないと、夢分析は危険に陥ってしまう。また、著者が方法論の問題に相当な紙数を使っているのも当然のことであり、夢分析を行う者は、このような点について深く考える必要がある。その意味で第一章の方法論の原則や、第二章の夢研究の方法についての論議は、注意深く読むべきである。

マイヤーは理科的な考え方も好む人なので、そのような姿勢は、方法論についての論議のなかで随所に認められる。方法論の原則において、物理学を対照させながら語るところ、夢内容の統計的研究に期待するところ、最近のデメントたちによるレム期の研究にかんする記述などに、彼の理科好みの姿勢が反映されているようである。レム期の研究にかんしては、後述の鑪の本にも「補遺」として取り上げられているが、マイヤーも相当な関心を示している。レム期の夢が一晩の最初のうちは短く断片的で後になるほど「ドラマというのにふさわしい」ものになることに言及して、マイヤーが「我々は夜がふけるうちにますます自分自身へ、即ち自分本来の心的問題と欲求へと心を向け、そして神話化を始める」と述べているのは、卓見であると思われる。

夢研究の方法のひとつとしての「拡充法」は、ユング派の得意とするところなので、マイヤーのあげている夢の例も印象的で、その記述も生き生きとしている。ところで、ここでマイヤーがそのうつ病の患者が劇的に治癒した際にみた夢を取り上げながら、そのような夢をみたから、よくなった、という表現をしていないことに注目すべきである。「うつの相の一時的自然鎮静と夢の内容との間の偶然の符合か、あるいは共時的現象かが生じたと言えよう」と彼は述べている。彼は慎重に言葉を選びながら、この現象を記述し、そのような自然治癒と夢の一致がどれくらい生じるのか、「綿密に観察する」ことを提案している。このようなことは、われわれが今後大いに積み上げてゆかねばならぬことである。

第三章においては、「昔の夢理論」が紹介される。これは単に「懐古的」な意味以上のものをもっている。このことについて、著者はこの本の冒頭に「心は人間の性質のなかで真に不変なもので、必要な変更を加えつつも、いつにおいてもどこにおいてさえも、何も新しいことは見つけられない」と述べているが、それゆえにこそ、昔の理論が現代においても意味をもつことになってくるのである。もちろん、「昔に述べられたこれらのことは、我々の言葉に翻訳されねばならない」のだが、その点は著者がうまくやってくれているので、これら「昔の夢理論」から、現代においても多くを学ぶことができる。これを読むことによって、ヨーロッパの長い歴史に根づいて現代の「夢分析」が存在していることが感じられるが、われわれ日本人としては、同様に日本における夢分析の系譜をたどることの必要性を感じさせられるのである。

第四章、第五章には、ユングによる夢分析の理論と方法が手際よく語られている。後にあげる鑪の本と重なっている部分もあるが、両者を比較するとユング派の特徴が認められる。もっとも、鑪はユングからも引用を行い、学派にとらわれずに一般的に妥当と考えられているところを述べており、そういう意味で、これらの本は対立的関係にあるわけではない。しかし、そこに存在する微妙なニュアンスの差が大切ともいえるのである。

本書に論じられていることで鑪が述べていないことに、夢の劇的構造ということがある。ショーペンハウアーが夢を見る人はその夢の「劇場支配人」とみなしていたとのことであるが、夢は次のような構造をもつと考えられる。

(1) 場所、時代、登場人物の表示。
(2) 提示部(desis)、すなわち出発状況、紛糾、「筋のもつれ」。
(3) 急転(crisis=決定)、あるいは最高頂、劇的頂点、決定的事件、変転の描写(場合によっては破局)。
(4) 大詰め(lysis=解決)、意味ある結末、結果。

確かに夢はこのようなかたちをとることが多く、これはなんらかの意味で、「問題解決」の様相をもっていることを示すものであろう。

夢分析で気をつけるべきこととして、マイヤーは次の五点をあげている。

(1) 夢を見た人の現在の状況。
(2) 夢を見た人の、夢に先立つ体験。

(3) 夢の要素についての主観的コンテクスト。
(4) 太古的なモチーフが登場する時には、神話的パラレルの考慮。
(5) 分析中に生じた夢の場合には、事情によっては分析家の側の内容で作用を及ぼしているもの。

これらのことが明らかにされてこそ、夢の意味がわかってくるのであり、その作業を被分析者とともに行うのが夢分析である。(5)に述べられているように、時にそれは分析家と被分析者との間の無意識の相互作用をともなうものともなるのである。

それにしても、夢分析を実際に行なっていると、「どうもわからない」と思わされることがあるものだが、それほど簡単に「わかる」ようなものでないところに、夢の特徴があり、それだからこそ、「わかった」と思ったときの得るところも大きいのであろう。もちろんその「わかり方」にもいろいろと次元があって、「わかってしまった」と安易に思い込むのもどうかと思われる。夢は無限の面白さをもつものというべきである。

『夢分析の実際』

この本は同じ著者による『夢分析入門』(創元社、一九七六年)の続編として書かれたものである。マイヤーの本には入門的なところも多く書かれていたので、夢分析の実際的なことを詳細に知る、という点で、この本を取り上げることにした。著者は自分の豊富な夢分析の体験と、文献的研究をふまえて、夢分析を行うために必要なことを慎重にきわめて平易に書いてくれているので、これから夢分析を行おうとする者、あるいは、夢分析がどのように行われるかを知りたい者にとって、大変有用な書物である。わが国においては、夢分析の専門家が少ない実状をふまえて、この書物は夢の自己分析を行うためにも役立つように書かれているが、夢の自己分析はほとんど不可能といってもいいほどむずかしいことも、読者はよく知っておいてほしい。フロイトやユングなどの天才も、夢の「自己分析」をしたといっても、それを語る重要な相手をもっていたという事実を、われわれは忘れてはなるまい。

さて、本書の紹介になるが、まず夢分析の実際にはいる前に、第一章に、いろいろな印象的な夢を示し、読者を「夢の世界」に招き入れようとしているのはよい思いつきである。これによって、読者は夢や夢分析についての関心をそそられることだろう。夢というものは不思議なもので、だれもが夢を見ているのだが、それを記憶するのがむずかしく、やはり、ある程度の関心をもたないと覚えられないものである。

第二章からは、夢の記録や分析の方法が実際的に語られる。夢の記録には時間がかかるけれど、あまり忙しい生活をしている人には夢のほうが「あなたは現実の生活が忙しすぎて、私達がゆっくり訪れて、ゆっくりと話し合う時間がありませんね」と言うだろう、と述べられている。ユーモラスな表現だが、まさにこのとおりである。しかし、夢にかかわりすぎる危険性についても、ちゃんと述べられている。健康のためのランニングでも、一度にあまりたくさん走りすぎると逆効果になる、という適切なたとえによって警告している。

夢分析には夢をみた本人の連想が不可欠である。したがって本書にも連想法による分析が例をあげてくわしく述べられている。そのひとつとして、フロイト自身の「イルマの夢」が取り上げられている。この夢はフロイトを理解するうえにおいて非常に大切な夢と筆者も思っていたので、例として取り上げるのは適切であると思う。著者の解釈もなかなか興味深いものである。後のほうで「夢に生きる」例として、著者がイルマとなってフロイトと対話をするところがある。読者も一度イルマになってみてフロイトと対話を試みられてはいかがであろうか。

次に夢の構造として、①状況・事物、②人物、③行為、④情動・感情、⑤象徴という点からの分析法が示される。マイヤーのあげている夢の劇的構成という観点と合わせて考えてゆくと有用であろう。

著者には「象徴解釈がステレオタイプの紋切り型とならない」ように忠告し、それを避けるために、むずかしい夢については「そっとそのままにして」待つこと、および、夢の内容を「生きてみる」ことを助言しているが、これももっともなことである。

著者は夢の分析と解釈を分けて考え、分析は夢の要素や構造を明らかにする作業であるのに対して、解釈は夢の「意味を理解する」作業である、と言っている。両方を総称して夢分析といったり夢解釈といったりもするが、ともかく、このような細部にわたる分析を通じてこそ、夢の意味が把握されるわけである。

続いて「夢解釈の基本原則」が例をあげながら示されるが、これも妥当なものである。そのなかで「夢の中のいくつかの要素、「もの」に生きてみる」というのは、すでに述べたように、有効な方法と思う。たとえば、イルマの夢であれば、「イルマになったつもり」ではなく「イルマになって」フロイトと会話してみるのである。これは自分自身のみた夢について行なってみると、思っているよりは、やりやすいと感じることであろう。

夢分析の禁忌として、夢に関心をもちすぎたり、一つの夢にこだわりすぎたりしない、日常生活に生きていないときや、夢が現実の中にまぎれ込むようなときは、夢分析を中止すべきことなどが述べられている。これも、重要なことである。とくに日本人で自我の弱い人の場合、夢内容は「すばらしい」が、それが実際に生きることとつながらないことがあるので、注意を要する。

典型夢に対しても相当に語られている。裸で困惑する夢や飛ぶ夢、追われる夢などの、いわゆる典型夢があることは周知のとおりである。これに対しても、たとえば飛ぶ夢は性欲に関係するというような、一対一関係の解釈などではなく、著者は「解釈する道筋、意味を明らかにする道筋を示そうと」している。これにもまったく同感である。

著者は「予見的」な夢があることを指摘し、自分の体験も語っている。死の予告の夢に言及し、「それが一体何なのか、何によるものか私にはよくわからないが、そのような現象、つまり「夢枕」がよくあるものであることは否定できないようである」と述べている。確かに、このような現象が存在することは、筆者も体験している。これをどう説明するかは今後の大きな課題であるが、人間の意識というものが、思いのほかに興味ある研究対象として浮かび上がってくると思われる。そのためにも、夢の研究はますます大事なものとなるであろう。

死んだ人が生きていたり、結婚してもまだ恋人のままでいる夢をみることに対して、著者は「非日常的な、異質なものを私達が受け入れるという体験の難しさ」を指摘し、「これらの体験がこころのなかにしっかりと自分の日常的なものとして定着するには、実に時間のかかることである」と述べているのも、そのとおりだと思われる。外国に行っても夢は日本のことばかりで、なかなかその国のことを夢にみないものである。

この本は夢分析にかんする基本的知識を与えてくれるものとして、まことに適切なものである。これより進んで考えてゆく際に、自我が夢内容を統合してゆくという、自我のほうからの観点だけではなく、もっと視点を深めて、夢のほうから夢をみるような見方もしていきたいと筆者は考えている。この点については、この著者とは意見を異にするかもしれない。いずれにしろ、夢を記録して考えてみることは相当なエネルギーのいることながら、それによって、人生が二倍に面白くなるようなところもあるので、やりがいのあることと思っている。これらを入門として読者も夢の世界に入っていかれてはどうであろう。

7　療法を裏打ちする厳しい治療観
神田橋條治『精神療法面接のコツ』、中井久夫『精神科治療の覚書』を読む

サイコロジストは「心理療法」、精神科医は「精神療法」というが、別に差異はなく、癖のようなものと思っている。

心理療法を実際に行ううえで、非常に有効な助言や示唆を与えてくれるものとして、頭書の二冊を選んだ。心理療法は実際に行なってみると、実にむずかしいことが多いもので、なかなか理論どおり、教科書どおりにはことが運ばないものである。そして、ほんの少しの工夫や視点の変更によって、大きな結果を得ることもある。そのような点について、実に周到に、しかも理解しやすい言葉で述べたものとして、この二冊は心理療法家にとっての必読の書といっていいであろう。中井の本は、精神科医を読者と想定して書かれているが、医者でない心理療法家にとっても必読の書である。自分は「病院勤務でない」とか「分裂病の人には会わない」とかの理由で、本書を読む必要がないと思うのは馬鹿げている。自分の仕事と直接には関係ないことの記述から、心理療法の本質について学ぶことは多いであろう。

この二冊の書物に共通のところは、「コツ」とか「覚書」などという題名によって、実際的なことが強調され

ているが、読みすすんでゆくうちに、著者たちの「治療観」あるいは治療哲学というべきものが背後に厳然と存在していることを感じさせられることである。神田橋はその点について、「対話精神療法の治療者は、自分の内側に、自己の支えとなり熟成し続ける価値観・理念をもつ必要があると思う。自分自身の価値観・理念の自分にとっての意義を味わい確かめている治療者は、他者のそれについても、味覚を育てている。……一時期流行した、「治療者の中立性」という概念への浅薄な理解が、多くの弊害を生んだ。静かで粘りある価値観・理念をもつ人だけが、「中立性」という言葉の真の意味を、現実行動としておこなえるのだという例証は、歴史上に溢れている」と述べている。実に味わい深い言葉である。

両書に共通に認められることとして、あくまで自分の体験に根ざしながら、できる限りふつうにわかりやすい言葉で述べようとする努力が感じられることである。いわゆる「専門用語」はほとんど使われていない。それと小さいことのようで見逃すことのできない特徴は、両著者ともに比喩が実に巧みであることである。あまりピッタリで読んでいても微笑を誘われるようなところもある。これらの特徴は、著者たちが心理療法家として、いかに相手に対してわかりやすい言葉で、うまく自分の意を伝えようとしているか、そして、ユーモアを生み出してくる余裕をもっているかを示しているものといえる。

両書ともに、なにげなく書かれている文に深い意味を見出したり、共感を感じさせられたりするところが多い。ゆっくりと味わって読んでほしい本である。それでは、個々の本について述べることにしよう。

『精神療法面接のコツ』

この書物は、心理療法にかんする体系的な考えをみごとに述べているものであり、その背後に、著者の治療哲学を感じさせるものであることはすでに述べた。それではどうして著者は「コツ」という言葉を使用したのだろうか。コツとは一種の「呼吸」である。中井の書物には「治療者と患者と家族とが呼吸を合わせる」ことが重要であることが、繰り返し語られる。このような「呼吸」を体得することなく、心理療法の「理論」や「体系」が先行するとき、それがどれほど患者を悩ませるものになるかを、著者はよく知っているので、「コツ」ということをあえて強調したのである。だからといって、これは著者が思いつくままに、ちょっとしたコツを書きならべている本と思うと大違いである。この本を読んで、著者の心理療法に対する考えの体系を感じとらなかったら、ほんとうに読んだことにならない、と言っていいだろう。

「精神療法とは、自然治癒力と自助の活動とを活性化し活用することである」。その方針を具体化するために、「妨げない」「引き出す」「障害を取り除く」という治療者の作業があるという。そして、精神療法の核心・キーコンセプトとして「雰囲気」を考える。このような神田橋の基本姿勢に、筆者もまったく賛成である。神田橋が「雰囲気」と呼んでいることを、筆者は治療者の「開かれた態度」などと呼んだりしている。夢とか自由連想とか箱庭とかいっても、それ以前に神田橋のいう「雰囲気」、つまり、治療者と患者との間の関係性の成立が大切であることを、われわれはよく知っておかねばならない。

神田橋のくだけた表現のなかに、「いのちのわがまま性」というのがある。いのちあるものは、すべて「いのちのわがまま性」によって精一杯に生きようとする。しかし、その反面、みずからを変革して外界に合わせようとする。これも結局は、外界を操作し改変する能力を増大させるという最終目的の達成のためなのであるが、このように一見矛盾する方向性が生命体には共存しているのである。

ところで、ここでいう「いのちのわがまま性」は、一般的な用語の自己実現などに近似するのかもしれぬが、「わがまま性」という表現が、自己実現という言葉に潜在していて一般に見落とされている側面をよく表わしているので感心させられる。自己実現というのは危険で、まったく「わがまま」なものなのである。

精神療法の定型的な流れとして、①難儀している人が助けを求める、②他者のなかに助力の意図が誘発される、③親子関係類似の抱え環境の出現、④自然治癒の進展、⑤関係の終幕、の五段階が考えられる。この「抱え環境」というのもいい表現である。「抱え環境なしに治療操作をおこなうと、外傷体験を生む」というのもこころして聴くべき言葉である。神田橋も中井もともに、心理療法が患者を傷つけることのないように細心の注意を払っているのがよくわかる。

ところで、このあたりで「体系的」な紹介を終わりにして、神田橋名言集とでもいうべきものを少し紹介しよう。

「病とは、「いのち」が馴染めないものや状況を排除し本来の己のありようを復活しようと奮闘している姿である。」

「まず、主訴を重視することが、大切である。」「重い病態の患者との精神療法では、治療関係の現実部分は、僅かに、来院時の主訴と、この主訴変更という治療再契約の部分にしかない。」

「治療場面で常に起こるアクティング・アウトに対しては、非現実世界での思考実験だけでは「からだ」にとっての実体感が得られないので、実世界で「実験」をしてみたのだろう、と評価する。」

このあたりでちょっと解説めいたことをいれると、「主訴」ということは、心理療法にのめりこみ、それに「自己実現」とやらにこころを奪われたりしていると、ついつい忘れてしまうのである。神田橋はそれに対して、「まず、」大切だと言っているのであって、一番大切と言っていないことに気づかなければならない。次の「重い病態……」のところは、ともすると「現実」から遊離しそうになる心理療法というものの大切な「重し」として主訴があることを指摘している、と言っていいだろう。アクティング・アウトに対するこのような見方は、治療者に必要な余裕を与えるものである。アクティング・アウトを行動による治療者へのコミュニケーションという見方も、著者はしている。こちらの受信感度が悪いと、アクティング・アウトは必然的に増幅されるというわけである。引用を続ける。

「わたくしは、精神療法を力仕事と見なさなくなった。体力が落ちても、いや落ちてからの方がかえって上手にやれる。柔らかな芸術であると思うようになった。精神療法を推し進める力の大部分は、精神療法家の力ではない。患者自身や患者を取り巻く環境の力であると分かってきた。」

これは筆者もまったく同様の心境にある。患者や患者を取り巻く環境の力をひたすら利用しているのである。「もっと悲惨なのは、苦痛が酷く緊急度が高いために、その苦痛の犯人である目前の人物に、すがりついてしまう場合である。」

これには教えられたと思った。典型として被虐待児があげられているが、たしかになぜ逃げ出してこないのだろうなどと疑問に思っていたことが氷解した感じがした。

共感することは大切だが、その技術のひとつとして、「いわば一過性の folie á deux(二人精神病)を作る作業であり」というのがあって、これはすごいなと感激してしまった。名言集を続けよう。

「生体とコトバ文化との併存という人のありようは、なによりも、精神療法の治療方針をたてる作業を難しくする。生体の機能にとって好ましい治療方針と、コトバ文化の価値観・理念上好ましい治療方針とが、しばしば相容れないからである。」

「治療的転回がおこったのち、その転回をコトバを用いて互いに確認しておくと、逆戻りが妨げる。」

「体制への迎合の志向と反発の志向とが充分にのびのびと葛藤できるように配慮することが望ましい。」

「治療者は、知識の専有による優位に支えられているところがある。」

「精神療法は抱えの作業として誕生したのだという原点を表すために、「出会いにフェイントなし」を格言としたい。これは倫理的要請というよりむしろ、コツの助言である。」

「精神療法における大局の視点からは、治療操作の価値は従来よりも低く見積られるべきだ。」

「親子関係で「自立」するための最も有効な方法は親孝行であり、最も効果の薄い方法は家出である。」

「「自立」という言葉の有害性を被治療者に強調しておくことが必要な場合がしばしばある。」

「同一症例を骨までしゃぶることを続ける人は、論理的な人になり、精神療法をする人ではなく、精神療法を語る人になる。そのようになってしまった人が日々おこなっている精神療法風の行為の内容は、語るための材料収集になっている。以上の助言を一言でいうと、「禁欲の報酬として感性の覚醒が得られる」である。」

きりがないのでこのあたりで止めておくが、紹介したい名言はまだまだある。やはり、みなさんも端から端まで本書を読んで、自分で「名言集」をおつくりになるといいだろう。

『精神科治療の覚書』

本書も「名言集」をつくるとなると、すぐにでもできるが、同じことをするのも芸がないので、それはやめておこう。

これは主として精神分裂病の患者に対する精神科医の治療にかんして書かれているが、心理療法の本質にかかわる論述がなされているものとして、精神病や病院に無関係でも、心理療法家は本書から実に多くのことを学ぶであろう。

精神分裂病は本当のところはまだまだわからない病気であろうが、それに対して「治療」という観点に立って、これだけの理解を示した書物はかつてないことと思われる。本書を読んでいると「急性精神病状態の人が、まず、未曾有の事態に直面しているのだ」という事実がよくわかり、「精神科の病気は、それを表現する適当なことばがないことによって、その未曾有性はいっそう脅威的なものとなる」ことがよく伝わってくる。そして、そのような「未曾有な状態」を理解した人として、中井がいかに繊細で慎重な態度をもって、それに接しているかが伝わってきて、感動さえ覚える。

本書の全体を通じて、中井が急性精神病状態の発病から寛解にいたる過程を、全体としてとらえ、そこに存在するリズムと流れを読みとり、治療者がいかにそれにうまく沿ってゆけるかについて、実にきめ細かく述べていることがわかる。本書の最後のところに、「医者の側にも自己賦活が必要である。それはどこからくるのだろうか。一つは、病気の起承転結がみえていることである。まったくの目鼻のない病気に対していると医者は参ってくる」と書かれている。まったくそのとおりで、このような書物によって、急性精神病状態の「起承転結」がみえてくることは、非常にありがたいことである。

ここで、注意すべきことは「起承転結」がみえるといっても、それほど簡単なことではない。それは、中井がここに詳細に述べているような治療者の態度をもって、はじめてみえてくるものなのである。どこかでミスをすると、それは慢性のほうに移行してしまうことは、中井が何度も警告を与えているとおりである。

治療の過程を考えるうえで、中井は登山のことを例として語っている。筆者もいつかこのようなことを語ったことがあるが、中井の場合はもっと洗練された内容である。登るときより「下山」のほうが危険が多いという忠告も当を得ている。

「発病病理の論理と回復(寛解)病理の論理とは違う」という指摘に続いて、「回復過程を考えてゆく上で、因果論はしばしば妨げになる」と明言しているのは、実に大事なことである。神田橋も「因果律による汚染」というような指摘をしていたと思う。回復の際は、目的論的な考え方がはるかに有効なのである。

中井の言葉に「家族研究とは「犯人さがし」ではない」というのがあったが、単純な因果律的発想はどこかに犯人をみつけてしまうことになる。治療者、宗教家、教育者などはこのような考えが好きになりがちである。そのとき、自分はいつも安全地帯に立っていられるからである。

「急性精神病状態にある人の治療にとって、まず重要なものは看護である」と中井はいう。そして、患者から「病的な体験を聞き出す」ことや、安易に「分かる、分かる」という態度で接することが、どれほど危険であるかを的確に示している。

「沈黙患者のそばで治療者は、一方では患者に目に見えないリズムの波長を合わせつつ、他方では自分の持っている（そう豊かでもない）余裕感が患者に伝わるのをかすかに期待しようとする。そのほかに方法はなく、しかも、この時点で、治療者は——とにもかくにも——患者と社会のほとんど唯一の接点であろうからである。」

これは治療者としての著者の体験の深さを感じさせる文である。ユング派の分析家で分裂病の治療に力を尽しているジョン・ペリーは、かつて筆者に、患者が入院してきたとき、「こちらが中心をはずすことなく、ずっとそばにいる」と、どんな患者もだんだん収まってくると言ったことがある。ここで「こちらが中心をはずすことなく」というのが、どれほど困難なことかを知っていただかなくてはならないが、このようなことと、中井の発言は大いに似かよっていると思う。中井も分裂病の患者のそばに黙って座っていることのむずかしさを指摘している。「このいたたまれなさを体験することは、精神科医となってゆくうえで欠かせない体験として人にすすめている」とさえ言っている。

初診時の病状を聞き出すことの危険について論じ、「初診で、ある程度以上診断率を上げようとすれば、対象に過度の負荷を強いることになると考える。緊急度を測りつつ、患者の負荷を秤量しつつ、とりかえしのつかない行動をさけつつ、誤診をゆるさない疾患（たとえば脳腫瘍はあらゆる精神科症状を示しうる）から可能性をみてゆく」と述べ、これをロケットの打ち上げ方式と比較しつつ、「「はじめが肝腎」とは導入部の重要性を総合的にいうので、決して、初期条件の厳密さを追求することではない」と明確にしている。

「気働き文化の力」という章も、日本という特別な文化のなかに生きてゆく人たちの心理療法を行なっているうえで、大いに考えさせられる。日本人の「気ばたらき」は一種の「軽業」で、このことが「多くの患者にとって、職を持ち収入を得る上で大きなハードルになっていることを、われわれは意識する必要がある」。これは重要な指摘である。このことを忘れて、治療者も、働けないでいる患者を怠け者のように思ったりしていないだろうか。患者は怠けてなどいない。

「実際、患者は、働くのが下手なのでなく、休むのが下手(あるいは休むとあまりに対人的安全保障感が低下するので休めない)というほうが実状であろう」。筆者もどうしても休息を必要としている人に、働くことをすすめてしまって失敗したことを思い出すのである。

心理療法家のなかで、中井ほど該博な知識をもった人はいないと思うが、それが随所に出てきて、心理療法の過程を生き生きと把握することに役立っていて、さすがと思わされる。結核との比較など実に興味深かった。身体病も含めて、人間にとっての「病」ということについて、中井久夫が論を展開するといいが、などと望んでいる。

「名言集」はやめたが、最後にひとつだけ引用して終わりにしたい。

「医者ができる最大の処方は(願くは空疎でない)〝希望〟である。」

8 「子どもの目」で現実を見透す
J・ロビンソン『思い出のマーニー』、P・ヘルトリング『ヒルベルという子がいた』を読む

心理療法家にぜひ読んでほしい本として、児童文学がある。読んでほしい本があまりにたくさんあって選択に困るのだが、いろいろ迷ったすえ、この二冊にした。それに対する説明を読んでいただくとわかることであるが、まず最初にどうして心理療法家に対して児童文学をすすめるのかについて少し述べておきたい。

児童文学を私は子どものための文学とは思っていない。端的にいえば、透徹した「子どもの目」で見た現実が大人の表現力を通して描かれたものであると思っている。したがって、それは子どもも大人も共に読むことができるものとなっている。現実というものは思いのほか重層性をもっているが、大人になると、いわゆる常識に縛られたり、功利的な面に気をとられすぎたりして、単層的な世界だけしか見えないのみならず、それを唯一の正しいものだとさえ思うようになる。そんなときに、子どもの目は大人の見ていない「現実」をしっかりと見ているのである。

子どもの目でみた「現実」を言語化するのは、なかなかむずかしい。したがって、多くの子どもたちは大人の前に沈黙するか、それを伝えるためには、症状とか大人のいう「問題」を通じてしか表現できない。そのような

「問題児」と会う心理療法家としては、そのような問題の背後にいかなる「現実」が存在しているかを見透すことが重要な責務となってくる。そのためには、心理療法家は己のもつ「子どもの目」をよくよく訓練しておく必要がある。

このことはなにも子どものみが対象とは限らず、成人の場合も同様である。成人にしても、その単層の世界に閉じこめられて悩んでいるのに対して、心理療法家はそれとは次元の異なる世界に目をすえることによって、思いがけない解決が開けてくるのを助けるのである。このようなことを行う際に、心理療法家自身が、そのような深層の現実についてよく知っていることが必要であるし、クライアントがそのような世界の探索を行うときに、いかにして援助できるかを知っておくことが必要である。そのようなことを学ぶうえにおいて、児童文学は適していると考えるのである。

以上のような考え方によって、児童文学にかんする発言を続けてきたが、『子どもの本を読む（新装版）』、『ファンタジーを読む』（いずれも楡出版、一九九〇年、一九九一年〔第Ⅰ期著作集第四巻所収〕）に多くの児童文学の名作を取り上げて論じた。読者はそれぞれそれらの本に取り上げたような児童文学に直接ふれることによって、みずからの考えを深めていっていただきたい。すでに『子どもの本を読む』に取り上げたものであるが、今回は心理療法家という点をとくに考慮しつつ、次の二作について論じてみたい。

『思い出のマーニー』

この本の主人公の少女アンナは、別にこれといって問題があるわけではなかったが、どんなことでも「やってみようともしない」ことが問題であり、喘息の発作があった。「診断」をつけるとすると「心身症」、それに「無気力」、「失感情」などの症状がともなっているということにもなろうか。そして、彼女の生育歴は不幸に満ちている。彼女が生まれてすぐに両親は離婚。間もなく再婚した母親は交通事故で死亡し、彼女を引きとってくれた祖母も相次いで世を去ってしまう。施設に収容されることになるが、しばらくしてプレストン夫人が里親となって彼女を引きとって育ててくれる。アンナはプレストン夫人に感謝していたが、夫人がそのために国から金をもらっていることを知る。アンナはそのことについて話が向くように水を向けてみるのだが、夫人は隠して話さない。それ以後、アンナの失感情症はますますひどくなるのである。

このような少女がわれわれ心理療法家の前に現われたとき、われわれは何をするべきであろうか。この本にはアンナが癒されてゆく過程がみごとに描かれているので、読者はぜひそれを読んで、自分がアンナに「心理療法家」として会うとしたら、どのようにしていたかをよく考えていただきたい。

アンナが治癒される過程で決定的な要因となったのは、マーニーという少女がアンナのファンタジーの世界に出現したことである。マーニーとの交友、対話を経て、アンナは癒されてゆくのだが、これは明らかに妄想・幻覚の世界であり、アンナはそのために命を失いかねないほどの危険にも出会うのである。このことは、アンナほどのレベルの心身症の人が、それが癒されるための心理的体験をするとすれば、それは精神病レベルの体験をしなくてはならないことを示している。

ここでわざわざ心理的と傍点を付したのは、心身症の人は必ずしもこのような心理的体験をしなくとも癒されることがある、と考えるからである。アンナという存在の奥深くに生じているプロセスXは、身体的な表現をとり、それは身体的に癒されることによって終息することもあると思うからである。ここにプロセスXと表現したことを、あるいは、たましいの次元において生じている、と言うこともできるであろう。それはいろいろな形をとって顕現する。時には本人にとって了解できないような「行動」として現われてくることもあろう。あるいは、それを癒すために儀式や「修業」などが効果をもつかもしれない。

「お金」をもらっていることには触れようとせず、アンナに対して、「いい子で、ゆかいで、日にやけて、元気で」いることを期待するプレストン夫人のような心理療法家はまずいないことと思うが、「大人の常識的態度」を示しているものとして、われわれも注意しなくてはならない。アンナをあずかったペグ夫妻の態度は、理想的な治療者と言っていいのではなかろうか。ペグ夫妻はアンナをまるごと好きになり、できる限りの自由を許し、アンナのこころのなかのことを詮索しようとはしなかったのである。

アンナの「こころ」に触れようとする人に対しては、彼女は「普通の顔」をして必死に防衛しようとするだろう。ペグ夫妻のように接するとき、アンナのたましいのほうが自然に開かれて治療の過程が生じてくるのだ。その過程のはじまりとして、アンナが強い怒りの感情に襲われるところも、まったくそのとおりと思わされる。今まで抑えこまれていた感情が出現してくるとき、まず怒りの感情として体験されるのが一般的なようだ。このとき、アンナの怒りは八つ当たり的にペグ夫人にも向けられるが(それは夫人に対して表出されることはなかったけれども)、これもよくあることだ。心理療法家は時にクライアントの理不尽とも思われる怒りを引き受けねばならぬときがある。

怒りの感情の爆発の後で、「マーニー」が登場する。マーニーこそアンナのたましいがファンタジーの世界に送りこんできた人物であった。このようなことは実際の治療において、夢のなかに生じることがある。そのときは、治療者もクライアントも比較的に安全である。しかし、アンナほどに傷が深いときは、夢体験のみで癒されることはむずかしいであろう。アンナはマーニーと「行動をともにする」必要があるのだ。
治療の展開によっては、治療者がマーニーの役割をしなくてはならぬことも知っておかねばならない。そのときは、転移‐逆転移の状況がある種の「強さ」をもち危険性も高まってくる。ペグ夫妻のような役割を治療者が果たして、すべてのプロセスの生じる「容器」として存在しつづけるとき、その転移関係は非常に「深い」ものであるが必ずしも強いとは言えない。

ところで、この作品のなかのアンナとマーニーの交流は意味深く、そして現実感をもって記されている。内的現実というものがどれほど生き生きとしたものであるかがよくわかるのである。アンナははじめマーニーを羨ましがるが、マーニーのことをよく知ると、マーニーこそ気の毒な境遇にあると思えてくる。そして、今まで誰にも言わなかった、プレストン夫人が「お金をもらっている」ことを打ち明ける。その話を聞いたマーニーはアンナに「今までに会ったどの女の子よりも、あなたがすき」と言い、涙をふいてくれた。このようにして、徐々にアンナは癒されてゆくのである。

治療者は時に「マーニー」の役をしなければならないけれど、治療者がペグ夫妻の役割をしているだけで、アンナのこころの中にアンナを癒すマーニーが顕われることもあることを、よく知っておくべきである。

これほど大切なマーニーとも別れねばならないときがやってくる。風車小屋のなかにアンナとマーニーがいて、アンナが眠っている間にマーニーは従兄に連れられて去る。後で目が覚めたアンナは、置いてけぼりにされたと思い、限りない怒りを感じる。アンナはマーニーとはもう一言も口をきかないと決心するのだが、ある夜、そっと家を抜け出してマーニーの住んでいる屋敷に行くと、マーニーは部屋に閉じこめられていて、窓をたたきながら「大好きなアンナ……」と呼びかけて、自分はアンナをほっておく気などなかったのだと許しを乞う。それを聞くとアンナの怒りは氷解し「許してあげる！　あなたが好きよ」と叫ぶ。アンナがマーニーに対して一度は限りない怒りを感じ、続いてそれがとけてゆくのを体験し、「許してあげる」と言ったことは、彼女が自分を不幸に陥れた「世界」に対して、「運命」に対して許しを与えたことになるだろう。

しかし、このときは彼女にとって生命の危険の迫っているときでもあった。彼女は疲労と大雨のために溺死しそうになるが、運よく助けられる。マーニーとの別れのところは、クライアントが治療者に対する転移を解消するときの体験として読むこともできるであろう。このようなとき、命を失いかけるような体験をする人もあるだろう。

アンナの命を救った人、ワンタメニーについてもぜひ一言しておかねばならない。彼は渡し舟を漕いでいる男であるが、十一番目に生まれた子として、「あまりっこ(one too many)」扱いされている。誰からも「あまりっこ」と思われ、黙って渡し舟を漕いでいる。そして、アンナの命が危いときにひょっこり現われて命を救う。これも「救済者」のひとつのイメージを提供するものである。いろいろな事件が起こる背景にあって、黙々とはたらいており、肝心のときに前面に現われてくるワンタメニーの存在が、この話全体を引きしめているような気さえするのである。

いろいろな登場人物、それと言及することができなかったがアンナを取り巻く美しい自然、これらの力がうまく取り合わされて、アンナは癒されていった。心理療法家としては、この話から学ぶところが実に大きいのではなかろうか。心身症の人が癒されてゆくのは並大抵のことではないのである。

『ヒルベルという子がいた』

アンナは実に大変とはいえ「治る」ことができた。しかし、「治る」可能性のない子に対してわれわれはどうすればいいのか。本書の主人公ヒルベルは医者によって「処置なし」と言われた子である。ヒルベルというのは渾名《あだな》で、ドイツ語のヒルン(脳)とヴィルベル(渦、混乱)という語を組み合せたものである。この渾名からも彼の状態が推察されるだろう。

ヒルベルの父親は不明。母親にも見棄てられ、町はずれの施設に収容されている。原因不明の頭痛におそわれ、そのときは何が何だかわからなくなってしまう。医者はヒルベルの病気は治らず、そのうち病院で暮らすより仕方なくなるだろうと言う。そして「処置なし」と言うのである。

このような少年にどのように接すればよいのだろう。ヒルベルに対してなんとか役に立ちたいと思う人がでてくる。しかし、しばらくして「処置なし」とわかると、その人たちの熱意が急にさめる。それでも「かわいそうな」ヒルベルに親切にしようとする。何もできないという罪悪感を軽くしようとしてなされるこのような「親切」を、ヒルベルはいちばん嫌ったとある。確かにそうであろう。それは「本気」でないことをヒルベルはすぐに感じとるからである。

このような「親切な」人の対極にいるのが施設管理人、ショッペンシュテッヒャーさんである。彼は「教育」の熱意に燃えていて、なにかにつけてヒルベルを目の仇にし、どなったりなぐったりするのである。ヒルベルも負けていず、にわとりに催眠術をかけたり、芝生のなかに石ころを隠して芝刈機を故障させたりする。ショッペンシュテッヒャーさんのほうも負けていず、二人でやったりやられたりの戦いを繰り返す。大変なことではあるが、そこにはユーモアさえ感じられるようなところがある。これは、ショッペンシュテッヒャーさんのヒルベルに対する態度は間違ってはいるものの、彼自身は真剣に生きている、ということのために、何かそこからヒルベルの生きることに役立つものが生じてきている。これは感情をいつわって親切顔をするよりは、まだましなのである。

ヒルベルを「かわいそう」などという次元ではなく、彼が「生きている」という次元で見ると、もっと大切なことがわかってくる。たとえば、ヒルベルがあまりによい声をしているので、教会のオルガン奏者のクンツさんはヒルベルに、音楽について、セバスチャン・バッハについて教えようとする。しかし、そんなことはヒルベルの耳にはいらないのだ。彼は直接的に音楽を知り、バッハを知っているのだ。何かについて知るのと、何かを知ることは異なる。ヒルベルはクンツさんの伴奏を拒否して、一人でバッハを歌うが、その声は聴衆の一人ひとりのたましいに直接に達してくるのである。

これと同様のことは、彼の「ライオン」についても言えるだろう。ヒルベルは遠足に行ったときに、グループから離れてしまって、放牧されている羊の群にはいりこんでしまう。彼は羊を「ライオン」だと思いこみ、親切なライオンたちと一緒に走りまわり、一晩は羊の群のなかで眠ったりする。羊飼いのじいさんは、羊の群の中にヒルベルを見つけ、叱りつけようとするが、澄んだ目をした少年が「ライオン、ライオン」と言うのを聞くと、はっとしてその意味を悟り、ヒルベルを抱いて施設に連れてきてくれるのだ。自然のなかに暮らしている人だけに、ヒルベルの体験がすぐに了解できたのだ。

この際も、ヒルベルの「ライオン」を知る体験の直接性にこころを打たれる。このような直接体験をすることは、ふつうの人間にとって不可能に近い。われわれはお金もうけとか、社会的地位だとか、それに何やかやの知識とかを身につけているために、このように直接的に「生きる」ということがむずかしくなっているのである。こんなことがわかってくると、ヒルベルに「かわいそう」などとは言っておれない。われわれのほうこそ「かわいそう」な人生を送っているのかもしれないのである。

施設に毎日やってくる医者のクレーマー先生は、ヒルベルに本当にやさしく接する人であった。先生は施設の子どもを三人も引きとって自分の家で育てていた。ヒルベルはなんとかこのクレーマー先生の子どもになりたいと思った。そこで、重病人にでもなればと思い、病人のふりをするのだが、先生にすぐに見破られてしまう。クレーマー先生はどうしてヒルベルがそんなことをしたのか不思議に思ってたずねてみるが、ヒルベルは答えない。それから後で、ヒルベルはクレーマー先生に、先生のところに子どもが何人いるかをたずね、先生はなにげなく、三人いて、それ以上はうちでは無理だからと言う。

それを聞くとヒルベルは黙ってすっと部屋を出ていった。そのとき、クレーマー先生はヒルベルの仮病の意味を悟って、はっとする。しかし致し方のないことであった。ヒルベルは出て行ってしまい、声をかける間もなかった。

こんな光景を目に浮かべると、筆者には、ヒルベルという天使がクレーマーという人を棄てて立ち去って行ったような気がするのである。「人間というものは、せっかく与えてやったチャンスも生かさず、仕方のないものだ」などと天使はつぶやいているかもしれない。

もちろん、ふつうの次元で見ると、クレーマー先生がヒルベルを見棄てたというのかもしれない。しかし、深く考えると、クレーマーはヒルベルに見棄てられたといえるのである。教える者と教えられる者、救う者と救われる者、治療者と患者、これらの関係はつねに逆転の可能性を秘めている。このことをわれわれはよくよく知っていなくてはならない。ヒルベルのような子は、実に多くのことをわれわれに教えてくれるのだ。その子をわれわれが「処置する」などということは絶対にできないのである。人間の一部分にかかわるときのみ、人間は「処置する」ことができる。しかし、一個の人間を全体として見るとき、処置「あり」か「なし」などということは消え去ってしまって、その子がそこにいるという事実が無限の重みをもってくるのである。

　われわれが「治療者」などということではなく、ヒルベルという子の存在の意味を知る人間として傍にいることは、自分にとってもヒルベルにとっても意味のあることになるだろう。

9 子どもの心理療法の深さと広さ
石川憲彦・小倉清・河合洋・斎藤慶子『子どもの心身症』、山中康裕『少年期の心』を読む

わが国において心理療法が行われるようになった初期の頃は、もっぱら子どもを対象にすることが多かったのではなかろうか。とくに臨床心理学の領域においてはそうであった。初期の頃は、ロジャーズの考え方に従って、アークスラインの書物などを参考にして、もっぱら「受容的」に接することを心がけて遊戯療法を行なったものである。

おそるおそるやっていても、子どもの成長の力の強さによってよくなってゆく例が多く、喜んでいたが、だんだんとそのように簡単によくなる事例ばかりではないことがわかってきた。ここにも取り上げるように、子どもの心身症も増加してきたし、困難な事例に接することも多くなってきた。それをどのように考えるかが問題となってきたのである。ここに取り上げた著作は、子どもの心理療法を深く考えてゆくうえで参考になるものである。著者たちは、自分が実際に多くの子どもに接してきた体験をもとにして発言しているので、わかりやすく説得的である。

この原稿を書くとき、ちょうど国際箱庭療法学会が行われており、そこで(子どもの事例のみではなく成人の

事例も出されたのであるが)、子どもの事例がアメリカの二人の治療者によって提示された。困難な状況に育った子どもたちが、みごとにそれを克服して成長してゆく過程が箱庭に示されていて、参加者に深い感動を与えた。このような事例を多く丹念に見直すことによって、子どもの心理療法について、もう一歩前進した発言ができるのではないか、と思った。わが国で、そのような本が書かれるのを期待している。

『子どもの心身症』

本書は、小児科医、精神科医、臨床心理士が、子どもの心身症について述べているものである。導入として最初に四人の座談が収録されている。これは非常に読みやすく、しかも、子どもの心身症の本質がよく示されている。その本質理解については筆者も同感であるが、どのように表現してゆくかということになると、少し異なる点があり、そのことについては後に述べたい。

まず著者たちは、心身症をいわゆる「疾患単位」として考えるのは、子どもの場合、とくに適切ではないことを強調する。小倉は「年齢が低ければ低いほど、子どもたちがなにか心理的、情緒的な悩みをもった場合に、それを表現する手段が、言葉を含めて非常に限られているものですから、それを身体的な症状で訴えるということがしばしばあるように思います」と言い、それを受けて小児科医の石川は、「心身症というのは、子どもの病気の概念ではなくて、内科学のある確立した病気の概念みたいなものがあって、それをたどっていくと、体の問題を中心にしては考えられないというところから出た概念であって、その心身症の概念を子どもへもってくるのは非常に危険だなと思っているんです」と述べている。

これによると、どうも医者は心身症も、からだの問題を中心とする「疾患」と考える傾向が強すぎるが、もっとこころのこととして見直して欲しいという考えが強く打ち出されている。筆者もそう思うのだが、実状はなかなかむずかしいようである。河合洋は「一般論でいうと、心身症を専門にしているという内科医の先生でさえ、そういうとらえ方を棚上げしたところで、疾患単位であるとか、従来の疾病論の流れのなかでとらえてアプローチされている、という印象がやはりたいへん強いように思うんです」と言っている。

小倉はこのようなことは「医学教育と非常に関係がある」と指摘して「病気であるということについての患者さんの心理とか、入院することについての患者さんの心理とかいうことについて、医者は全然教育を受けていない……医者は患者さんの気持ちというものに対して非常に鈍感なんですね」と述べ、それを受けて、臨床心理士の斎藤の「極論をいえば、そういう考え方が身につかないドクター自身が、すでに心身症と同じ精神構造をもっているといえる」という発言で、一同が笑っている。

これを読んで、問題は医者のことだなどと考えると大間違いである。心理学も同じように心身二元論で考え、しかも「心」を対象にできないので「行動」を対象とするなどという考え方をしてきたのであり、そのような考えの延長上で、患者に心理テストをしたりしていたときは、患者のこころに対して「鈍感」であったといわれても仕方がない。心身症は医者のみならず心理学その他の「学問」に対して、方法論的な反省を促すものなのである。

石川は「われわれがいちばん最初にそれを診る八割ぐらいの子は、「病気ではないよ」というだけで、親があああそうかと気付き、たいてい一過性に終わっていく」と述べ、「へたに心理治療を受けると、そのために子どもの問題を開きつくしてしまうというか、……」と述べて、心理的に考えることの害についても警告している。つまり、心身症は「心」のことだから心理が大切だ、というような単純な心理主義に対しても反対しているのである。とすると、どうすればよいのか。その答えは、小倉も言うように「人間は全体的な存在なのだ」ということになるのだが、それを実際にどうするか、ということになると非常にむずかしいのである。

小倉は「私の理想とする病棟というのは、治療なんてなんにもないところです。そこに入院してきて生活しているだけでよくなる。精神療法とか薬物療法とかいうことをやらなくて、そこでただ飯食って、もそもそしているだけでよくなるというのが理想的な病棟だと思っている」と言っているが、これには筆者も大賛成である。ただ、筆者なら、そこに絵画、箱庭、工作、音楽、劇その他なんでも患者がやりたいのなら自由にできる、表現活動の機会を与える準備をしておきたいと思う。これも患者の自由意思を尊重することが、いちばん大切である。おそらくこのような施設は、心身症のみならず、非行少年などに対しても、きわめて有効なものと思われるが、これを実際的に運営するのは、至難のわざである。それでもいつかは挑戦してみたい、と思うものではある。

「精神療法」とか「薬物療法」とか、一般に「療法」と思われていることを何もしないことが、心理療法の中核である、と筆者は考えているからである。これを実際に行うには、測りしれぬほどのエネルギーと工夫が必要なのである。

小倉が右記のような思い切った考えを述べる基礎には、「自然とは結局どういうことかというテーマ」があり、心身症という症状によって、子どもたちは「自然な成長をとげられなくて困り果て、これではどうにもなりません」と「必死のメッセージ」を、われわれに送ってきているのだ、という考えが存在している。

筆者もこれらの考えにまったく同感である。河合洋は「反復性の強い腹痛」を訴えた八歳の子どもが、次々と多くの医療機関に連れていかれ、検査を繰り返され、そのことによって、子どもの「自然」なありようがますますひずまされていった経過を丹念に描いている。この子どもの立場に立って考えると、河合洋が指摘している「乱暴な介入」や「無責任な指導」、「過剰な商業主義」に対して、なんとか歯止めをかける必要が痛感される。

河合洋が「単純な「因果関係」」で身体症状をみすぎることに警告を発していることも重要なことと思われる。これは身体的にみても当然のことであるが、心理的にみても、「母原病」などという単純な考えで、因果的に理解し、誰かを「患者」にしてしまう考えに反対しているもので、まったく妥当な指摘である。

このように、本書に述べられていることには、すべて賛成であり、とくに医師としての立場にありながら、近代医学のもつ欠点を正面から論じた著者たちの勇気にも敬意を表するものである。ただ、心身症の定義として、「精神の緊張や不安が身体に影響を及ぼし、身体そのものの病気のように見えながら、実は〈心因性〉のものをいう」(『小児の保健と教育の事典』同文書院、一九八〇年)によっているようだが、筆者は「心因性」というのも、誤解を受けやすい言葉であると考えている。つまり、最も単純な場合は、親が「子どもの心がけが悪いから病気になった」と思うほどだが、そうでなくても、何か「悩み」がないのかなどと考えはじめる。治療者のなかにも「心因」ということを単純に受けとめて、きわめて単純な「因果的発想」で原因を明らかにした、と思いこんでしまったりする、という欠点をもっている。

著者たちは、そんなことは百も承知で、人間の「全体」が大切であることを強調しているし、治療もその線に沿って行われている。一般に心身症というと、身体のほうへアプローチが強調されすぎるので、そのバランス上、「心因」が強調されたと思われるが、やはり、どちらか一方のことではなく、あくまで心身相関といういまだに不可知な人間の「全体性」が根本にあることは、よくよく認識しておく必要があると思う。因果的に原因を追究せずに、「自然」ということを小倉が強調するのもその線に沿ってのことと思われる。その線に沿って「心因」

を前面に出さぬほうがいいと筆者は考えているのである。

『少年期の心』

子どもを心と身体に分離して、そのどちらに問題の「原因」があるかなどと考えるのではなく、「全体」としてみることが大切である、と述べた。では、どうするといいのか、という点について、本書は実に具体的にその方法を示してくれている、と言っていいだろう。これについて、著者は次のように言っている。

「私は、精神療法家というものは、いわば、傷つき悩むクライエントにとって最後の「自由」を守る空間と時間を保障する人間の一人なのだ、と思っています。この、彼らの「自由」を守る空間と時間の保障、ということこそ、私のいう「専門性」の一つなのであり、彼らにとって、自らが立ち直っていくために、最も必要なこと」なのである。

ここには、子どものための心理療法家としてなすべきことの本質が述べられている。なんといっても、子どもが「自ら立ち直っていく」のであり、そのために必要な自由な空間と時間を保障するのだ。そしてこのことがいかに大切かは、詳細な事例報告を通じてこそ納得させられるのである。その点、本書には、子どもが自ら立ち直ってゆく姿が実に生き生きと描かれており、読者は、なるほどと思いつつ読みすすんでゆくだけではなく、もし心理療法家であれば、本書から多くの示唆を受け、新たな意欲をもって子どもに接してゆこうとする力を与えられることだろう。

著者は「あとがき」のなかで、体系的なことは書けないと思ったのだが、「私が経験したことをそのまま素直に綴る」つもりで書いたと述べている。実はそのことが本書の成功の鍵ではないかと思っている。事例を中心として語ることは、相当な説得力をもっている。一人の人間存在というものが、子どもであれ大人であれ、全体的なはたらきを示すとき、他人のこころの深部に対して作用を及ぼしてくるものなのである。

本書に記された興味深い事例をすべて紹介することはできないが、たとえば、著者が「口無し太郎」と名づける緘黙《かんもく》児の治療について見てみよう。太郎は、幼稚園の二年間と、小学校の一年半の間、場面緘黙をとおしていた。箱庭療法に誘うと、二回目のとき、箱庭のなかで、動物たちを用いてのみごとな「死と再生」の儀式が行われる。詳細は本書をぜひ読んでいただきたいが、治療者は「この壮大な「儀式」を思わせる一大ドラマを演出した太郎がわずか七歳の少年だとはとても信じられませんでした」と述べている。

遊戯治療のなかで、このような「儀式」がときに現われることは注目に値する。これはおそらく、人間が考え出してきた多くの儀式が形骸化し、その本来的な意味を失ったため、個人の力でそれを演出しなくてはならなくなったからであろう。緘黙児が発言するためには、彼にとっては新しい心的エネルギーの流出を体験することが必要で、それを暴発としてではなく、コントロールされたものとして体験するためには、儀式が必要なのである。自由を保障されたときに、このような儀式が自然に生じてくる、という事実は、人間の在り方を考えるうえで重要なことと思われる。

太郎が学校で、授業中に消しゴムを小さく削って投げるいたずらをはじめ、それについて治療者が担任教師と話し合うところも大切である。治療者は「これは太郎くんにとって学校ではじめて示した自分の意志表示です。どうか叱らず、見守っていただけませんか」と言い、担任はそれをよく了解する。

ところが、太郎のいたずらがとがめられないのを見て、クラスのガキ大将がスリッパかなにかを投げ、あたった女の子が泣き出したので、担任の先生もたまらなくなり、太郎のしたことと思って注意すると、「ボクじゃない！」と太郎は言い、それが発言のきっかけとなったのである。

こんなのを見て、「偶然のことだ」と無視しようとするのは間違っている。表面的に見る限りは「偶然」としか見えないが、太郎が治療者のもとで行なってきた、新しいエネルギーの流れを促進することや、それの表われとしての消しゴム投げに対する配慮などによって、発言にふさわしい「とき」が熟してきて、それは内的に必然的な流れとして、生じてくるのである。筆者も、このようなことをよく体験している。

ここで、太郎が「ボクじゃない」という否定文を話したことも印象的である。緘黙児は外界からの何らかの強力な押しつけに対して、それを拒否できなかった、という感情を強くもっているのではなかろうか。事実、太郎の場合もそのような経験があったことが、明らかにされている(内容は省略するが)。

ある幼稚園の先生に聞いた例で、先生が一対一で、「むかし、むかし、おじいさんとおばあさんが住んでいました」と昔話の絵本を読んできかせると、緘黙児が、「おじいさんもおばあさんも住んでいない」と大声で言ったのが、この子の最初の発言だった、というのがあった。この子は、先生が続けて絵本を読んでゆくと、一つひとつの文を全部否定文に言い換え、そのうち先生と顔を見合せて笑ってしまい、以後、まったくふつうの感じになったという。この子が、大声で次々と否定文を言う気持が非常によくわかるのである。

太郎の例で、もうひとつ重要なことがある。太郎は箱庭のなかにレールを円環状につなぎ、そのなかに大きな新幹線を置き、さらにその上に大蛇をはわせた。そして、大きい新幹線の両脇に二つ小さい新幹線を置いて、その上にもおのおの小蛇がのせられたのである。このマンダラのような箱庭を、箱庭療法の研究会で著者が示したとき、それを見て箱庭療法の創始者のカルフさんがたいへんに感心したのを筆者は今もよく覚えている。カルフさんは、この事例の個別的な意味を超えて、この箱庭が、最新のテクノロジーと土から生まれてくる自然のもの(蛇によって表わされている)とをいかに統合してゆくかという、現代の日本人全体に課せられた使命を示しているものとして受けとめて解釈した。そのことも印象的であった。

今ここに一例のみを紹介したが、この書物には、この他に数例が報告されている。そのなかで、治療者は、箱庭、絵あるいは夢などの内的なイメージのみではなく、文通をしたり、クライアントの写してきた写真を素材にして話し合ったり、きわめて柔軟な態度で子どもたちに接している。このような治療者自身のとらわれない態度が治療をすすめてゆくうえで、おおいに役立っていることがわかる。

子どもと治療者との対話がときに紹介されている。対話は実に生き生きとしており、なかにユーモアが流れているのが、すばらしい。そして、なによりも治療者が子どもを「一人の人間」として尊重している態度が、会話のなかによくあらわれていて、気持がいい。

この本のなかで、治療者がクライアントとかかわる学校の教師と連絡を取り合ったり、お互いが協力し合ったりするところが述べられている。最近とみに不登校の問題がクローズ・アップされてきたために、教育委員会や学校がその「対策」に追われているが、思いつきの対策で問題が解決するようなことではなく、現場の教師と臨床心理の専門家が緊密な協力関係をもって、不断の努力を続けることが必要と思われる。そんな点で、京都大学教育学部には臨床教育学という新しい講座を設けて、教育現場との実際問題に取り組むようにしている。その点から言えば、この書物に述べられている、著者と現場教師との連係などは、臨床教育学の草わけ的な仕事と言っていいであろう。

このような点もあって、子どもの心理療法ということの深さと広さとを十分に知らしめてくれる名著であると言えるだろう。

10　こころと分けられないものとしての「からだ」

竹内敏晴『ことばが劈かれるとき』、市川浩『〈身《み》〉の構造』を読む

心理療法は一般には「対話」によってなされる。クライアントが言語によって、自分の感情や思考や、いろいろな体験について語り、治療者はそれについて自分の考えや感じたことなどを伝える。「話し合うだけで治るのですか」と疑問を呈する人もあるが、実際に、多くの心理療法は——理論的に異なるにしろ——言語を通じてなされるのである。

ところで、心理療法においては「からだ」も大切ではないか、と筆者は考えている。心理療法は「心」のことで「からだ」のことには関係ないという人もあろうが、ここにわざわざ「からだ」と平仮名で書いているのは、精神と身体(心と体)などのように、明確な区別によって心と分けられた身体とは異なる意味で言っているのである。人間存在を「心」と「体」に分け、自分の体を心に対する客体として位置づけるのではなく、心と体として分けられないものとして、現在、自分が「生きている体」として「からだ」を考えるのである。そのような意味での「からだ」が、心理療法とおおいにかかわってくることは当然のことであろう。

西洋近代の学問はデカルトの「我思う故に我在り」の言葉に示されているように、明確な心と体の分割を前提として出発している。したがって、心理療法も最初は、身体とは無縁のものとして発展してきた。しかし、その

うちにリラクゼーションが大切と考えるころから、これは変化してくる。自律訓練法などが取り入れられてくるが、これもやはり、心と体の関連性の深さの問題として受けとめられている、といえよう。

　これに対して、東洋は心身二元論的な考えよりも、心身一如という考えに従ってきたので、広義の「心理療法」として、「からだ」の在り方を重視する方法が発展してきた。ここに広義の「心理療法」と述べたことは、東洋では、宗教における修行として行われてきたことである。ヨーガや禅などにそれが認められるであろう。

　ここですぐに西洋から東洋へと乗りかえをするのではなく、われわれは言語を武器として心理療法を行いつつ、そのことについて、「からだ」ということからみるとどうなるのか、について考えを深めることが必要であると思われる。心理療法の技法というものは、治療者の人格と結びついたものであるから、簡単に他の方法に変えられるものではない。やはり、現代に生きる人間として、言語によるコミュニケーションや、心と体を分離して考えてみることの有用性をよくよく認識したうえで、なおかつ、「からだ」について考えてみ、体験してみることが必要なのである。そのような点で、教えられるところの多かった書物を次に取り上げる。

『ことばが劈かれるとき』

　本書はすでに述べたような意味での「からだ」ということについて、よくわからせてくれるだけではなく、心理療法における癒しということの本質についても多くの示唆を与えてくれる書物として、心理療法家にはぜひ読んでいただきたいものである。

　本書のはじめに、「知能指数不明」とされ、声は出るけれど、言葉にならない、というチョコちゃんの例が語られる。このことに示されるように、本書の特徴は著者の実際的「体験」をもとにして書かれていることであり、それだけに読者の「からだ」にはたらきかけてくる強さをもっている。ところで、チョコちゃんに対して、担任のつるまきさちこ先生は竹内さんの示唆に従って、アーと声を出すときに、「正面の黒板を突き通して隣の教室の伊藤先生のおでこにアーのこえをくっつける」という課題を与え、チョコちゃんは、みごとにそれに応えてゆく。このような課題はチョコちゃん以外の、つるまき先生の担任する障害児たちにも与えられ、子どもたちはそれにうまく乗ってくるのである。

このような課題の意味について、著者はそれを「大きなこえを届かせよう」とするのではなく、「〈からだ〈心〉〉を劈《ひら》いて先生のひたいに(こえが)着いた」と表現している。ここで、からだの下に〈心〉と書かれていることに注目したい。ここで、「からだ」と「心」は分かちがたいのである。竹内さんが「からだ」と「 」つきで示しているものは、身体とは異なることはすでに述べたが、それは「たましい」と表現してもいいのではないかと思う。ただ、「たましい」というのはとらえどころがないので、「からだ」という自分にとって感じられるものを通じて接近することを考えるほうが、実感しやすいとも言うことができる。

このような体験を著者の言葉で表現すると、「これは、からだが世界へ向かって自己を超えることであり、それを私は、からだが劈く、と言います。からだが真に働くのは、からだが忘れられ、からっぽになったときであって、それを脱自(エク・スターズ)と呼んでもいい」ということになる。

このような体験を可能ならしめるには、どうすればよいのか。これについては、「たぶん、方法を支えるいちばん大切なことは、子どもが、この場では何をしてもいいのだ——間違っても、ワルイことでも、自分の内に動いたことなら——と感じる信頼感だろうな」ということになる。心理療法家なら、ここで誰でもプレイ・セラピーのことを想起することだろう。基本とする原理はまったく同じことだと言っていい。ここに述べられているような意味での「信頼感」こそ、心理療法においても、最も大切なものと思われる。

続いて、著者自身が耳の病気のため、ほとんど音が聞こえなくなり、「ことば」を失ってしまう状態のなかから、徐々に「ことば」を回復してくる過程が語られる。演劇の世界に入り、師、岡倉士朗に出会い、演出という仕事を通じて、言葉についての洞察を深めてゆく。続いて「野口体操」で有名な野口三千三に会ったことは、著者が「ことば」と「からだ」との深くて微妙な関連に気づく大切な契機となった。くわしいことは本文を読んでいただきたいが、このあたりは「自己治癒」体験の的確な記述としてみても、非常に興味深いところである。

当時、日本の演劇界の支柱となったスタニスラフスキイの演技システムについて、それは「ナチュラリズムの極致と見られることが多いが」、彼の方法の本質は「無意識から湧きあがってくるイメージと情念の力こそ演技の生命だと信じ」ているところにある、と著者は考える。「意識によって無意識を操作することはできない。だから無意識が働き始めるような(からだの)状態を正確に準備することしか演技者にできることはない」「無意識は、私たちの手のおよばぬところで働き始め、やがて全身を侵す。リズムに「ノル」。そのとき突如としてからだが変容する、存在が裂け開かれたとしか言いようのない瞬間があり、即興の波がわき上ってくる。しかし、意識は失われはしない。むしろ明晰で」ある(なお、スタニスラフスキイの俳優論は、15章で紹介する)。

ここに語られていることは、筆者にとっては、心理療法のことがそのまま語られているように感じられるのである。たしかに、心理療法では「身体」は用いない。しかし、ここで「からだ」と表現されていることを、人間存在の全体性のこととして読むと、まさに心理療法における最も大切な「方法」が、ここに語られていると言えるであろう。

以上のような考えによって演劇を行なっていた著者が、「治癒」ということにだんだんと惹きつけられていったのは、むしろ当然のことと考えられる。竹内さんは演劇の世界を出て、「治癒としてのレッスン」ということを試行しはじめる。それは演技や発声の「レッスン」のごとくみえながら、その本質は深い意味での「治癒」なのである。このような「竹内演劇教室」をはじめたとき、著者は、「人間の回復=治癒と、病み歪んでいる自分そのものの表現、ということの志向が、どのように交わり、分かれてゆくのか、と考えていたのである」と述べている。

竹内演劇教室には、いろいろとこころに傷をもった人や、「症状」をもった人が訪れてくる。その人に対して、竹内さんは「私は原因や、それをなおす方法を言うことはできないけれども、あなたのからだが志向していることの意味はわかるように思う」と言う。そして、そのような竹内さんの「意味の読み取り」をステップとして、治癒の過程が生じるのである。

心理療法においても同様である。「原因」や「なおす方法」などはわからないが、なんとかして、クライアントのたましい(無意識という人もあろう)の志向するところを知ろうと努力するのである。そして、そこでは常にクライアントのする「表現」が最大に重視されるのである。

ここに著者が報告している自閉症児とのかかわりなどは、われわれ心理療法家として、おおいに学ぶべきである。「からだ」を通じてのかかわりがすばらしいのである。おそらく、これからの心理療法の発展には「からだ」ということが深くかかわってくると思うので、心理療法家で志のある人は、竹内さんが現在行なっているワークショップに参加して体験することも、おおいに役立つことであろう。心理療法の技法に「からだ」を取り入れることを、真剣に考えるべきである。

最後に、竹内さんが、われわれはいっぺんものを言えない人間へ戻ってみようと提言しているのは示唆的である。「絶対にことばを必要とする状況、そのときのからだになったとき、はじめてこえを発してみよう、と。たぶん今は、ことばが多すぎるのだ。ことばの残骸が」。こんなことを読むと、自分はクライアントにどんな言葉を話しているか、と反省させられる。「ことばの残骸」に理論でメッキをかけて諜ったりしていないだろうか、と心配になるのである。

竹内さんの説いていることは、この頃のはやりの言葉で言うと、「近代」をいかに超えてゆくか、ということになる。「からだ」を通して人間を見ることは、「科学といわれるものの出発点の一つなのではないか?」と著者は述べている。筆者はこれはむしろ新しい科学の始まりであり、近代科学を超えて人間を研究するひとつの有効な方法を提案しているものと考える。このような近代を超える試みに「からだ」が登場するところが示唆的である。竹内さんが実践を通して論じてきた「からだ」の問題について、哲学的な観点から論じているのが次の書である。

『〈身《み》〉の構造』

本書の「あとがき」に、著者は「心身二元論を超え、皮膚のうちにとざされた身体という固定観念をとりはらうことは、私のかねてからの関心であった。〈身《み》〉というキー・コンセプトに着目したのもそのためである。〈身〉は、自然的存在であると同時に精神的存在であり、自己存在であるとともに社会的存在であるわれわれのありようを的確に表現している。しかし皮膚の限界を超える身体は、〈身〉という概念によってもおおいつくせない拡がりをもつようである」と述べている。これは本書の内容についてよく知らせてくれる言葉である。

著者が心身二元論を超えるうえで、「み」というキー・コンセプトを用いたのは、卓見である。大和言葉の「み」は実に広い範囲をカバーする語であり、「心」とか「体」とかの区別を超えてしまっている。より詳細な分析は本文をみていただくとして、列挙してみると、①果実の「実《み》」、②生命のない肉、③生命のある肉体、④生きている身体全体、⑤体のあり方、⑥身につけているもの、⑦生命、⑧社会的生活存在、⑨自《みずか》ら、⑩さまざまの人称的位置、⑪社会化した自己、⑫社会的地位、⑬心、⑭全体存在、となる。

実は著者の「身の構造」の詳細な分析にはじめてふれたのは、それが所収されている『人称的世界』(弘文堂、一九七八年)によってであった。そのとき、すでに示したような広い範囲を、この「み」という一語がカバーしている事実を知り、このことが、日本人のものごとを区別せずに全体的に見てゆこうとする態度を如実に示していると思った。心身一如的な考えを明らかにしてゆくうえで、「み」をキー・コンセプトに採用した著者の着眼点はさすがに鋭いと思った。その後、何度か直接に接して話をうかがう機会があり(その一部は本書に収録されている)、市川さんの考えにますます惹かれるようになった。

市川さんの紹介によって知ることのできた、本書にも述べられている、ドゥルーズによる「リゾーム」と「ツリー」の差にかんする論議からも多くの示唆を与えられた。ツリーは「樹状非交叉図式」などと訳されているが、木の幹から順番に枝分かれしてゆくようなシステムで、会社の組織図などを考えてみるとよい。係員の上に係長がいて、その上に課長がいる、というような組織で、非常にわかりやすい。「こういうシステムはたいへん簡明であり、理解しやすい。だからわれわれは二分法あるいはX分法的なツリー型のシステムとして物事を考える傾向があり、またそれを好みます。近代の合理論体系もツリー型のシステムを理想としたといっていいかと思います。精神と物体(身体)の二分法もここからでてくる」というわけである。

これに対して、リゾーム(地下茎)というのは、システム内の要素がどの要素にも関係するもので、どこがどこに結びつくやらわけがわからないのである。このリゾームとツリーの中間型として、セミ・ラティス(網状交叉図式)がある。これは、さきほどの会社の組織を例にとると、課を異にする係員が数名でひとつのプロジェクトをまかされたりするとき、その係員は二重のツリー組織に属することになる。このようなネットワーク状のシステムがセミ・ラティスである。

「身のはたらきの構造は、さきほどもいいましたように一面ではハイアラーキー型であり、ツリー的な側面ももっていますが、全体としてはセミ・ラティス型、あるいはむしろ多次元ネットワーク型のシステムをなしています」と著者は指摘している。

ここで、著者は心身二元論を超えた「身」のこととして述べているのだが、ここで心身二元論を採用して「心」のことにのみ限定するとしても、果たして「心」がツリー構造をしているのかどうか疑問ではなかろうか。著者の言うとおり「近代の合理論体系」がツリー型を好むので、近代の科学者はそれに従って考えてはいるが、そのことはすなわち「心」がツリー・システムであることを意味しない。「心」のことを本当に探索しようとするならば、それがリゾーム、せめて、セミ・ラティス状のものであると考えて接近すべきではなかろうか。

次に、著者が「同調」と呼んでいる現象に注目したい。「他者の身の統合との関係において起こる一種の感応ないし共振を〈同調〉と呼ぶ」と考えるが、それは他者への同一化ではなく、「他者理解の基本であり、俗に「人の身になる」というのはこれ」であるとする。ここにくわしく説明できなくて残念であるが、簡単に紹介すると、著者は同調をまず、同型的同調と応答的同調(役割的同調)に分ける。前者は同調する相手と同じ感情や同じような体の動きをしてしまうことであり、後者の場合はむしろ、相手に対して応答し、対応する所作や態度をとる場合をいう。これらに対して顕在的同調と潜在的同調があり、全面的同調から観念的同調にいたるあいだのさまざまの程度の差もある。

このような同調に対するきめの細かい考察にふれると、われわれとしてはどうしても、転移-逆転移のことを想起する。このような「身の同調」ということをベースにして転移の問題を考えてみるのも、なかなか有効なことではないかと思っている。

最後に、本書に論じられている癒合的同一化についてふれる。著者がフォン・ドマールスの述語的同一化の論理として紹介しているのは、次のような考え方である。「人は死ぬ。しかるに草は死ぬ。ゆえに人は草である」というのがそれで、述語部を共にすることによって、同一であると結論する。アリエッティの例であれば、「聖母マリアは処女である。しかるに私は処女である。ゆえに私は聖母マリアである」ということになるが、これは妄想の思考様式としてあげたものである。

述語的同一化が誤りであり、「妄想」の論理であることは一見してわかるが、ここで著者は一歩進めて、「ポジティヴな側面を考えてみますと、われわれがまったく惰性的に固定している日常的な分節化や形態化、あるいは既成のものの考え方や世界の見方をひとまずばらばらに解体し、予想外の類比的癒合の可能性を開く。そういう点で新発見とか、新しいアイディアとか、新しい表現への道を開くという面があります」と述べている。

つまり、ここに創造への契機を認めているのである。二分法的思考により、ツリー・システムのモデルによって自然現象を研究し、近代科学は急激に発展してきた。しかし、それのきわまるところで、近代人は市川さんの言うような「身体との乖離」を体験するようになった。そこで、わが「身」の回復をはかるためには、これまでのシステムにとらわれない創造性が必要とされるようになった。それにいたる鍵として、市川さんは「身」ということを提出してきたのである。

11　心理療法における理論の効用と限界

A・ストー『人格の成熟』、A・グッゲンビュール - クレイグ『心理療法の光と影』を読む

心理療法というのは、論じるのが実にむずかしいものである。その対象とする人間存在というものが矛盾に満ちているうえに、そのように矛盾を切り棄てることなく、そのままで取り扱うことが要請される領域なので、筋の通ったことを言うのがむずかしいのである。

最近、筆者も二十年間在職した京都大学を定年で去るに当たって、心理療法にかんする自分の考えをまとめて、『心理療法序説』(岩波書店、一九九二年〔第I期著作集第三巻所収〕)を著した。自分でこのような書物を書いてみて、その困難さを痛感した。なにか明確なことを書くと、すぐそれに続けて、「しかし……」と反対のことを書くか、なんらかの留保条件を書きたくなるのである。といっても、ああでもないこうでもない、ばかり書いていても、さまにならないし、というわけで困ったのである。

人間は矛盾した存在でありながら、なにか事を起こすのには、なんらかの筋を必要とする、というところがある。心理療法を行ううえで、結局は、治療者もクライアントもそれぞれの個性が異なるのだから、一回一回それに応じてやればよい、などと言われても、なかなかそれに深くかかわってゆくのはむずかしいのである。また、

とんでもない独りよがりのことをしてしまう可能性もある。そこで、心理療法には、なんらかの「理論」が必要になってくる。理論に支えられた見透しや筋道をもって、治療者は安心してその道を進むことができる。とはいっても、そのような理論が「絶対的」に正しいものではないことも、われわれは知っていなくてはならない。ここが心理療法のむずかしいところである。人間の個性ということを考え、しかもそれを最も大切と考えねばならない仕事として心理療法がある、とするならば、万人共通の「理論」など生じてくるはずはないと考えるほうが当然である。

このような矛盾をはっきり認識したうえで、やはりなんらかの理論に従うのだが、そのときは治療者自身の個性によって、ある程度の好みがでてくるであろう。いかなる学派によるかはその人の好みであるが、——そして、何かを好きになって賭ける勢いも必要であるが——それをまた突き放してみる態度も必要である。そのような考えのなかで、比較的、最大公約数的で穏当な考えをうまくまとめて書いているものとして、ストーの書物を選び、それを前提としつつ、それを突き放して考えたり、深く考えたりするためのものとして、グッゲンビュールの書物を選んだ。

『人格の成熟』

本書の著者、A・ストーはユング派の分析を受け、ロンドンの対象関係論学派の影響も受けて、両者の折衷したところに彼独自の考えを発展させて、多くの文筆活動をしている精神科医である(ちなみに彼の妻、キャサリン・ストーは児童文学者で、彼女の『マリアンヌの夢』(冨山房、一九七七年)は、なかなかの傑作である)。また、彼の著書の『ユング』(同時代ライブラリー32、岩波書店、一九九〇年)は、ユング派に属さない人の書いた書物として、客観的にユングの考えを伝えており、とくにユングの元型論と、対象関係論とを比較して論じているところは参考になるところが多い。

本書は、ストーが心理療法を行ううえで、自分がその支えになると考えている「人格の成熟」(原題は The Integrity of the Personality)について語りながら心理療法をどう考えるかについても述べているもので、自分がどの学派に属しているかということには関係なく、心理療法家としては、いちおう読む価値のある書物である。

まず最初に心理療法の本質についての論議がある。「分析的精神療法は、一つの厳密な科学ではないし、またそのようなものになることもけっしてありえないだろう」とストーは言う。それは「セラピストと患者という不完全にしかわかっていない二つの変数があい寄って織りなす、一つの複雑な相互作用」である。彼はこのように明言した後に、実験心理学について言及し、「最も典型的な実験室志向型の心理学者の実験でさえ、実は、まだ証明されていないさまざまな根本価値に立脚しているのであり、事実また、そうするより他にはどうしようもないのである。実験室の研究者たちが、人間の本性のいくつかの限られた側面にみずから進んでかかわろうとするのにたいして、セラピストの方は、人間をあくまでも一つの全一的な存在として扱わねばならない」。そこで、心理療法を行うものは、なんらかの根本仮説を立てて仕事をすすめることは避けられないと考える。

仮説というものは実際の現象と合わぬときは棄てられるが、妄想となると修正不能である。その仮説と妄想の中間に信念というのがあり、心理療法の場合は、仮説というより信念に近くなる、とストーが述べているのは興味深い。心理療法においては、全人的なかかわりを必要とするので、信念というほどのものでないと自分を支えられないのである。しかし、心理療法家はそのことを明確に意識していることが大切で、「科学的真理」によって行なっているなどと思わないことが必要であり、自分の信念が「仮説的」なものであることを、どこかで知っておく必要がある。

このような言い方をすると、心理療法がいかにも頼りないもののように思われてくるが、ストーは理論物理学者のハイゼンベルクやパウリの言葉を引用して、現在の科学も一般の人が信じるような「客観的」研究をしているのではないことを明らかにしている。ハイゼンベルクは「今ではもう、科学は、一人の客観的観察者として、自然に対峙しているのではない。科学はむしろ自分を、人間と自然の相互作用の中で一役演じる役者とみなしているのである」と述べている。

ストーの根本仮説は、「人間は一人びとりが価値ある存在であり、大切なことは、各自銘々が、可能なかぎり自由で完全な仕方において、自己に固有な人格を育むことができるということである」。つまり、ユングのいう自己実現ということを、治療の中心に据えているのである。この自己実現ということは、ときに誤解されて利己的なことと思われるが、それに対して、ストーは「人間は、真の自己となるためには、むしろたがいの存在を必要とするものであり、最高度の独立と成熟を達成することに成功した者とは、また同時に、他人との間で、もっとも満ち足りた関係を維持している者のことである」と述べている。また、フェアベーンが、情緒発達の最終段階を「成熟した依存」と述べたことも引用して、自己実現における対人関係の重要性を明らかにしている。

成熟した人間関係とは何かという点について、フェアベーンの「体内化という一方的な態度によって特徴づけられるものでもないし、情緒的な一次的同一化の態度によって特徴づけられるものでもない」という言葉を引用し、ここには紹介しないがユングの言葉も述べた後で、「両者がともに否定形で書き出しているのは、興味深い」と指摘している。つまり、理論的なのはこれだ、というような言い方ではなく、あれでもないしこれでもない、という言い方をすることが多い、というわけである。

これは心理療法関係の本を見ると、よく気づくことである。治療者としての理想的態度などについて論じるとき、「あれでもないこれでもない」式の表現をすることが多い。おそらく、理想のかたちには各人の個性がからんでくるので、一般的なことが言えず、あれでもこれでもない中間のどこかに、自分の個性にあった点を見出すことが必要なのではないか、と筆者は考えている。したがって、そのものズバリの表現ができないのであろう。

本書には、人格の発達、人間関係などを考えるうえにおいて、知っておくべき概念や考え方などが続いて論じられるが、これはいわば入門的な概説である。したがって、あまりつけ加えて言うこともない。

最後の四章に、心理療法についての論が述べられる。これもだいたい、常識として知っておくべきことが書かれていると言っていいが、ストーが「精神療法の成果というものは、セラピストがどの学派に属しているかによって左右されたり、そこで用いられる技法のいかんによって左右されたりするものではないように思われる」と考えていることは、紹介しておくべきであろう。そのようなことよりも、セラピストと患者の在り方が、最も大切だとストーは考えている。

「精神療法の本質は、根本的に言って、二人の人間があい寄って一つの真の人間関係を作りあげようとする点にこそある」とストーは考える。「患者のうちに生ずる回復の度合は、患者がセラピストとの間で打ち立てることができるようになった関係の、成熟度に正比例している」のである。

このようなストーの考えに筆者はおおむね賛成であり、それだからこそ本書を取り上げたのであるが、ここで大切なことは、本書のような考え方だけで終わってしまってはならない、ということである。下手をすると、「ありがた屋」になる、というか、心理療法というものがやたらにりっぱなもので、誰もが「自己実現」とやらを達成して、めでたしめでたし、という感じになると怖いのである。実のところ、心理療法はそれほど「ありがたい」ものではない。そこで、ストーの述べたようなことを肯定したうえで、もう一度それを裏がえしてみるようなことが必要になってくる。そのような点で、次の書物は非常に有用なのである。

『心理療法の光と影』

本書はユング派の著名な分析家、グッゲンビュールが、心理療法のみならず医者やケースワーカーなど、他人の援助を専門とする人にともなう「力」の問題の解明を通じて、そのような援助者に知らず知らず生じてくる影の面を明らかにしたものである。そのような点で、心理療法家には必読の書といってもいいものである。

まず、最初にグッゲンビュールは、「善意」というものの恐ろしさを的確に示す。中世の魔女裁判をした審問官は「崇高な目的」をもって、彼らの「公式的見解を――唯一の正しい考えを――あらゆる手段を講じて、実行しなくてはならないと堅く信じていたのである」。それと同じようなことを、医者、心理療法家やソーシャルワーカーは現代において行なってはいないだろうか。「力への欲動というものは、客観的道徳的な正しさというマントを着て現われることが許される時ほど、また無制限に荒れ狂うこともないのである。つまり人間は「良いこと」を無慈悲な手段で行なうことが許されていればいるほど、もっとも残忍になりうるのである」。

援助するものとされるもの、という関係のなかに知らず知らず「力」の問題がはいってくる。援助者は自分の「力」によってよくしてやりたいと思うし、被援助者はその「力」に頼りたいと思う。したがって、分析の初期には分析家と被分析者との関係は、「魔法使いとその弟子」のようになることが多い。分析家が「魔法の力」をもっているように錯覚される。このようなイメージによりかかって、奇跡的な「治癒」が生じることもある。よく考えると、そこには大きい問題が残されているにもかかわらず、それを大成功と考えたりすることがあるので困ってしまう。

奇跡はそれほど起こるものではないし、人間が起こせるものでもない。にもかかわらず、治療者は自分の力を用いようとし、結局のところ、それはクライアントに対する無用な――そして有害な――力の作用を及ぼす。しかも、それが善であり正しいものである、という確信によってなされるので、たまったものではない。

すでに述べたように、ストーの書物にあるようなことを、心理療法家は支柱としてもっているのだが、それを実際行動に移すときは、よほど細心の配慮をもってしないと、危険であることを、グッゲンビュールは手をかえ品をかえて示してくれる。ともかく、心理療法家は自分のしていることを常に疑ってかかる姿勢をもっていないと駄目なのである。しかも、その一方では、その仕事に己を賭けてゆく姿勢も必要なのである。

ストーは人間関係を重視していたが、そのことをグッゲンビュールは「関係というものは常に何かそれ自体創造的なものである」と表現している。しかし、それに続いて、「ほとんどの人間関係には、その関係以外の関係は除外してしまいたいという、ある欲求が存在している」と指摘するのを彼は忘れない。分析関係は大切ではあるが、それがあまりにも閉鎖的になるときは不毛になる。分析家は分析以外の人間関係を豊かにもっていないと、クライアントを自分の「代理者」として、自分の自己実現をクライアントに押しつけるという「力」をふるうことになる。

本書でグッゲンビュールが展開した論議のなかで、最も注目すべきことは、「治療者‐患者」元型についての論であろう。グッゲンビュールによると、元型の多くは、対極的な構造をもっており、治療者は必然的にその対極の患者の存在を呼び起こし、その逆も考えられるので、治療者元型という考え方をするよりは、「治療者‐患者」元型として考えるほうが妥当である。ところが、そのような対構造をもっているはずの、治療者のほうのみを意識すると、患者のほうは無意識界に抑圧されてしまうことになる。

心理療法において、そもそも治癒が生じるということは、患者の自己治癒の力によるところが大きいのである。ということは、患者のこころのなかで、治療者元型のはたらきが活性化されることが必要である。そこで、もし治療者が「治療者‐患者」元型の一方のみ、つまり、治療者のほうのみを意識すると、患者のほうは、それに応じて患者の側のみを生きることになり、彼のこころのなかの治療者のはたらきがおさえられてしまう。このような、元型の分裂はきわめて危険なことである。

そこで、この分裂を力によって結びつけようと治療者が意識的、無意識的に努力することになる。「医者は自分の患者を、彼の力の対象にし、治療者‐病者という対極性を、力によって再び結び合わせようとする。何故に医者の誇示する力が、あのように安っぽくて下らないものであるという印象を残すのか、今や私たちには分っている」。

ここで「医者」と書かれているところを、心理療法家というのに置き換えるといいのである。それでは、いったいどうすればいいのか。グッゲンビュールは、それに対して古来からある「傷ついた医者」のイメージを提供する。「傷ついた医者のイメージは、心理学的には次のようなことを意味している。つまり、病者の中に医者がいるだけではなくて、医者の中にも患者が存在している事実である」。治療者が自分のなかに存在する患者に気づくこと、そして、治療者‐患者の対極のなかで生きてゆくことである。しかし、「元型の持つ対極性を維持し続けていくということは、人間の精神にとっては容易なことではない」という自覚も必要である。

「力」に頼ろうとする治療者の欠点に気づいた者は、その逆のほうに走る危険性がある。わが国の心理療法家にはそちらのほうが多いかもしれない。「私はクライアントと同等である」とか、「ただ、クライアントに従ってゆくだけ」などと、ほどよいことを言いながら、みずからは元型の対極の緊張に生きる強さをもっていない。これでは治癒という過程がはじまらないのである。

「元型を再度統一しようという試みを放り出してしまう」生き方に対して、グッゲンビュールは激しい批判の言葉を吐いている。そんなのに比べると「卑小で暴君的な医者でも、少なくとも自分なりのやり方で、医者という職業の根本に存在している問題と闘っている」だけ、まだましなのである。「このようにただ感じのいいだけの医者というのは、医者の元型の一方の極を、決して外界に投影しないほど強く抑圧しているか、あるいは大体のところ、医者のもつ根本的な問題に全く悩んだことがなくて、その職業選択の動機も表面的で浅薄なものであった」と思われる。わが国には、このような「感じのいいだけ」のカウンセラーが多くいるような気がするが、どうであろうか。「感じのいい」ことは悪いことではない。ただ、その人がカウンセラーになっているので困るのである。

グッゲンビュールが「分析」以外の人間関係を重視しているのも、同感するところである。「分析家は分析以外にもエロス的な関係を必要としている」と彼は言う。家族関係や友人関係というものが、分析家にとっては実に重要なのである。分析家は理論に縛られすぎて、直接的に生きることを忘れる。下手をすると、そのような「生きる」ことの代理人としてクライアントを仕立てあげたりするのだ。分析家自身が「生きる」ことをしていてこそ、分析が可能となるのである。

以上に紹介してきたこと以外にも、グッゲンビュールの鋭い批判には、耳を傾けるべきことが多い。光のみで影を忘れては心理療法はできないのである。

12　言語表現による人間「解釈」のありよう
上田閑照『禅仏教』、大江健三郎『小説の方法』を読む

ここに取り上げた二冊の書名を見て、これはいったいどういうとりあわせなのか、といぶかしく思われる方があるかもしれない。禅と小説とがどう関係するのか、と。ここにこの書物を取り上げたのは、筆者にとっては、両者とも、心理療法における言語、対話などの在り方について考えるうえで、教えられるところが大きかったからである。

心理療法においては、言葉というものが非常に大切になってくる。そして、わけても、人間と人間とが相対しての「対話」ということが大切となる。もちろん、心理療法においては、言葉だけではなく、非言語的な手段、つまり、遊び、絵画、箱庭などによっての表現やコミュニケーションが用いられることがあるし、東洋の伝統的な方法として、身体の在り方が重視されることもある。しかし、全体として見れば、なんと言っても、言語による表現、コミュニケーションを無視しては、心理療法のことは考えられないと言えるだろう。

治療者がクライアントにどのように応答するべきかは、実にむずかしいことである。たとえば、クライアントが「死にたい」と言ったときにどう答えればいいのか。また、一般に「解釈」と呼ばれていることは、言語によってなされるのであるが、その「解釈」に用いられる言語はどのような類のものなのだろうか。そもそも「解

釈」などということの必要があるのだろうか。このような点について、われわれはよく考えてみる必要がある。

近代の心理療法は医学、心理学などとの関連から生まれてきているので、「科学的」な——というよりは科学技術的なと言うべきか——思考法をその背後に強くもっている。つまり、「真理」として見出された理論を「適用」すればうまくゆくはずである、と考えられている。その技術的側面が強く前面に出てくると、治療者の応答用の「マニュアル」があり、そのマニュアルどおりにすると解決される、などという考えが生じてくる。このような思考法や、方法がまったく不毛とは筆者は考えていない。そのようなことも、解決の一助になったり、ヒントになったりはするが、けっしてそれがすべてでもないし、唯一でもないことをよく認識する必要がある。それは厳密な意味での「マニュアル」ではないのだ。機器の操作用のマニュアルで、このとおりにすると、「ときにはうまくゆきます」などと書いてあると、どうなるだろう。人間は機械ではないので、マニュアルなどできるはずはないのである。

「科学的」思考法によって、心理療法を行うことは、便利でもあり、有効でもある。しかし、それは自然科学とは異なっている、という認識が必要であるし、そこに用いられている言語が科学的言語ではないことも知っているべきである。そのような意味で、言語が人間と深くかかわるものとして用いられるときに、それは本質的にどのようなものと考えるべきかについて、ここにあげた二冊の書物は、深い示唆を与えてくれるのである。

『禅仏教』

青年期に日本の敗戦を体験したこともあって、筆者は日本の伝統的なものについては相当に懐疑的であった。

「科学」こそが真理を伝えてくれる、という考えも非常に強かった。そのような考えが、徐々に変化してゆくのであるが、そのような過程のなかで本書を読み、禅の意味がはじめてわかったように感じられて、感激したものである。難解な禅ということが門外漢にもわかるように述べられているというだけではなく、文章に迫力があって禅の気合いのようなものが、そのまま伝わってくる感じがするのである。

この書物によって、教えられるところは多かったが、ここでは言語という点にのみ絞って、「第二章　禅と言葉」「第三章　対話と禅問答」によって考えたことを述べてみたい。

著者はリルケの自作墓碑名を借りて、禅における言葉の問題を説明する。著者自身の訳によると、それは次のような詩である。

薔薇、おお！　純粋な矛盾、
幾重にも重ねた瞼の下
誰のでもない眠りである楽《よろこび》

著者はこの詩を、①「薔薇」、②「おお！」、③(a)「純粋な矛盾」、(b)「幾重にも重ねた瞼の下　誰のでもない眠りである楽《よろこび》」、に分けて考える。①は薔薇の現前、②は薔薇の現前に打たれた驚きが、言語以前の音声として発せられたもの、③はその驚きが言葉になって開かれたものである。ところで、これに対する著者の言葉は注目すべきことである。

「でき上がった詩としてではなく、このような詩句が生れてくる「言葉の出来事」として見る場合、②の「おお！」を詩句の全体が発せられてくる源——根源語(Urwort)——と見る、逆にいえば全詩句をこの「おお！」の分節と見ることができると思う。」

詩における「根源語」を指摘し、全詩句をその分節として見る、というところに上田閑照の考えの本質が示されている。この「おお！」に対して、彼は次のように言う。「それは単に薔薇に対する驚きではない。薔薇の現前にあって自己を忘れて「おお！」と言う時、その「おお！」の直下においては薔薇も忘れられている」。そこに現前しているのは、日常に知られているバラではない。それは「名づけ得ざるもの、言い得ざるものとなって現前している」。そこでは「真に驚くことと言葉を奪われることとは一つの事である」という体験が生じているのだ。

「おお！」と言う時、人間は言葉を失うということによって「自己の死」を体験し、同時にそれは「言葉を奪われたところに現前している「言い得ざるもの」が言葉になる最初の音声」を発したという意味で新しい自己への蘇生の声でもある。「「おお！」と言う時、そこには、人間の絶後再蘇がある」。

このような根源語がイメージとリズムによって言葉に分節してくると詩になる。しかし、そこには常に「根源から離れる危険も蔵されている」ことを知らねばならぬ。既成の言葉を安易に使用することによって、根源的な体験から離れたものになってしまうのである。まして、「おお！」の体験をもたないままで、詩を書いたとすると、それは言葉の遊戯になってしまう。「「おお！」をほんとうに発し得るかどうかに禅の第一の問題がある」と言うのも当然である。

このことを心理療法に移しかえて考えてみるとどうなるだろう。心理療法の場合でも、禅ほどの深遠さはないにしても、なんらかの「驚き」の体験があり、それは「死と再生」を体験して記述されるようなこととして、重視されるべきもの、と言えるであろう。詩において「おお！」体験が言葉として展開されるように、心理療法においても、そのような体験が言語化される。しかし、それは詩と異なって、日常会話へとつながってゆくものでなければならぬので、そのような点を配慮した理論体系のなかに組み込まれてゆく。

フロイト派の用語に「原光景」というのがあるが、ここでも「原」という言語が用いられているのは興味深い。この場合においても、原光景にかんする理論よりも、フロイトが「原」という言語を用いて表現して示そうとした「驚きの体験」がまず大切であり、それを抜きにして理論をふりまわしても、それは無意味ということになってくる。

体験が重要といっても、それを言語化しなくては、人間としての存在意義が薄くなってくる。しかし、すでに述べたように言語化には危険がともなう。これに対して、上田は「言葉から出て、言葉に出る」ということを提言する。「「言葉から出る」方向は、脱自的にリアリティに触れてゆく体験的方向、「言葉に出る」方向はそれを自己限定的に自己化しつつ自ら会得し他に伝達する表現的方向」と言えるだろう。これを平たく言うと、おきまりの言葉から一度離れ——そこでは沈黙を経験せざるをえない——そして、自分にとって「これぞ」という言葉を見つけ出す、あるいは創造することをしなくてはならないのである。そこには「話す主体の主体としての実存的根本転換」がかかわってくるのである。

このような考えは、心理療法における「解釈」について考えるときに大いに役立つものと思われる。「言葉から出て、言葉に出る」ことができてこそ、それはほんとうの解釈と言えるのではなかろうか。

「禅問答」についても言いたいことは多くあるが、割愛せざるをえない。ただ、前記の「解釈」との関連において、禅問答における「著語《じゃくご》」や「拈弄《ねんろう》」について紹介しておきたい。これには有名な禅問答の問いに、後代の人がなんらかの言葉を挿入するのだが、それは「完了した問答の全体をその完了態において連続的に平板に延ばして(問答を問答でないものに変えて)理を探り意味をとらえてゆくような、問答の現場を離れた解釈の仕方とは全く異なる。問答往復のそれぞれの原時点に同時現在して、問には問に向い、答には答に向ってそのつどみずから言葉を発し入れるという仕方で問答の問答的現場に直接参加するのである」(傍点引用者)。

これはいわゆる解釈というものの安易さをよくわからせてくれる言葉である。「拈弄」は「ひねりもてあそぶ」であるが、その例として上田は、「如何なるか是れ仏」「麻三斤」の有名な禅問答に飯田櫄隠の「おれならば、ああくたびれたとでも答えべえ」をあげている。それは場の外にあって解釈するのではなく、「みずから活舞台上におどり上って代って演ずる自由な積極」さをもつ。

このような「著語」や「拈弄」は、心理療法の場面においても有用なものであるが、有能なスーパーバイザーがこれを用いることがよくある、と言えないだろうか。スーパーバイザーも、バイジーの治療現場に、言語によって「直接参加」する感じを与えるのである。

『小説の方法』

心理療法の過程は創造的な要素をもっている。ある程度は一般化して語れるものであるが、個々の人間がそれぞれ独自な存在であるという点において、創造的でなければならないのである。そのような観点に立つと、創作の仕事である文学における、作品の成立やその鑑賞などのことも、本質的な点で、心理療法と深くかかわってくる。とくにそれが言語によるものなので、心理療法における言語の問題を考えるうえで参考になることが多い。

「人間の言葉に、二種がある」と大江は言う。詩的言語と日常・実用の言葉とである。「日常・実用の言葉は、われわれの現実生活のなかで自動化、反射化している」。たとえば、日常生活で「石」と言うと、誰しも反射的に石ということはすでに知っていると思う。皆が知っているからこそ、「石」という言葉を日常生活に使用してもなんら差しつかえがない。しかし、果たしてわれわれは「石」を知っているのだろうか。石というものについては、漠然と知っているとして、果たして目の前にある一個の石をほんとうに知っているのだろうか。

ふと立ち止まって、ひとつの石、ひとつの花などを見るとき、そのもの本来の姿が見えてきて、自動的・反射的な日常の世界が破られる。そこに存在している生きている、という実感が生じてくるのである。「そこで生活の感覚を取りもどし、ものを感じるために、石を石らしくするために、芸術と呼ばれるものが存在している」と、大江はシクロフスキーの言葉を引用しつつ主張する。芸術の目的はものを認知することではなく、明視することにある。石は石と自動的にわかったとされているとき、自動化の状態から引き出す「異化」の手法が大切となる。異化について、大江はシクロフスキーの次のような言葉を引用している。異化は「知覚をむずかしくし、長びかせる難渋な形式の手法である。これは、芸術においては知覚の過程そのものが目的であり、したがってこの過程を長びかす必要があるためである。芸術は、ものが作られる過程を体験する方法であって、作られてしまったものは芸術では重要な意義をもたないのである」。

このことは心理療法における仕事の意義にもつながってくる。クライアントが語る日常語——父、母、愛、苦しみ、など——が、心理療法の場のなかで「知覚をむずかしくし、長びかせる難渋な」会話を通じて、「異化」されるときがある。クライアントは自分がよく知っていると思っていた「父」や「母」という言葉にまったく異なる意味を発見して驚くのである。このことを知っているために、暗い同じことの繰り返しのようなクライアントの言葉に、治療者は耳を傾けることができるのでる。

「小説をつくり出す行為と、小説を読みとる行為とは、与える者と受ける者との関係にあるのではない。それらは人間の行為として、両者とも同じ方向を向いているものである」という大江の言葉は、治療者とクライアントの関係の在り方に示唆を与える。

治療者とクライアントの関係において、クライアントが自分の生活史というものを、治療者に「差し出し」、治療者はそれに対して忠告や解釈などを「与える」というような対面の構図と、大江の示す小説の書き手と読み手との関係はまったく異なっているのだ。小説の書き手は「人間的な諸要素を可能なかぎり全体化することを指向しつつ、活性化してゆく。そのように小説を書く」のに対して、読み手は「小説を書いてゆく者の精神と肉体によりそって、同じ方向にむいて進む行為としての小説の読みとり」をする。このような姿は、むしろ、先に示したような治療者とクライアントの対面の構図より、理想的な両者の関係を示すものと考えられないだろうか。ただ、心理療法の場合、書き手と読み手は、治療者とクライアントの間で役割の交換が行われることがある点で、異なってくるだけである。

「活性化された読み手として小説を読むということは、この書き手が現実世界を、同時代を、具体的な言葉と人間をつうじてどのように把握し、どのように表現しているか、自分自身の精神と情動(ほとんど肉体の、といっていいほどの情動)の深い経験として、生きいきと共有することである」。ここで、書き手をクライアント、読み手を治療者として考えると、これは治療者の在り方について本質的な点を語っているものと感じられる。一人の個人を通じて、治療者は「同時代」を(ひいては未来を)読みとろうとするのだ。このことがあるので、われわれは一人の人に長期にわたって会い続けることができるのである。心理療法は、たった一人の人間のためにエネルギーを使いすぎるという批判は、きわめて表層的なものになる。

この本についても紹介したいことは多くあるが、すべて割愛して、想像力について述べているところに注目することにしよう。想像力について、大江はガストン・バシュラールの定義がピッタリくるとして（筆者も同感）、その言葉を引用している。「いまでも人々は想像力とはイメージを形成する能力だとしている。ところが想像力とはむしろ知覚によって提供されたイメージを歪形する能力であり、それはわけても基本的イメージからわれわれを解放し、イメージを変える能力なのだ。イメージの変化、イメージの思いがけない結合がなければ、想像力はなく、想像するという行動はない」という考えに立ち、ブレイクの「想像力は状態ではなく人間の生存《エグジスタンス》そのものである」という言葉に同感を示すのである。ところで、小説というものは、「人間の生存そのものを言葉によって現実化したもの」と考えるが、その関係はどうなっているのだろうか。

「人間の生存そのものを言葉で表現する、小説という仕掛け。それは人間の意識（たびたびいうように無意識ぐるみ、ということだが）および肉体のすべての機能を活性化させて、その全体を、想像力のむかう方向へ推進させようとする。言葉によって、ひとりの個としての自分の、人間的な根源にいたり、そのような人間である自分を、社会、世界、ひいては宇宙的な構想のうちに位置づける。そのような作業にむけて人間を押し出す力が、想像力である。それは実際、ここにあるかれ自身にとっては到達不可能なところへ、われとわが身を投げ出す力である。」

　このような言葉には、心理療法家の仕事の本質が述べられているとさえ感じられる。われわれにとって「想像力」がいかに必要であり、それによってどのような仕事をするべきかが示されていると思うのである。しかし、その仕事は容易ではない。

「書き手によって小説に書きつけられた言葉が、読み手の想像力の機能を活性化する。書き手はその言葉によって、想像力的なものを喚起する仕掛けをつくりだそうとする。しかしもとより想像力的なものを表現する言葉とは、書き手が想像力を働かせた結果としての、そのイメージの描出であってはならない。一般に、しばしば概念的な、既成の言葉で記述された、結果としてのイメージの描出は、死んだ想像力の形骸を呈示するにすぎなかった」。ここで、書き手とされているところを心理療法家のこととして読んでみると、われわれは「解釈」と称して「死んだ想像力の形骸を呈示」してはいないかと反省させられるのである。

13　小説の中の「自己実現」の位相
夏目漱石『道草』、大江健三郎『人生の親戚』を読む

偉大な文学作品は「人生の教師」とも言えるものである。われわれ心理療法家も文学作品から学ぶところが多い。このように思っていても日々の臨床活動のための多忙と疲れであまり読めない、というのが実状ではなかろうか。筆者も小説はあまり読まない類の人間であるが、優れた作品に接したときは、臨床心理学の本よりもよほど意味がある、と思うし、凡百の事例研究を超えている、と感じさせられる。

小説を読む機会をクライアントが与えてくれることがある。「私は太宰の『人間失格』の主人公とそっくりだと思います」というような発言があったり、『嵐が丘』が好きで、今までに何度読んだかわかりません」と言ったりする。このようなときに、これは非常に大切だと感じたり、何かこころが動かされるようなときには読むとよい。クライアントのこのような発言のたびに小説を読んでいるとたまらないから、一般的には「どんなところが好きですか」とか質問をして、クライアントの理解に役立ててゆく方法をとるが、時には自分自身がまず読んでみることである。このようにしてすばらしい作品にめぐり合うと、クライアントの理解ということを超えて、意義ある体験をしたと感じさせられる。

今回、小説を選ぶについては、いろいろと多くあって迷ってしまったが、「自己実現」という言葉を思いつつい

たときに、すぐこころに浮かんできた作品を二つ取り上げることにした。これらの作品は筆者にとって、自己実現ということを考えるときに、おおいに役立つものであるし、この困難な課題に取り組んでゆくための勇気を与えてくれるものでもある。

自己実現ということは、最近はあまりにも一般化されてしまって、単純に自分の好きなことをする、という意味に受けとられているが、ことはそれほど簡単ではない。「自己実現」という際の「自己」というものが、そもそも不可解であると言っていいであろう。その不可解きわまる「自己」の実現に参画し、それを体験してゆこうというのだから、これは実にたいへんなことである。そこには相当な苦しみや危険がともなうはずである。

心理療法を行う際に、その目標をどこにおくかはなかなかむずかしいことで一概に言うことはできない。ただ実際問題としては、個々の場合に応じて、症状の消失とか、新しい進路の発見とか、生活の安定とか、なんらかの実際的なことにある程度のメドをおいていることであろう。しかし、多くの心理療法家はそれらの過程の底に存在していると考えられる自己実現の過程ということを、大なり小なり念頭においていると思われる。そこで、「自己実現」ということについての筆者の理解を深めてくれたと感じる小説をここに取り上げることにしたのである。

『道　草』

漱石がこれを書いたのは晩年で、彼が五十歳で世を去る一年ほど前の作品である。筋については知っている人も多いと思うが、いちおうそれを紹介しながら論じてゆくことにしよう。主人公は健三という男性で、漱石自身を思わせるところが多分にある。

健三はある日、散歩して帰宅する途中に、一人の男に会う。実はその男は彼の会いたくない男であった。「彼はこの男に何年会わなかったろう。彼がこの男と縁を切ったのは、彼がまだ廿歳《はたち》になるかならない昔の事であった。それから今日までに十五、六年の月日が経っているが、その間彼らはついぞ一度も顔を合せた事がなかったのである」。

その男は島田といい、品性の下劣な人間であった。健三は幼少の頃に島田の家に養子にやられていたが、島田が浮気をしたことなどをきっかけに、もとの家に戻って養子縁組を解消した。その際に健三の父は十分の金を払い、それ以上に島田が行なっていた不始末の尻ぬぐいもして、今後はいっさいの付き合いをしない、という約束で別れたのであった。

健三が当時のいわゆる「洋行帰り」であり、島田からみると相当な収入があるのを知って、島田はねちねちと健三の家に付き合いを迫ってくる。はじめは知人を間に入れ、次は本人がやってきて、馬鹿丁寧なもの言いをしながら、どうしても避けられないかたちで押しかけてくる。このあたりの島田のいやらしい態度を、それをいやに思いつつ、なんとなくそれに押し切られてゆく健三の姿が実によく描かれていて、さすがは漱石だと思わされる。

島田の登場によって、健三とその妻、お住《すみ》との関係にある問題点がクローズ・アップされてくる。健三もお住もお互いのことをこころの底で気にかけてはいるのだけれど、実際のやりとりはなんとなくぎくしゃくとしている。たとえば、島田の代理という男が最初にきたとき健三は病気で会わなかった。しかし、どうせまたやってくるだろうと健三とお住は話し合う。そこで、お住は会わないほうがいいと言うと、健三は「会っても好い。何も怖い事はないんだから」と思わず言ってしまう。彼は妻に何となく自分の気持を見すかされたようなのをいやに感じ、「厭《いや》だけれども正しい方法だから仕方がない」などと無理に理屈を立てて、会うと言ってしまうし、妻のほうから見れば、それは馬鹿げた我《が》を張っていることになる。

このようなことは何度も繰り返され、しかも拡大されてゆく。健三は自分の感情に従って「いやなものはいや」というように行動すれば、お住はそれに協力してくれるだろうに、そのような感情にのみ従って生きるのは馬鹿であると思い、そのような馬鹿の代表としてお住をあげ、お住を攻撃するというかたちで、無理矢理自分を納得させようとする。そうなるとそれは形式理論に走り「権柄《けんぺい》ずく」にならざるをえない。これではお住はたまらない。「事々《ことごと》について出て来る権柄ずくな夫の態度は、彼女にとって決して心持の好いものではなかった。何故《なぜ》もう少し打ち解けてくれないのかという気が、絶えず彼女の胸の奥に働らいた」。

島田がやってきたので、健三は自分の幼少時における島田との関係や、自分の父がどのように問題を処理したのかを知るために姉のところを訪れる。しかし、姉は喘息で苦しんでいるし、彼が月々渡している小遣いを値上げしてくれという。「どうか姉さんを助けると思ってね。姉さんだってこの身体じゃどうせ長い事もあるまいから」とまで姉に言われると、健三は姉の申出を拒むことはできない。からみついてくるつる草のように、島田の出現を機会に、なにもかもが健三をがんじがらめにしてくるのである。

そのうえに、妻のほうは家計のやりくりがたいへんなので、とうとう自分の着物を質に入れたという。健三はもう少し働こうと決心し、原稿を書いていくらかの金を得た。彼はその金の入った封筒を畳の上に放り出し、妻は黙ってそれを取り上げた。

「その時細君は別に嬉《うれ》しい顔もしなかった。しかしもし夫が優しい言葉に添えて、それを渡してくれたなら、きっと嬉しい顔をする事が出来たろうにと思った。健三はまたもし細君が嬉しそうにそれを受取ってくれたら優しい言葉も掛けられたろうにと考えた。それで物質的の要求に応ずべく工面されたこの金は、二人の間に存在する精神上の要求を充《み》たす方便としてはむしろ失敗に帰してしまった。」

こんなふうにして、せっかく努力をしながら二人の気持はすれ違ってしまう。夫のほうは、時には「どうぞ口を利いてくれ。後生だから己の顔を見てくれ」と、祈るような気持ちで言いたいとさえ思った。しかし、それはできない。「感傷的《センチメンタル》な気分に支配されやすいくせに、彼は決して外表的《デモンストラチーヴ》になれない男であった」。

この後は省略するが、島田の妻も金をせびりにくるし、妻の父親がいろいろ頼みごとをもってやってくる。妻の妊娠も重なり、まったくたいへんで、彼の本来の仕事である学問のための時間はますます少なくなる。

人通りの少ない町を歩いている間、彼は自分の事ばかり考えた。

「御前は必竟《ひっきょう》何をしに世の中に生れて来たのだ」

彼の頭のどこかでこういう質問を彼に掛けるものがあった。彼はそれに答えたくなかった。なるべく返事を避けようとした。するとその声がなお彼を追窮し始めた。何遍でも同じ事を繰り返してやめなかった。彼は最後に叫んだ。

「分らない」

その声は忽《たちま》ちせせら笑った。

「分らないのじゃあるまい。分っていても、其所《そこ》へ行けないのだろう。途中で引懸っているのだろう」

「己《おれ》のせいじゃない。己のせいじゃない」

健三は逃げるようにずんずん歩いた。

いったいこれがどうして自己実現なのか、と言われるかもしれない。つまらぬことの繰り返しではないか。「其所《そこ》へ行く」目標をもちながら、「途中で引懸って」道草ばかりしている。このことを、これこそ自己実現だと筆者に感じさせるのは、このようなすべての現象を的確にとらえている「目」の存在である。その目はある意味では健三の目かもしれない。しかし、それはみごとに健三からもお住からも等距離のところからどちらに偏することもなく、しっかりと見ているのだ。そのことは今まで引用した短い文からも推察していただけるだろう。その「目」は島田にも、姉にもその妻君にも、健三からの距離と等しいところからそそがれている。その視点は高く高く昇ってゆくのだ。「道草」のように見える人生の些事を一つひとつ生き抜いてゆくのを、高い視点から見る。

このような視点を獲得するとき、健三にとって、お住も島田も姉も、その他すべての人々が「自分のこと」になる。つまり、「自己」の実現として、毎日毎日のことが重みをもってくるのである。

さて小説のほうでは、島田にはまとまった金を渡すことによって今後はいっさいの関係を切る話合いが成立する。お住はやれやれ片付いたというが健三は反対する。

「世の中に片付くなんてものは殆《ほと》んどありゃしない。一遍起った事は何時までも続くのさ。ただ色々な形に変るから他《ひと》にも自分にも解らなくなるだけの事さ」と彼は言う。

この最後の一言は自己実現ということが、「過程」であって「目標」ではないことを如実に示している。それはいつまでも続き、「片付く」ことはないのだ。われわれ心理療法家とクライアントとの関係は、『道草』のなかの健三とお住、健三と島田、あるいは、健三と比田(姉の夫、ここではあまり言及しなかった)のようであったりしながら、結局のところ、二人がいかにしてそこに高い「目」の存在を知り、それを高めてゆくかという仕事をしている、と言うことができる。それは時に「片付いた」ように見えるが、健三の言うとおり、本当に片付くことなどはないのである。「自己実現」ということのこのような様相をよく知ることによって、時に「何の変化もない」かのごとく見えるクライアントにも長くつき合ってゆけるのである。

『人生の親戚』

『道草』を読んだ後で『人生の親戚』という題を見ると、両者の間にある結びつきがあることが感じとられる。健三にとって島田こそ(そして島田を取り巻く人たちこそ)、「人生の親戚」と呼ぶのにふさわしい人ではなかったろうか。人間は生まれたときから運命的にその「親戚」をもっている。それらとどのようにつき合ってゆくのか、ということがとりも直さず「自己実現」ということになるのであろう。

『人生の親戚』の主人公まり恵にとっての「親戚」はどのような人々であっただろうか。彼女は常人には体験できない「親戚」をもつことになった。彼女の長男ムーサンは障害児で知恵遅れであった。弟の道夫は健常児で、むしろ優秀でさえあった。しかし交通事故で無惨にも半身不随となり、車椅子に乗ることになった。それでも、まり恵はこの子どもたちと雄々しく生きようとした。しかしながら、道夫の車椅子をムーサンが押して、二人は伊豆の海岸の絶壁から身を投げて自殺してしまうのだ。

このようにして死んでいった二人の息子とどのように「つき合ってゆく」のかが、まり恵の人生の課題であった。彼女は二人の自殺のことを思い出して語るとき「アレ」と呼んだ。「アレが起ってから……」というように。代名詞でしか呼べないような事柄というと、心理療法家ならすぐにフロイトの「ソレ」(Es)を想起するのではなかろうか。自我はいかにして「ソレ」とつき合うのか。フロイトもユングも膨大な著作のなかに、ひたすらそのことを書き続けてきたのである。

このように考えると、「人生の親戚」とは「ソレ」のことなのだと言いたくなる。人は生まれたときから「ソレ」をもっている。そして、死ぬまで「ソレ」とのつき合いにこころを砕くのである。『道草』の島田も『人生の親戚』のムーサン兄弟も、それぞれが「ソレ」の顕現として考えられないだろうか。ソレは人によって異なる形態をとって顕われるのである。

ムーサンと道夫の死は何を意味するだろうか。頭はふつうだが、からだが健常でない子。からだは健康だが頭に障害をもつ子。この二人は私にとって、「精神と身体」の分裂を象徴するように思われた。この分裂によって生ずる傷をいかにして癒すのか。それは、まり恵の問題というより現代人すべての問題ではなかろうか。そのように言えば、つき合いたくない「親戚」との関係を断てずに、ずるずると引きのばしている悩みも、現代人すべての問題といえないだろうか。文学作品というのは、まったく個別のことを扱いながら、それは普遍的なものへと深くつながってゆくのである。

まり恵がその深い傷を癒すためにどのような生涯を送ったのか。そのことについてはここに述べる余裕がないので、ぜひ原作を読んでいただくことにして、ここでは心理療法家にとって大切に感じられることとして二点だけを取り上げて論じてみたい。

まり恵は結局はメキシコに行き、そこで亡くなるのだが、著者によると、そこでは「人生の親戚」は「悲しみ」を意味するとも考えられるという。たしかに自己実現としての人生を考えると、その基調となる感情は「悲しみ」ということになるのではなかろうか。このこととの関連で考えられることに、センチメンタルということがある。心理療法家の欠点は、安っぽいセンチメンタリティに陥りがちだということではなかろうか。
センチメンタリティについて、『人生の親戚』のなかでは次のように書かれている。それは、アメリカの女流作家オコナーの考えにもとづいて主人公のまり恵の言葉として述べられる。

「もともと、私たちは無垢《イノセンス》を失っているのに、キリストの罪の贖い《リダンプション》をつうじて、一挙にじゃなく、ゆるゆると時間をかけて、私たちは無垢《イノセンス》に戻るのだとも、彼女（オコナー――筆者注）はいってるわ。現実での過程をとばして、安易にニセの無垢《イノセンス》に戻ることが、つまりsentimentalityだというわけね。」

オコナーはカトリックの作家なので、ここにキリストの贖罪ということが述べられるが、いちおうそれを不問にするとしても、ともかく「ゆるゆると時間をかけて」するべきことを一挙にやろうとしたり、やれたと思ったりするときに、センチメンタリティが動くというのである。「自己実現した人」がいると思ったり、誰かの役に立つとか、「治す」とかを安易に考えるのは、センチメンタルなのである。こう考えると、心理療法とかカウンセリングを好きになる人にセンチメンタルな人が多いことに気づかされる。

ところで、「キリストの贖罪」はどうか。このことを抜きにして「無垢《イノセンス》」とか、「救われる」などということを考えていいのだろうか。心理療法は一般には宗教と無関係になされる（もちろん、仏教カウンセリングとか牧会カウンセリングなどもあるが）。この点についてわれわれはどう考えるべきだろう。おそらく心理療法は「ゆるゆる」となされ、センチメンタリティをきらうにしろ、「無垢《イノセンス》」とか「救い」などは考えなくて、ゆるゆるとした過程のほうに重きをおいた自己実現ということを考えるのであろう。

第二の点として、「物語」ということについて少しふれる。まり恵にとって「アレ」の体験はあまりにも恐ろしく強烈すぎることであった。しかし、それと無縁に生きることはできない。「アレ」を自分の人生全体のなかに組み込んで、自分にも納得のゆく物語を見出すことこそが、まり恵にとって意義あることであった。現代人はつごうの悪いことやいやなことは「切り棄てる」ことによって効率のよい人生を生きようとする。しかし、そのような切り棄てによって、その人の人生は全体性を失う。そのような喪失の悲しみをセンチメンタルな考えや行為によって一挙に解消しようとすることを現代人は繰り返してきたのではなかろうか。切り棄てをやめて生きようとする人は、自分の物語を創造しなくてはならない。そのような物語づくりの過程こそ自己実現であるし、心理療法家はそのような過程に参画してゆく人間である、と考えられる。

小説のなかに心理的成長の過程を読みとる試みとして、『中年クライシス』(朝日新聞社、一九九三年〔本著作集第九巻所収〕)を出版した。ここに取り上げた二つの作品も、もう少しくわしく論じているので、興味ある方は参照していただきたい。

14　そもそも科学とは何かを考える
村上陽一郎『近代科学を超えて』、R・J・バーンスタイン『科学・解釈学・実践I』を読む

臨床心理学の科学性という問題は、それを学びはじめた最初から、筆者のこころのなかにあり、長い間、心理臨床の実際に従事しながら、ずっとそれを引きずってきたものである。なにしろ学問をはじめた頃は理科系に属し、科学的合理主義万能のような考え方さえしていたのだから、臨床心理学が科学であるか、ということは筆者にとって実に大きい問題であった。

臨床心理を学びはじめたのは、どうしても実際的要請に応えるためなのだが、はじめは心理療法をする気がせず、もっぱら心理テストに関心をもったのも、「科学性」にこだわっていたからである。さりとて、理科系の学問をしてきた者にとっては、実験心理学の人たちの主張する「科学性」には納得のいかぬことが多く、しかも、人間の「こころ」を問題とする限り、どうしても実験心理の方法論は適切と思われない。したがって、テストも質問紙法にはあきたらず、ロールシャッハに熱心になったが、その有効性を身をもって経験しつつ、「科学性」についてては疑いをもたざるをえなかった。

とうとうアメリカ留学したが、そこでまず感じたことは、アメリカ人が「科学信仰」に生きている、というこ

とであった。これはどうもおかしいと思っているとき、クロッパー先生より「現象学的接近法」というのを学び、非常に感激したものである。ロールシャッハ法は科学的なテストではなく、現象学的接近をするための道具なのである。ともかくこの考え方によって、臨床心理学を行なってゆくための、ひとまずの方法論を得たと感じた。

　自分なりに科学性の問題にひとまずけりをつけたと感じるとともに、臨床心理の実際においては、これまでの「自然科学」の方法論をそのまま用いても、むしろ役に立ちがたいことを知り、すでに紹介したように(2章参照)、「科学の知」と「神話の知」を区別して考える、中村雄二郎氏の考えなどを援用して、「神話の知」を見出す仕事の援助として心理療法家の仕事を位置づけることなどを試みてきた。

　しかしながら、一般の風潮として、「科学」のみを重視する態度はまだまだ強く、科学ではないということはすぐに、まやかしであると断定されるような傾向が強いことが感じられる。そこで「科学」ということは、そもそも何かについてよく考える必要があり、「科学」という概念を広くとって考えるならば、臨床心理の領域で行なっていることも、広義での「科学」と考えられる、というので、科学論についてもう少し学ぶ必要を感じはじめた。これは臨床心理学を専攻するものにとって非常に重要なことであり、そのような点で適切と考えられる書物を次に取り上げることにした。

　村上陽一郎氏の著作からは学ぶところが多く、現時点まで常に新しい考えが発表されてきているが、ともかくまず基本的なことをおさえるという意味で、この書物を取り上げることにした。

『近代科学を超えて』

この書物は筆者が自然科学の方法として一般に言われていることに対してもっていた疑問に、的確に答えてくれたものとして、強く印象に残っている。著者は一般に自然科学にかんする「常識」と思われていることが、いかに事実と異なるかを、一つひとつ明確に述べている。たとえば、「科学は事実を離れて成立する」「科学は価値と意味の世界をもつ」などという見出しを見るだけでも、それがわかるであろう。

科学史を専攻する村上は、科学史のなかでなんらかの発展が認められるとき、それに対して「必ずしも「データ」が中心的な役割を果していないように思われる事例が多い」ことに気づいた。たとえば、コペルニクスの地動説でも、ハーヴィの血液循環論にしても、その思いつきに新しいデータの発見が寄与したということはない。このようなことを奇妙に思いつつもよく調べてゆくうちに、「客観的で、それゆえにまた普遍的であるはずの自然科学が、実はその根元において、他の領域の場合と同じように、深く近代西欧文化圏特有の思想構造に支配されている」ことがわかってきたのである。

村上はいろいろな例をあげつつ、ふつう一般の常識とは逆に、「第一に、われわれの科学は、少くともいくばくか、経験的な「事実」に先立つ何ものかによって支えられている、ということであり、第二に、「事実」や「現実」に直接的に密着しようとするところには、科学の体系はない」ことを明らかにする。「「事実」群外の準拠枠があってはじめて」事実が科学的な事実としての意味をもってくるのである。

このことはつまり、「何らかの意味での一切の予断なく、ものごとを語ることはできない」ということになる。

ここで村上が大学における「学生実験」のことを語っているのは非常に興味深い。これは「実験」というものの、教師が立てた計画にそってそれを行い、「予め設定された結果や数値を得て安心して実験報告のレポートを書く。もし自分の得た結果や数値が、予め設定されたそれからかけ離れていると、学生はどこにミスがあったのか、手順の誤り、数値計算の誤りなどのチェックにあわてなければならない」。

学生たちはこのような「実験」に熱心になっているが、実はこれは科学の発展のための創造的な仕事とむしろ逆の極に位置する、と言っていいだろう。創造的な仕事は実験に先立って、クーンの言うような新しいパラダイムを形成しようとすることで、そのようなパラダイムの立証の手段として実験が存在している。したがって「一般に実験は「理論形成以前」ではなく「理論形成以後」的な性格をもち、それゆえまた「事実収集」を目的とするというよりは「理論の証明」を目的としている」ということになる。

科学はいろいろと専門化し分化する。しかし「物理学帝国主義」という言葉があるように、すべての科学は「物理学」を範としてその方法論を考えるところがある。実験心理学もそのひとつと言っていいだろう。このようなことが生じるには暗黙の前提がある。「それは「科学的である」ということの定義として、「分析的である」ということをとっている」と村上は言う。つまり「現象を、ただ現象としてとらえるのではなく、その現象を、それを成り立たせている何らかの要素群に分解し、その要素群が、時間 - 空間のなかでどのように振る舞うか、その有様を記述することによって、もとの現象を説明する」ということになる。

ここで、村上は自然科学を「物理学帝国主義」から解放し、新しい方法論を考え出してゆくために、「われわれは、「科学的」に対して、「分析的」以外の定義を(それは必ずしも「分析的」との二者択一を迫るようなものである必要はない)与えることもできるのではないであろうか」と提言する。そして、そのような問題を考えるのに適当な領域として「医学」を取り上げるが、これはそのまま「臨床心理学」にも当てはまると言っていいほどであり、そこに展開される論議は臨床心理士にとってもきわめて重要なことである。

医学においては「苦しみ」や「痛み」ということが問題になってくるが、これは「客観的」にとらえられない面をもっている。「痛みの説明」としては客観的な身体の現象によって述べることは可能であるが、痛みそのものはあくまでも主観的であり、それは客観的には知りえないものである。このような点から村上は、医者は「分析的な眼と頭とをもつと同時に、全体的な人間という統合的な視点を不可分なものとして要求される」(傍点筆者)という。このことはまさに臨床心理士に当てはまることである。

物理学を範として他の領域がその学問を構築しようとすると、いわゆる「擬人主義」の拒否ということが出てくる。「この傾向は、本来、「擬人主義」以外ではあり得ない人間の探究にまで入り込んできている。たとえば心理学は、人間の心の現象を扱うわけではあるが、人間の心を物質にあてはめる擬人主義が非科学的として排除されるという思想的慣性のなかで、人間の心を人間にあてはめることもまた非科学的であるとさえ考えられるに至った」ということは、読者もよく知っているところだろう。その方法論の是非はともかく、ネズミを対象として行なった実験結果を人間に適用しようとするのは、「擬鼠主義」ではないかというケストラーの言葉や、ベルタランフィの「擬動物主義」という言葉を引いての村上の批判は傾聴すべきであると思われる。

人間を対象として科学を考えるときは、因果説明のみではなく、目的論的説明や機能的説明も必要である、と村上は主張する。「近代科学は、目的論的説明や機能的説明を排除し、因果的説明と分析的思考に頼ることによって、価値体系から解放され、自由かつ中立の立場を手に入れたと考えられた。そうした考え方はそれ自身が紛れもなく一つの価値体系であることを無視している点で明らかに誤っている。しかしそれと同時に、それらの説明様式と思考様式は、生命現象から「生きる」という最終的な「目的」を排除し、「生きる」という目的に向って全生物系が「機能」していることにも眼をつぶったという点で二重の誤りを犯したと言えるだろう」というのは、まことに重要な指摘である。

このように「生きる」ということに注目して研究する際に、どうしても全体的なことを常に考慮することになるので、分析的方法に比して正確さに欠ける感を抱かせるのは、仕方のないことである。「生態系の場合は、多数の入口からユニークなゴールへという点で因果的正確さの外にある曖昧さを特徴としているとも言えるのである。その意味では、曖昧さを曖昧さとして正当に評価できる方法は、科学のなかで決して否定さるべきものではない」。たしかに臨床心理学においては、適切な曖昧さということが非常に大切であるように思う。ただそのときに無自覚に曖昧になるのではなく、なぜそのように曖昧なのかを、言語によって説明できるようにしなくてはならないのである。

この書物はほかにも紹介したいことがあるが省略し、あと一つだけ論じる。先に述べたような「科学」主義によって、「非擬人主義という自然科学の価値的原理が、「人間」一般にまで適用されたことを意味」するようになった。極論すれば人間も「もの」扱いされるわけである。そして、そのような考えのもとをたずねてゆくと、キリスト教的な人間と自然の分離主義が存在しているわけである。これは「人間への愛を説いたはずのキリスト教」のもつパラドックスであると村上は言う。そこで、これらのことをふまえ、「そうした科学の自律性を破壊し、再び科学を新たな「神学」——とあえて言おう——のなかに包摂することこそ肝要になるのではないか」と村上は結論するのである。

村上の言う新たな「神学」がどういうことを意味しているのか明確にはわからないが、「神話の知」と「科学の知」の折り合いをどうつけるかとして、筆者が考えていることと、その意図は相当に一致するのではなかろうか。

『科学・解釈学・実践Ⅰ』

前書において、科学にかんする一般の常識を破るようなことを述べた。科学を「絶対的真理」として単純に信じているような人にとっては、それは驚きであったかもしれない。いかなる科学も、それの前提となる価値や意味という枠組みをもっているのであり、パラダイムの転換によって、それまでと異なる新しい科学が出現してくることも考えられるのである。

このようなことを聞くと、また非常に単純に考える人は、科学といえども信用できないとか、時流に乗ったかたちで「反科学主義」を唱えたり、西洋がだめなら東洋でという結論に飛びついたりする人もあるが、ことはそれほど単純ではない。たしかに、科学信仰も困りものだが、科学――西洋近代科学――をそんなに甘く見るのも間違っている。そこで、科学の本質について哲学的に考察したものとして、とくに科学に関連しての「客観主義と相対主義」についての論議や社会科学にかんする論及がおもしろかったので、本書を取り上げることにした。

これは科学論として展開されているが、筆者にとっては、心理療法におけるあれこれの問題と重ね合わせて読めるところも多く、その点でも興味深く読むことができた。

著者は序文のなかで、ファイヤアーベントの『方法への挑戦』、H＝G・ガダマーの『真理と方法』、ウォーリンの『職業としての政治理論』をあげて、「この三つの著作はすべて、「方法」という名のもとで主張されている知的帝国主義に対して、徹底的な批判を展開しているのである」と述べ、ファイヤアーベントは科学の「神格化」を批判しているし、ガダマーは現代がいかに「方法」という強迫観念によって、「理解の存在論的性格が歪曲され隠蔽されて」いるかを明らかにし、ウォーリンは「方法的生《ヴィタメトディ》」が政治や政治的判断力についてのわれわれの考えを歪めてしまったと主張したことを示している。

いわゆる「客観主義」というのは著者によると、「不変にして非歴史的な母型ないし準拠枠といったものが存在し(あるいは存在せねばならず)、それを究極的なよりどころにして、合理性・知識・真理・実在・善・正義などの本性を決定できるとする、そうした基本的な確信」のことである。

これに対して「相対主義」とは、前述の客観主義を拒否するだけではなく、いかに根本的な概念と思われているものでも、特定の概念図式・理論的な準拠枠などに相対的なものとして理解されねばならないと考える。つまり、そうした概念図式が還元不能な仕方で多元的であると信じている。両立不可能なパラダイムが競合している場合に、それらに対して合理的な裁決をしたり一義的な評価を下したりするためのよりどころとなるようなものは存在しないと考えるのである。

これまでは「客観主義」が科学の本質であるように考えられ、暴威をふるっていたが、前述したような学者やクーンなどが、客観主義に対する疑問を投げかけた。著者もそれには賛成であるが、さりとて、そこから単純な相対主義、つまり不変な合理性の基準を認めないで、「ある種の基準ないし慣習を恣意的に受容する」(傍点筆者)ほうへと移ることには反対している。この本の副題に「客観主義と相対主義を超えて」と記されているように、著者はこのような単純な二者択一が無意味であることを丹念に論じてゆくのである。さきの村上の書物にもあったが、科学を「絶対」と考えることの害が、これらの書物によって明らかにされるのだが、そこからジャンプして、科学をきわめて「恣意的」なものだとか、信用できないなどという結論をもち出さないことが肝心である。クーンの言う通常科学と革命科学という考えに対しては、著者は「通常科学に対して好悪や毀誉褒貶を言い立てたところで、それは的外れである。通常科学が発達し、そこにおいて本質的な厳密さや正確さの程度が高まっていく、ということがもしないとすれば、科学革命はけっして起こらないだろう。……通常科学と革命的科学との境界線は、クーンがときおり述べているほど画然としたものではない」と、穏当な意見を述べている。

最後に「共約不可能性と社会科学」ということについてふれる。このことは心理療法において重要な他者理解の可能性ということと密接に関連していると思われる。「共約不可能」とは、クーンやファイヤアーベントが使う言葉であるが、簡単に言うと、異なる二つのパラダイムを比較するときに、それらに共通するような用語や概念を見出すことが不可能であるという考えである。つまり、もしそのようなものがあるとすると、両方のパラダイムを包摂するような考えなり、パラダイムなりが存在するということになってくるからである。

ここで誤解する人は、共約不可能性などを容認すると、「あらゆる種類の好ましくない考え(たとえば客観主義・非合理主義・ニヒリズムなど)に扉を開く」と考える。これに対して、「共約不可能」は「比較不可能」を意味しないと言い、ひとつの例を提出している。たとえば直角二等辺三角形の斜辺は他の辺とは共約不可能である(直角をはさむ辺を1とすると斜辺は$\sqrt{2}$になって共約不能)。しかし、その長さの長短は比較できるというのである。著者はこの例にあまり満足していないが、私には面白い例と考えられた。

社会科学についての論は省略するが、人類学を例にして著者が論じている、文化の異なる人たちを研究することは可能なのか、可能とすればいかにしてという論議は、われわれ臨床家としてはクライアント理解に通じるものとして意義深く読めるのである。

本書は哲学書なので実のところ難解なところもあったが、筆者の問題意識と合致するところが多く、そのような点で興味をもって読むことができた。日々の臨床活動に追われていると、このようなかたちでの思索をすることが少なくなるが、時にこのような頭の体操をすることは、臨床的な現実に密着しすぎる欠点をカバーしてくれるものとして、なかなか効果があるように思った。そんなわけで皆さんにもおすすめするしだいである。

15　芸術家の修行に学ぶ

吉田雅夫『フルートと私　対談植村泰一』、K・S・スタニスラフスキイ『俳優修業』を読む

これまで多くの書物を紹介してきたが、このあたりで、少し遊びごころを出して――と言っても「遊びごころ」こそ心理療法にとって大切なことなのだが――心理療法とは一見無関係と思えるような二冊を取り上げることにした。芸術やスポーツなどにかんして、それを実際に鑑賞するのみでなく、それについて書かれたものなどを読むことも好きである。単に好きというよりは、偉大な芸術に触れると、心理療法を行なってゆくうえで勇気づけられたり、また深く反省させられたりするので、それらは私が心理療法を行うのに不可欠のこととさえ言えるだろう。

それと、もうひとつ思うことは、心理療法家の訓練や教育という点でも、非常に参考になることが多いことである。ここに取り上げた二冊は「教育的」にみても、実に価値ある書物である。『俳優修業』は私が大学卒業後、高校の教師をしていたときに読んで、「教師論」として役立つところが多いと思ったものである。教師、心理療法家と似たところを多くもっており、この点について誰かがよく考えて研究論文を書けばいいのにと思っていたが、今回読み直していっそうそのように感じた。

プロの芸術家となるために自分を鍛えてゆく。その際にどれほどの細心の注意と、厳しい訓練がなされねばならないか、をこれらの書物はよく伝えてくれる。このような本を読むたびに、自分もプロと言われる心理療法家となるために同じだけの努力や注意を払ってきているかを反省させられる。『フルートと私』のなかに、フルートの名手モイーズが「弦楽器のボーイングは何千種類もあるけど、フルートはもう千種類位多いよ」と言うところがある。「理想の音」を求めて実に細心の注意と努力がなされている。われわれ心理療法家も、クライアントの一言に応答するのに何千種類もの答えがあると自信をもって言えるだろうか。あちらもプロなら、こちらもプロである。プロとして恥ずかしくない修練をしなくてはならない。

『フルートと私　対談植村泰一』

私がフルートを吹くので、この本を取り上げて自分の趣味を押しつけるようで申しわけないが、フルートと関係なくともこの本は読んでたいへん面白いし、教えられるところも多い本と思う。吉田雅夫は日本のフルート界の大御所と言っていい人であるが、その弟子(と言っていいのかどうか)の植村泰一との対談によって話がすすめられてゆくので、読みやすいし、微妙なニュアンスがよく伝わってくる。やはり「芸」というものはよき聞き手を得て「語られる」ときに、その真価が示されるものなのであろう。

吉田雅夫がフルートと出会い、音楽家になるのを許さない父親に対してハンガーストライキをしたり、苦労を重ねながらフルート吹きとして成長してくるところも興味深いが、ここでは割愛しておこう。いろいろな指揮者の個性がうまく描かれていて、これも音楽ファンには興味あるところだが割愛して、もっぱら教育とか訓練とかの話題に限定することにしよう。

まず感心するのは、「正しい伝統はつたえる義務がありますが、自分が先生からこう教わったから生徒も絶対こうやるべきだというのは危険ですよ。僕自身吉田流家元になることは警戒しますね」という言葉である。これに続いて、アーサー・ケストラーの言葉を引きながら「ある「派」とか技法の中だけでつみ積ねられていく進歩は、結局どうしても行きづまったり、マンネリズムあるいは頽廃に陥る」、「どこかで枝分れして自分の道を発見しなければなりません。一番よい教育者とは、自分の道を自分で発見できるよう生徒を導くことができる先生です」と言っている。これはこのまま、われわれの世界にも通用することではなかろうか。

日本では西洋の学問や芸術を取り入れても、すぐに「家元」ができる悪い癖がある。私も「家元」にならぬように努力してきたつもりだが、他から見てどうだろうか。はじめに、植村泰一を吉田雅夫の弟子と言っていいのかなどと書いたが、これは対談を読んでいてわかることで、植村が吉田の影響を強く受けて敬愛していることは明白であるが、だからと言って「先生の言われることにはすべて従う」ようなタイプの「弟子」でないこともわかってくる。異なる個性がぶつかっているので対談になっているのだ。

「型から入って、型から出る」というところで、「型から姿へ移行する」という表現があるのも示唆的である。ただこの際に、「演奏というのは九十パーセントは伝統、あとの十パーセントが個性なんですね」というところがあるが、心理療法はこのようには言いがたいのではなかろうか。そして、ここに心理療法の教育のむずかしさがある、と思われる。九十パーセントが伝統であれば、それを教え込むシステムは相当につくりやすい。もちろん、そのために下手をすると「家元」ができてきたり、個性が殺されてしまったりすることもあるが、ともかく、何をどのようにどの順序で教える、ということが相当に明確になる。

心理療法の場合は、伝統(学問)五十パーセント、個性五十パーセントくらいだろうか。というよりは、自分の個性を掘りあて磨きあげることと学問とが不可分になっていると言っていいかもしれない。したがって、「型から姿に移行する」ような訓練方法が見出しがたいのである。もちろん、カウンセリングなどで「型」からはいってゆくような考え方もあるが、「弦楽器のボーイングは何千種類」などと言われるのに対して、それに対抗しうるほどの豊富な「型」をもっているか反省してみると、それがどれほどチャチなものであるかがわかることと思う。

これはフルートのこまかい技術的なことになるので内容は省略するが、吉田雅夫が、「理想の音を求めて」どれほどこまかいことに気を配ってゆくかは、実に感嘆すべきことである。フルートをどう持つのか、口をどのように当てるか、息はどうするか、その一つひとつに細心の注意を払う。そして最後のところは、「プレーヤー自身で発見しないと絶対に駄目だと思いますね」ということになる。「生徒が自分で自分の方法を発見することですね。先生は奏法にしろ解釈にしろ最後まで面倒をみちゃいけません。あるところで突き放す。生徒が自分の方法を発見すればしめたもんです。どうやったら発見できるか暗示を与えてやる、アドバイスする、それが先生の使命ですね」。これもまったく、われわれにも当てはまることである。

細部が大切と言っても、それにこだわっては駄目である。植村が「対談を終えて」のなかで次のようなことを述べている。フルーティストのオーレル・ニコレが日本のフルート吹きは「フルート・マニアだ。フルート・フェティシストであるとすら言える」と批判したという。こまかいことに凝りすぎて大切なことを忘れがちになることを端的にこのように表現したのである。ニコレはまた「笛吹きの皆さんは、勿論、笛がお好きでしょう。でも、それ以上に音楽を好きになって下さい。笛は音楽を表現するための道具なのですから」と言ったという。このことは、ひとむかし前にカウンセリングブームなどという言葉が聞かれた頃、カウンセリングというと録音をとっては、こまかいことに一つひとつこだわって論じていたことなどを思い出す。下手をすると、われわれはカウンセリングマニア、箱庭マニア、夢マニアになってしまうし、妙な理論マニアにもなってしまうのである。そして、最も大切な「人間」ということを忘れがちになる。

演奏の前には、その曲についていろいろと理解を深める準備をする。調べているうちに疑問も生じてくる。「疑問は興味なんですね。一つ曲をとり上げても、考えることはいくらでもあります。考え考えその曲を完成に近づけていく、こういう勉強が面白いんですね。面白くなるということは遊びにつながるんですね」ということで「遊びごころ」の大切さが指摘される。「僕が「音楽の演奏は遊びである」というとよく誤解されますが、「興味をもって」その本質を探るという意味と考えてほしいんですね」という吉田の言葉は、同じような意味で、「心理療法は遊びである」と言ってもよさそうに感じさせる。吉田の言うように、これは「誤解される」と困ることではあるが。

誤解を避けるためには、吉田が「音楽とは僕にとって何だろう」と考えたことに対する答えとして述べているのを引用するといいだろう。これによって彼の音楽に対する姿勢がよくわかるからである。「昔『人間、この未知なるもの』という本がありましたが、「音楽、この未知なるもの」といった感じなんです。この課題は頭から離れないんです。楽しいから音楽をする、人は苦しかったら音楽をしないかもしれない。そんなもんじゃないんです。大げさな言い方ですけど、音楽が人生そのものなんです。楽しくたって苦しくたって僕は音楽をしなければならないんじゃないか、そんな感じです」。これに続いてアーサー・ケストラーの「すべての創造活動というものは、一種の自助療法である」などの言葉を引いた後で、「僕が毎日笛を吹いているのは自己修復作業と思うんです。笛を取り上げられたら生きていかれないんですよ」と言い切っている。このような姿勢のうえに立って、「遊び」という言葉が出てきていることの意味を味わうべきだと思われる。

心理療法の場合も、これと変わるところがないであろう。私は心理療法は創造活動だと思っている。そのような意味で、それは他人に対して療法を行いつつ、「自助療法」でもあることを、われわれはよく理解しておく必要があると思う。吉田は自分の尊敬するモイーズの演奏について、「音の問題ではなくて魂の問題に関係してくるんですね」と言っているが、そのような演奏であるからこそ、「自助療法」であるとともに、それを聴く人々を癒す力をもっているのであろう。

『俳優修業 第一部』

これは有名な演出家スタニスラフスキイの文字どおり「俳優修業」にかんして書いた書物であるが、「第一部」がその内的側面、「第二部」が外的側面に重点をおいて書かれており、心理療法との関連でいえば第一部のほうがはるかに深いので、第一部のみを取り上げた。もちろん、「俳優修業」としていえば、第二部も同等に重要であり、われわれ素人が読んでも、けっこう興味深いものである。どちらも俳優志望の青年コスチャが演出家トルツォフの門に学び、それを手記として発表したかたちをとって書かれているので、非常に具体的で生き生きと叙述されていて、読みやすく惹きつけられる。また、トルツォフが生徒たちを導いてゆくために考え出してくる、素材の選び方や主題の立て方、生徒たちにものごとを体得させてゆくための工夫など、自分が心理療法を教える場合に参考になることも多い。

最初のところでコスチャが遅刻して、ひどく叱られるところは印象的である。「俳優は、軍人に劣らず、鉄の規則に従わなければならない」というのは、そのまま心理療法家にも当てはまる、と私は思っている。しょっちゅう、面接時間に遅れてくるような心理療法家は、まずプロではないと言っていいだろう。

本書の全体を通じて主張される「役を生きる」という姿勢は、そのまま心理療法家に当てはまると言っていいだろう。最後のまとめとも言えるところにある「我々が必要とするのは、劇作家の意図と調和し、同時に、俳優の魂の中に感応を喚び起こすような超目標である。すなわち、我々はそれを、単に戯曲の中だけではなく、俳優自身の中にも捜さなければならないのだ」という言葉も心理療法家に当てはまるもので、「劇作家」とあるところを「クライアント」とし、「俳優」とあるところを「心理療法家」と読みかえればいいわけである。ただここで大きい問題は「戯曲」というものにはシナリオが存在しているのだが、心理療法の場合は、それを心理療法家とクライアントが二人で見つけ出し、それを生きてゆかねばならない、ということである。その点では異なるものの、俳優修業ということが心理療法家の訓練に多くの示唆を与える事実は無視できない。

俳優が「役を生きる」ためにするさまざまの努力は、心理療法家がクライアントを共感的に理解するためになすべき努力を思い起こさせる。「共感的理解」という態度があり、それができれば心理療法がすすんでゆくような言い方をすることがあるが、実のところは、共感的理解ということも心理療法の過程そのものと言っていいわけで、努力を続けることによって徐々に深まってゆくものである。そのような点で、俳優になるための訓練として、本書に説かれていることはそのまま心理療法家の訓練としても役立つと思われる。

心理療法家の訓練のコースのひとつとして、ここに述べられているような「想像力」、「注意の集中」、「筋肉の緩和」、「情緒的記憶」などと題されていることを実際に行なってみるのも意義あることだろう。「俳優」としての訓練に重みがかかってしまうと困るが、そのあたりを考慮しつつなされるときは、非常に効果的と思われる。何よりもこの際「身体」ということがかかわってくるところがいい。心理療法家は下手をすると頭デッカチになってしまうので、身体の動きを入れこんでくることは、それを防ぐことにもなる。このような考えで、前任校の京都大学教育学部では、劇の演出家であり、独自な身体的な訓練を考え出されている竹内敏晴先生(その著書については、10章で紹介した)に非常勤講師として来ていただいたことがある。私も受講者の一人として参加したが、非常に大きい収穫があった。このようなことは、心理療法家の訓練に、今後も積極的に取り入れてゆくべきであろう。

「信頼と真実の感覚」というところに次のようなトルツォフの言葉がある。「我々にとって重要なのは、役における人間精神の内生活のリアリティと、そのリアリティに対する信頼とである」。そして、「真実は、信頼と切り離すことができないし、信頼は、真実と切り離すことができない」。

心理療法家にとって大切なのは、「クライアントにおける精神の内生活のリアリティ」である。そして、それに対する「信頼」なしには、事が運ばないのである。俳優が与えられた「役」という人間の精神の内生活のリアリティを把握しようと努めるのと同様に、心理療法家にはクライアントという人が与えられる。ところがそのような与えられた「他人」のリアリティに迫ってゆくときに、自分自身はどうなるのか。これについてはトルツォフは次のように言う。

「舞台では、けっして君自身を失ってはいけない。いつでも君自身として、一人の芸術家として行動したまえ。君はけっして、君自身から離れることはできないのだ。君が舞台で君自身を失う瞬間は、真に君の役を生きることを棄てて、誇張した嘘の演技をはじめるときだ」。このような「演技」に走ってしまうと、「役の生活の、ほんとうの源である、脈打つ、生きた、人間の魂を彼から奪うからである」。

心理療法家も、常にクライアントの内的生活のリアリティを受け容れながら、「自分自身を失ってはならない」のである。このような最も大切と言える「自分自身であること」を破壊するような指導法があることも、トルツォフはうまく生徒たちに伝えている。あるとき、彼は生徒を舞台に立たせて演技をはじめるように言う。演技がはじまるや否や、トルツォフの厳しい言葉がとんでくる。「なぜうつむいているのだ。そんなのには根拠がない」と、そして何やかやと批判を続けるので、生徒は立往生してしまう。そこでトルツォフは笑いながら、「こやかましい批評家というものは、俳優を発狂させ、収拾のつかない状態に陥れることができるものだ」ということを納得しただろうと言う。こんなのを読んでいると、われわれがスーパーバイズをするときにこころがけるべきことが、そのまま指摘されているように思う。多くのスーパーバイザーはたくさんの「正しい」ことを言いたてて、スーパーバイジーを潰してしまうのだ。

こんな紹介をしているといくらでもあるが、最後に私が非常に感激したシーンを述べてしめくくりにしよう。トルツォフは「幕が上る。すると、君が、舞台に腰かけている、君は、ひとりきりだ。いつまでも、君は、腰かけたきりである……遂にまた、幕が下りる。それが、戯曲のすべてだ」という課題を与える。生徒たちはただ「腰かけたきり」というのがむずかしくて、そわそわしたりして何ともうまくゆかない。トルツォフはそれはこうすればいいのだと舞台に上り椅子に坐る。すると「まるで家にいるみたいにくつろいだのである。彼は、なんにもしなければ、しようともしなかったのだが、それでいて、彼の、ただ腰かけている姿勢が素晴らしかった」。

これは心理療法の本質につながることではなかろうか。私は「ただ椅子に坐っているだけ」という心理療法を理想として、努力を続けてきているようにも思う。

16 人間理解の新しいパラダイム
中村雄二郎『臨床の知とは何か』を読む

本書の最後に、中村雄二郎『臨床の知とは何か』を取り上げたことの意味は、皆さんすぐにわかってくださったと思う。「臨床の知」ということは、われわれ心理療法家にとってきわめて大切なことであり、その本質についてよく知っている必要があると思うからである。

心理療法をはじめて以来、その科学性ということが常に念頭にあった。最初の頃は、科学こそ信頼できるが、非科学的なものはまやかしである、というような単純な考えによっていた。しかし、一方では心理療法において実際にこのような方法が有効だと思うことを、自分の実感に照らして行い、どうもそれは近代的な「科学」ではない、と思うことも多くなった。そして、心理療法を「科学」として説明しようとする考えには誤りがあることに気づいてきた。そうすると、心理療法家の仕事は何をしているのか、それは学問としてはどのように位置づけられるのか、などということが気になってきた。このことを明確にしてゆくためには、心理学の世界にだけ止まっていては駄目である、という想いもしてきた。もっと広い視野から考えねばならない。

そんなことを考えていたとき、東京で、この本の著者である中村雄二郎さんをはじめとして、山口昌男、市川浩、多木浩二、前田愛などという錚々たるメンバーが「都市の会」という研究会をしておられるのを知り、それに入れてもらった。一九七〇年代の後半の頃である。その会で皆さんの話を聞くとともに、自分の行なっている心理療法について話をした。メンバーの方々は心理療法に対して強い関心を示すとともに、非常に深い理解をされ、私が実感を頼りに押しすすめてきたことに対する、理論的な根拠を共に考えてくださった。考えてみると、この人たちはすべて近代科学の方法論の一様性に対して、それぞれが自分の属する領域でなんとか多様な方法を開拓しようと努力してきた人々なので、私の仕事について深い理解を示されたと思う。

中村さんとの親交は現在まで続いており、日本心理臨床学会で講演をしていただいたり、陰に陽に援助してもらってきた。その間に中村さんの考えもだんだんと発展してきて、その成果を一般の人々にも通じるかたちでまとめられたのが本書なのである。したがって、「臨床の知」についての発想の軌跡が要約して述べられていて、非常に理解しやすいものになっている。心理療法家にとっては必読の書と言えるであろう。

『臨床の知とは何か』

この書物の章に従って、簡単にその内容を紹介しつつ私見を述べさせていただく。まず、序文の「なぜ〈臨床の知〉なのか」は、本書の意図するところが簡潔にまとめられている。近代科学があまりにも有効であるので、それによって把握されるものが「現実」であると、われわれは思い込んでいる。しかし、「近代科学が無視し、軽視し、果ては見えなくしてしまった〈現実〉あるいはリアリティ」があるのだ。それは大ざっぱに言うと、「その一つは〈生命現象〉そのものであり、もう一つは対象との〈関係の相互性〉(あるいは相手との交流)である」。ここに言う生命現象とは「生命現象のもたらす意味の発生、自律的な振舞い、自己創造など」を指している。それらは自然科学のいう「現実」から脱け落ちている。

それでは、近代科学がこれほどまでに人々に信頼されてきたのは、どうしてだろうか。それは近代科学が「〈普遍性〉と〈論理性〉と〈客観性〉という、自分の説を論証して他人を説得するのにきわめて好都合な三つの性質をあわせて手に入れ」てきたからである。それでは、このような自然科学が無視してきた現実をとらえるには、どのような方法があるのか。それに対して、著者は「〈コスモロジー〉と〈シンボリズム〉と〈パフォーマンス〉」と答える。このなかに著者の長年の努力の成果がこめられていると感じるが、それがどのようなことかは以後に述べることによって明らかになるであろう。

第Ⅰ章には近代科学の本質について、より詳細な論議がなされる。そのなかで近代科学が自己目的化する傾向は、「とりわけわが国では極端な仕方で現われる」ことを指摘している。たしかに、わが国は何とかして西洋に追いつこうと努力したのはいいが、その悪いところを「極端な仕方」で取り入れていることを反省する必要がある。

「近代科学の方法の絶対性というドグマから、人々が自己を解放できない」のは「制度化された科学の外部に出ることを研究者たちがこわがるからで」、「一般に彼らは科学の方法に対して驚くほど保守的であり、自己保身的でさえある」という言葉は、「研究者」と言われている人々にとって、耳を傾けるべきことである。

第Ⅱ章は経験と技術について論じられる。色にかんするニュートンとゲーテの理論の差について論じ、最初はニュートンの「科学的」な論が優勢であったが、最近ではゲーテの論が再評価され、それは色についての「人間経験の共同主観性」を扱っていると考えられるようになった、と述べている。そして、量子論の開拓者の一人、ハイゼンベルクの「物理学者ニュートンがその装置によって観察したものはもはや自然ではない、とゲーテが語るとき、おそらく彼は、自然界にはこうした自然科学の方法では近づきえない、もっと広大な、もっといきいきした領域があることを考えていたに相違ない」という言葉を引用しているのは、なかなか説得的である。

絶対的な理論に従って行動する、というのでないならば、われわれの実生活における「実践」や「経験」ということが大事になってくる。ここで言われる「経験」とは「われわれがなにかの出来事に出会って、〈能動的に〉、〈身体をそなえた主体として〉、〈他者からの働きかけを受けとめながら〉、振舞うこと」である。ここで、能動性や主体性が強調されるのは当然だが、「身体をそなえた主体として、他者からの働きかけによる受動＝受苦にさらされる」ことを忘れない点が大切である。

このような経験の積み重ねとして実践が生じてくるが、次の実践にかんする言葉は、心理療法の実際につながるものとして読むと、非常に興味深い。少し長くなるが引用する。

「実践とはなにかということが甚だ捉えにくいのは、ひとが具体的な問題の個々の場合に直面するとき、考慮に入れるべき要因があまりに多い上に、本質的にいって、それらの要因が不確かであり、しかもゆっくり考えているだけのひまがない。つまり、《待ったがきかない》からである。いいかえれば、無数の多くの選択肢があるなかで、多かれ少なかれ、その時々に際して決断して、選択しなければならないからである」。こんなときに、問題が絞られ単純化されるように思うときがあるが、それは理論に頼りすぎているときで、自分自身の身体性に十分な考慮を払っていないからだ、と著者は考える。そして、

「このようにして、むしろ決断や選択をとおして、理論というものが各人にとって責任をもったものになり、そのような実践と現実との接点あるいは界面にこそ、通常隠されていた現実の豊かな相がよく開示されることがわかったのである」。

「現実」に対する普遍的理論があり、それを適用してゆくのが実践だと考えるのではなく、むしろ、自分の決断と責任による実践をとおして、「現実」とは何かということに迫ってゆくのである。このように考えると、心理療法においては、実践即研究となることの意味がよくわかるであろうし、事例研究をわれわれが重視することの背景も明らかになってくる、と言える。

ここで「決断や選択をとおして、理論というものが各人にとって責任をもったものになり」というところを、心理療法家はよく心得ておかなければならない。われわれは何かおきまりの理論や技術を適用しているのではなく、常に自分の責任による決断を必要とされているのである。

第Ⅲ章の「臨床の知への道」には、著者が「臨床の知」という考えに到るまでの考えの軌跡が要約して述べられている。哲学を始めたとき、他の学者とは異なり、「情念」ということを問題にしたこと、続いて、「制度」、「言語」へと関心をもち、「共通感覚」の重視に至るまでの著者の遍歴が語られていて興味深い。このような考えを経て、「臨床の知」が生まれてくるのだが、それは「初めからそういう名称で考えつかれたのではなかった。ほとんど同じ知の形態は、〈演劇的知〉〈パトスの知〉〈南型の知〉などの名のもとに論じられ、展開された」のである。これらについては、第Ⅳ章に「臨床の知の発見」として論じられる。

演劇的知は「近代の学問や科学があまりに〈機械論〉モデルに囚われているのを痛感する」ために考え出された。ここに言う演劇的知は演劇本来の特質として「それは人間と世界とを凝縮化して重層的に捉え、描き出すことである。等身大の日常的な人間ではなく可能的な人間を表現することによって、人間の隠れた本質を捉えることである」と考えるところから生じている。ここで大きい意味をもってくるのは、「対話」ではなく「コロス」(舞唱)である。ニーチェは「コロスはなによりも民衆の無意識を表わし、宗教的なものである」と言った。この点から考えると、心理療法は治療者とクライアントの「対話」によってなされるのだが、そこに「コロス」の声なき声が聴こえてくるのでなければ、意味がないということになるだろう。コロスに耳を澄ます態度を身につけずに単なる「対話」をしていては、それは日常会話と同じことになるだろう。

ここでニーチェの考えとして、「一般に精神と呼ばれているものは小さな理性のことであり、身体という〈大きな理性〉の道具であるにすぎない。ひとは自我と言い、このことばを振り回すが、ひとが信じないもっと大きなものは身体という理性であり、これは自我などということを言わずに、自我の働きをする。最良の理知よりも身体のなかにこそ、より多くの理性があるのだ」と述べられているが、ニーチェが「身体」と言っているところに「自己」という言葉をいれると、そのままユングの考えにつながってくる。

演劇的知は「パトスの知」につながる。このような考えを展開するについては、著者がインドネシアのバリ島の文化に触れたことが大きかったと言う。その体験をもとにして書かれた『魔女ランダ考』(同時代ライブラリー34、岩波書店、一九九〇年)も、ぜひ読んでいただきたい名著である。バリ島を訪れたときの経験を著者は次のように言う。

「私がバリ文化についてまず当惑したのは、視覚的に見てひどく貧弱な感じがしたことであった。」「ところが、視覚的に見てひどく貧弱で粗末に見えたものが、身体性をもって動き出すと、実に豊かで躍動して立ち現われた。こんどはそのことに、私は目を見張った。しかもそのことは、バリ島の文化が死や痛みや悪など、近代の知がひたすら回避し排除したものを、むしろ祭り上げることによって災いから免れるというやり方と緊密に結びついていたのである。」

バリ島の演劇に現われてくる魔女ランダについて著者は次のように語る。

「魔女ランダは、「バロン劇」などのなかでガムラン音楽演奏のうちで村人たちによって演じられ、観られるのだが、ただ怖ろしいだけでなく、たいへん魅力ある存在として性格づけられている。魔女ランダの登場する劇では、邪悪なものや人間の弱さは、ただ退けられたり抑圧されたり無視されたりしていない。むしろそれらをはっきり顕在化させ、解き放ちつつ祭り上げることによって、パトス(受苦・情念・受動)から自己を守るだけでなく、文化に活力を与える絶妙の仕組みがそこに隠されているのである。」

こんなのを読むと、心理療法の仕事との類似性が強く感じられる。

「南型の知」はこれまでに述べてきた「演劇的知」や「パトスの知」をヨーロッパの北型の知に対立するものとして考え、このように呼んだのである。「近代ヨーロッパは近代科学とともにプロテスタンティズムと資本主義を生み出すことで世界の中心となり、その生産力と軍事力によって広く植民地を獲得し、世界を制覇した。近代科学とプロテスタンティズムと資本主義の三つは、まさに近代の知の三位一体ともいうべきものである」。このような「北型の知」に対して、同じヨーロッパでも南の方は異なり、その代表として、イタリアのナポリに出現した思想家、ヴィーコをあげている。そして、「ゲーテは、彼自身は北方人でありながら、南型の知のすぐれた発見者、擁護者であり、しかもそれを自分の仕事のなかで生かした人だ」と指摘している。

さて、臨床の知であるが、それは「狭い意味での医学的な臨床の知ではなく、近代科学への反省のもとに、それが見落とし排除してきた諸側面を生かした知のあり方であり、学問の方法である」。それはすでに紹介したように、コスモロジー、シンボリズム、パフォーマンスを構成原理としている。

これを少し説明すると次のようになる。コスモロジーは「場所や空間を——普遍主義の場合のように——無性格で均質的な拡がりとしてではなくて、一つ一つが有機的な秩序をもち、意味をもった領界と見なす立場である」。世界を自分から切り離した対象として見るのではなく、自分もそのなかに入れこんで、そのなかでの意味を考えるのである。次に、シンボリズムは「物事をそのもつさまざまな側面から、一義的にではなく、多義的に捉え、表わす立場である」。第三のパフォーマンスとは「ただ体を使い、体を動かしてなにかをやるだけのこと」ではなくて、「行為する当人と、それを見る相手や、そこに立ち会う相手との間に相互作用、インタラクションが成立していなければならない」。そこでは、「身体性を帯びて行為し、行動する」ことが必要で「そのときひとは、おのずと、わが身に相手や自己を取り巻く環境からの働きかけを受けつつ、つまり自己のうちにパトス的(受動的、受苦的)な在り様を含みつつ、行為し、行動することになる」。

ここで臨床の知の特性を科学の知に対比して述べると、「科学の知は、抽象的な普遍性によって、分析的に因果律に従う現実にかかわり、それを操作的に対象化するが、それに対して、臨床の知は、個々の場合や場所を重視して深層の現実にかかわり、世界や他者がわれわれに示す隠された意味を相互行為のうちに読み取り、捉える働きをする」。

このような「臨床の知」が、心理療法を行うものにとっていかに重要であるかは明らかであろう。

第V章は「医療と臨床の知」について論じられる。これまで述べてきたことで明らかであろうが、著者の言う「臨床の知」は医学の臨床とは同じではない。むしろ「近代において医学が科学の一分野として発達してきたため、私が〈臨床の知〉と呼ぶものから遠ざかり、それに反したものになった」と言わねばならない。実際の医療というものは、科学の知と臨床の知の両方を必要とするものだが、近代医学はその「科学性」を強調しすぎたため、臨床の知から遠ざかり、むしろそれに反するようになってきたので、現代の医療の在り方がいろいろと批判されるようになった、と考えるのである。

最終章は生命倫理にかんするもので、これも教えられるところが大であったが、心理療法との関連ということから、ここでは割愛しておく。

以上、比較的多く原文を引用しながら紹介したが、それは「臨床の知」について、心理療法をする人にぜひ知って欲しかったからである。著者も言うように医療のなかで「臨床の知」がぜひ必要であるのに、「医学」のほうはそれから遠ざかる傾向を見せている。そのような点で医療の世界で、医者と臨床心理士が協力し合ってゆくことは、今後の医療の在り方を考えるときに、きわめて重要なこととなるであろう。そのとき、臨床心理の者が医者との協力ということで安易に科学的な医学モデルに従ってしまうと、その存在意義をおびやかされることになるだろう。近代科学一辺倒の人に臨床の知の大切さを知らせるのは、たいへんかもしれないが、われわれの存在の意味を明確にするためには、臨床の知の本質をよく知り、それを他に伝える努力を払わねばならない。その点で、本書は、おおいに役立つものである。

とりあげた本

1 H・エレンベルガー『無意識の発見――力動精神医学発達史』上・下、木村敏・中井久夫監訳、弘文堂、一九八〇年。

2 中村雄二郎『哲学の現在』岩波新書、一九七七年。
井筒俊彦『意識と本質』岩波書店、一九八三年。

3 V・W・ターナー『儀礼の過程』冨倉光雄訳、思索社、一九七六年。
山口昌男『アフリカの神話的世界』岩波新書、一九七一年。

4 呉茂一『ギリシア神話』上・下、新潮文庫、一九七九年。
武田祐吉訳注『古事記』角川文庫、一九七七年。

5 中根千枝『タテ社会の人間関係』講談社現代新書、一九六七年。
土居健郎『「甘え」の構造』弘文堂、一九七一年。

6 C・A・マイヤー『夢の意味』河合俊雄訳、創元社、一九八九年。
鑪幹八郎『夢分析の実際』創元社、一九七九年。

7 神田橋條治『精神療法面接のコツ』岩崎学術出版社、一九九〇年。
中井久夫『精神科治療の覚書』日本評論社、一九八二年。

8 J・ロビンソン『思い出のマーニー』上・下、松野正子訳、岩波書店、一九八〇年。
P・ヘルトリング『ヒルベルという子がいた』上田真而子訳、偕成社、一九七八年。

9 石川憲彦・小倉清・河合洋・斎藤慶子『子どもの心身症』岩崎学術出版社、一九八七年。
山中康裕『少年期の心』中公新書、一九七八年。

10 竹内敏晴『ことばが劈かれるとき』思想の科学社、一九七五年。

市川浩『〈身《み》〉の構造』青土社、一九八四年。講談社学術文庫、一九九三年。

11 A・ストー『人格の成熟』山口泰司訳、同時代ライブラリー92、岩波書店、一九九二年。

A・グッゲンビュール-クレイグ『心理療法の光と影』樋口和彦・安渓真一訳、創元社、一九八一年。

12 上田閑照『禅仏教』筑摩書房、一九七三年。同時代ライブラリー142、岩波書店、一九九三年。

大江健三郎『小説の方法』岩波書店、一九七八年。

13 夏目漱石『道草』岩波文庫、一九四二年。

大江健三郎『人生の親戚』新潮社、一九八九年。

14 村上陽一郎『近代科学を超えて』日本経済新聞社、一九七四年。講談社学術文庫、一九八六年。

R・J・バーンスタイン『科学・解釈学・実践Ｉ』丸山高司・木岡伸夫・品川哲彦・水谷雅彦訳、岩波書店、一九九〇年。

15 吉田雅夫『フルートと私　対談植村泰一』シンフォニア、一九八〇年。

K・S・スタニスラフスキイ『俳優修業』1・2、山田肇訳、未来社、一九七五年。

16 中村雄二郎『臨床の知とは何か』岩波新書、一九九二年。

Ⅲ

ユング派心理療法と日本文化

はじめに

ユング派の心理療法を筆者が日本に紹介したのは、一九六五年、スイス国チューリッヒのユング研究所で資格をとって帰国したときである。その後、約三十年にわたって心理療法の実際にあたるとともに、教育・訓練にも携わってきた。現在では、ユング派の資格をもった分析家が日本国内に十三名、国外在住が二名になっている。この間、私としては後にも述べるように自分自身の考えと臨床体験を基にして進んできたが、その間に日本的変容をしているかどうかについては、相当に意識してきたので、その点について論じる機会が与えられたことを有難く思っている。

ただここで「文化的変容」と言っても、最初にあったものが根本的に変化してしまう場合と、むしろ強調点が異なってくるという変化の場合が考えられる。たとえば、すでに他に発表したことであるが(1)、日本の隠れキリシタンの場合、「天地始之事《はじまりのこと》」という彼らの保持していた文書のなかでは、原罪ということがなくなってしまうのなどは、明白に前者の場合であると言えるであろう。このことは、日本文化のもつ変容力の強さを如実に示しているものと考えられる。

ところで、文化変容という場合、上記のような宗教の場合であると「教義」が確定しているので、それがどのように変化したかは論じやすいし、様式や型のきまっているものでも同様であろう。しかし、心理療法となると話は異なってくる。それは「教義」や「型」をもっていない、というよりも、それを嫌うものと言っていいだろう。それではその「理論」はどうなのか。もし「理論」というものを厳格な意味で考えるならば、その進歩・改変ということは言えても、単なる「変容」などということは論じても意味がないのではなかろうか。開き直って考えるとあまり意味のないようにさえ考えられる。このような点について考えてみるのにどこに意味があるのだろうか。

まず、認識しておくべきことは、心理療法家はその仕事に対して全体的関与(full commitment)を必要とするので、理論を教義に、学派の創設者を教祖に、と仕立てあげることが多い、という事実である。このことに疑念を抱く人は何らかの学派に属することを嫌い、折衷的な立場をとる。これは知的に考える場合、もっとも妥当なようだが、上に述べた全体的関与という点では、弱くなる可能性が高いことを重々に認識していなくてはならない。ひとつの学派を選択するということは、明白なコミットメントであり、それはその派の創設者としての「人間」を相手に衝突を繰り返すことに意義を感じると表明することである。ここに実在する(した)人間を選ぶことによって、こちらの賭ける態度に全体的な関与ということが生じやすくなる。折衷的なときは、何が「正しい」かにとらわれすぎて、知的関与の度合が強くなったり、どこかに弱さを感じさせたりする。

私は以上のように考えているので、ユング派であるということはC・G・ユングの言ったとおりをすることとは限らないと思っている。ただ、もしユングの言ったことと異なることをするときには相当に慎重な態度を必要とするであろうし、そこで必要とあらば、ユング派であることを止めるべきだと思う。私はいつもそう思っている。私は、ユングの言ったとおり、ユングの生きたとおりの真似をする気はないが、今までのところ、ユングの主張していることを大幅に変更したりする必要は感じていない。欧米のユング派の分析家と比較すると、後述するように、その強調点は相当に異なるが、それもユングの言っている範囲内であると思っている。本論の最後に述べるような点では、ユングの言ったことと大分異なってくるが、その点は「変容」というよりは、ユング派の考えの進歩・発展として見た方がいいとさえ思っている。

個性化の過程

ユングがもっとも重視しているのは、個性化の過程(process of individuation)ということである。意識と無意識の相互作用と対決をできるかぎり可能ならしめて、自分の生き方をまさぐってゆく。とすると、個々人がその過程を歩むことをすればいいのだから、ユングと「同じこと」をしようとするのは、すなわち、ユング派ではないということになる。私は私の個性化の道を歩めばいいのである。これは基本的に言えば正しく、この考え方でゆくと、個々人は何らかの意味でユングの述べていることを自分なりに「変容」させねばならないことになる。したがって、西洋と日本と文化差があるならば、むしろ「文化的変容」を生ぜしめることこそユング派の特徴である、とも言える。ただ、それがなぜそのようになり、それはどんな意味があるかを意識化することが必要であり、それを怠ってはならない。

無意識との対決と言ってもユングの言う普遍的無意識内には種々の元型の存在を仮定している。元型についでは文化によって変化はないとしても、文化差に応じて優勢な元型と、その顕われ方は異なってくると考えられる。欧米と比較すると日本においては母元型が優勢であり、そのことが心理療法においても多くの影響を及ぼしていることが、日本で分析をはじめてすぐに意識された。これは、クライアントの問題の背後に母元型のコンステレーションを見出すことが多く、したがって、分析家に対しても、そのようなイメージの投影を受けることが多い。それに対してある程度の許容度をもって対していかないと、分析が進まなかったり、中断されたりする。

分析において、時間、場所、料金などを規定することが大切であるが、欧米に比してそれらを時によりルーズにすることが、意図的に、あるいはクライアントの力によってなされてしまうことが多くなる。たとえば面接時間外に電話をかけてくるのに応待することなども増えてくる。これらのことに言われるままに応じていると、相手の依存性を強くしすぎて耐えられなくなったりする。したがって、それにある程度応えながら適切な程度にとどめることは、日本における心理療法のひとつの特徴で、別にユング派とかに限らないであろう。ただ、このようなときでも教育分析を通じて、自分のなかに存在する母親元型のはたらきについてよく知っていることが役立つものである。

母親元型が強力であるため、母子一体感ということが人間関係の基礎にあるので、それはむしろ非言語的な一体感を基礎とする傾向が強く、言語による契約関係を真に理解することは、日本人にとって非常に困難なことである。一応は、西洋式の契約関係によって分析をはじめるにしろ、前記のことを常に念頭にいれておかねばならない。言語化や客観化を急ぐと「関係」が切れたと思われることが多い。あるいは、分析家に対してユングの言う「自己」像を投影しているときは、分析家の言葉をともかくそのまま正しいとして受けとめて、分析に必要な本来的な「対話」が不可能になる。分析家の言葉に対して、常に同意して、うなずくが、それが理解されているのかどうか不明ということにもなる。このあたりのことを分析家はよく認識していないと、自分は西洋流の「分析」をしているつもりでも、実質は異なったものになっているときがある。

このような実際的な面における変化よりも、むしろ、理論的なこととも関連してくるのは、日本人の「自我」

の在り方であろう。この点についての考えを明確にしておくことによって、その他のことも関連して考えることができると思われる。

自我

日本人の自我の在り方については、すでに他に詳しく論じたので繰り返すことをしないが、簡単に言ってしまえば、欧米人の自我が父性原理に基づいて形成されるのに対して、日本人の自我はむしろ母性原理を基にしてつくられてくる。と言っても、日本人は相当に西洋化されているので、そこに程度の差があり、まずその点について考慮することが必要になる。日本人の自我は自と他の一体感を保持したままで、そこに「個」の意識を入れこむようにしてつくられてくる。これに対して、欧米ではまず「個」の確立ということが先決される。そのようにして他から独立してつくられた「自我」が他と関係をどのようにしてもつか、ということが課題となる。

ユングが個性化の過程というとき、欧米のパターンを念頭においていることは当然で、まず自我が確立し、その自我が無意識と対決する。その際、彼の言う普遍的無意識との関係がもっとも重要なことになる。日本でユングの言う個性化の過程を考えるにしても、まず「自我」の在り方が欧米と異なることを認識しておかないと、なかなかユングの言っているとおりにいかない、と感じられる。

まず、ユングの言っている人間のタイプということが、日本人の分析ではあまり用いられない。これは欧米で「個」を確立しようとすると、自分の特性を伸ばそうとする傾向が助長されるので、そのタイプが鮮明になる。これに比して他とのつながりのなかで生きてゆこうとすると、自分の特性を鋭くするよりは、日本人のよく言う

「角の取れた人」になる方が望ましいとされるので、タイプはむしろ不明確にしたままの方が「人づき合いがよい」ということになる。これについて、ユングも、女性の方が人間関係の円滑さに重きをおくし、強い自己主張をしないので、タイプがわかりにくいことが多いと述べている。もちろん、現在の女性についてはこれが当てはまるかどうか問題だが、ユングが当時のヨーロッパの女性について述べていることが、日本人全体に当てはまるのは興味深いことである。このことは、日本人に対して、タイプの考えがまったく通用しないというのではない。欧米流の教育を身につけて、それをある程度自分のものとしている人や、もともとタイプの鮮明な人などについては、タイプの考えが役に立つ。したがって、被分析者によって、こちらもタイプ論を用いるかどうかを判断する必要がある。

ユング派の分析家ノイマンが彼の『意識の起源史』のなかで論じた自我確立の過程の象徴的表現は、分析の過程のなかでの自我の確立を考える上で有用な手がかりを与えてくれる。しかし、すでに述べたように日本人の自我の発達は必ずしもそれと同様の過程を踏むとは限らない。ノイマンの用いている表現で言うならば、だいたいは日本人は「母親殺し」の象徴的達成を行なっていない人が多い。そのような文化のなかに生きていることをよく認識し、クライアントが日本文化のなかにどっぷりとつかったままで生きてゆこうとするのならば、それはそれ、また、日本人としては珍しく「母親殺し」を達成するならば、それはそれで考えていかねばならない。後者の場合であれば、その意義を認めつつも、その人が日本人の社会に生きてゆく上で留意するべきことを話し合わねばならない。こんなことは欧米では何ら必要のないことであろう。

ノイマンの提示した自我確立の過程の象徴的表現に頼らないとするならば、日本人としてどのようなことが考えられるだろうか。このことを明らかにしようとして、筆者は日本の昔話や神話の研究を行なった。それによって、日本人の自我の在り方、その確立の過程などが、どのようなものであるかを明らかにすることができた、と思っている。これは別に日本人がこうあるべしというのではなく、日本人でもノイマンの言うところが参考になる人もあるし、要するにいろいろな過程があってもいいと考えるのである。

日本人のこのような自我の在り方、ひいては人間関係の在り方のために、欧米と比較すると、いろいろと異なることが生じてくる。たとえば、欧米であればクライアントが「自殺したい」と言えば、それに対して何らかの具体的な処置(入院など)をしなくてはならないが、日本の場合は「自殺したい」、「死にたい」などの表現は、いろいろな程度の差やニュアンスを含んでおり、それに対応して応待を考えねばならない。自殺についてのみならず、クライアントの退行や acting out に対する分析家の許容度は欧米に比して、はるかに高いであろう。しかし、これが必ずしも治療的退行へとつながるとは限らず、自我を強化することを怠っているだけという場合もある。日本の分析家にとって、父性原理を身につけることは難しいので、その点に留意していなくてはならない。

ユングのいう元型は人類に共通のものであっても、それを意識化して元型的イメージとして把握するとき、そこには文化差や個人差が生じてくる。そのような点で一番困難な問題を投げかけてくるのは、ユングの言うアニマ、アニムス(anima, animus)に関することである。ユングは夢分析の経験から、男性の夢にしばしば特徴的な女性像が現われることに注目し、そのような女性像の元型として、anima の存在を仮定した。anima はラテン語で魂を意味する。つまり、人間の魂のイメージ(soul image)は男性にとっては女性像によって示されると考えた。このことからの類推もあって、女性の場合の魂のイメージは男性像で表わされるとし、それを animus と呼んだ。そして、そのような anima イメージや animus イメージが分析がすすむに従って発展してゆくことを見出し、その段階をある程度明らかにした。

ところが、実際に日本人の夢分析を行うと、ユングの言うような anima, animus の発展段階が認められることはあるにしても、きわめて稀であることがわかった。そして、魂のイメージは、必ずしも男性にとって女性像、女性にとって男性像で表わされるとは限らないと考えた方が妥当ではないかと思われた。

これはむしろ当然と言えば当然で、自我の在り方が異なるのだから、同一の元型であってもイメージとして把握してくるときに差があるのだ、ということができる。日本人にとって魂のイメージは、人間像のみならず、自然物として表わされるときがあると思われる。そして、必ずしも男性にとって女性像、女性にとって男性像ということにこだわる必要がないと思われる。同性像が魂のイメージを示すこともある。これらの点については速断を避けたいとは思うが。

日本からの発信

興味深いことに、anima, animus については、西洋の分析家のなかにも疑念を提出している者がいる。たとえば、分析家のJ・ヒルマンは、女性にとっても魂のイメージが女性によって表わされることがあると述べている。

一九六五年にスイスから帰国して後、一九八二年になるまで、私は欧米の分析家とあまり接触をもたず、もっぱら日本人を相手にして自分の個性化の過程と思われる道を歩みつつ、手探りで適切な方法を見出そうと努めてきた。ところが、欧米との接触をはじめてみると、ユング派でも私がつき合うような人たちは、西洋の近代を超えようと努力しているのであり、私の経験や考えを、日本という偏奇した文化の状態としてみるよりは、彼らにとっても新しい意味をもたらすものとして受けとめていることが徐々にわかってきた。日本において、「正しい方法」が変容してしまった、というよりは、日本において生じることから、むしろ、学ぶところがあると考える。

もちろん、これには異論があって、ユング心理学は本質的には日本人にはわからないだろう、というような極端な考えをもつ分析家もある。

後者のような考えの人は、ユングの心理学が教条主義的になっている。すでに述べたように、心理療法という仕事の性質上、このようなことが生じるわけで、それは悪い意味において「宗教」になってしまう可能性がある。ユングもこのあたりのことを強く意識していたのであろう、彼の心理療法が「科学」である、あるいは「経験に基づく科学」であるとよく主張している。しかし、彼の科学に対する考えは当時の考えの影響もあって精密ではない。私はもともと自然科学を学んだこともあって、心理療法の科学性については、ずっと考え続けてきた。そして、ユングの言うような単純な主張をすることはできないことも順次明らかにしてきた。それをここに詳しく述べることはできないが、意識の多層性ということを明確に打ち出すことによって、心理療法と科学、あるいは宗教の問題を相当はっきりと論じることができると思っている。これについても欧米で発表してきたが、彼らにも相当受けいれられることがわかった。

西洋近代においては、「自我」の確立がなされ、それが実に偉大な仕事を達成することになったので、そのような自我の体験する意識を、唯一の(あるいは、正常な)意識として固定してしまうことになった。したがって、人間の心の深層を探究してゆくときに、フロイトやユングは「無意識」という言葉を用いざるを得なかった。しかし、東洋においては、西洋人が洗練させていった「意識」と異なり、むしろ、心の深層の方を探ることに熱心であったので、彼らが「無意識」と呼んでいる状態を深層の「意識」としてとらえてきた。そのことの成果は、東洋の宗教のなかに述べられてきている。

ユングも上記の点に気づいていたので、周知のように早くから、禅、易、ヨガなどを高く評価してきた。このような点もあって、日本人がユングを学ぶのに親近性を感じやすいのだが、われわれ日本人としては、ユングの関心をもっと深めてゆかねばならない。そのためには、日本の神話、昔話などを研究するとともに、神道・仏教などの宗教の研究をすることによって、そこから得られたことを逆に欧米に向かって発信してゆくことが必要となる。そのことによって、ユング派の心理療法の発展に寄与することができるであろう。

ひとつの例をあげる。欧米においては、理論を構築してゆく上での「概念」ということが重視されるので、研究発表においては、何らかの新しい、あるいは、自分なりの概念の提示が求められる。したがって、事例研究ということは「研究」としてあまり評価されない。（このことは、フロイトの提示した有名な症例が非常に大切にされていることを考えると不思議に思える。）私は日本において事例研究の意義と重要性を指摘し、日本心理臨床学会や、日本箱庭療法学会などで、それを行なってきたが、その点を国際箱庭療法学会においても主張し、それは会員によって受けいれられてきている。私はこのようなことをもっと世界にひろめてゆきたいと思っている。このことの主張の背後においては、心理療法の科学性に関する私の考えがあり、それも相当に欧米でも評価されていると思う。もちろん語学のハンディがあるので大変であるが、日本において得られた成果を外国に発表することは、できる限りなしとげてゆきたいと思っている。大げさな言い方をするならば、日本において、もともとのユング派の分析がだんだんと「変容」あるいは「偏奇」していったと考えるよりも、日本で得たことによって、ユング派のみならず心理療法全体の発展に寄与してゆく、と考えるのである。今後とも、日本からの発信に力をつくしてゆきたい。

（1）　河合隼雄『物語と人間の科学』岩波書店、一九九三年。〔第Ⅰ期著作集第一二巻所収〕

日本文化における「見立て」と心理療法

はじめに

心理療法を行うにあたって、「見立て」が必要とされる。医学においては「診断」という用語があり、これはきわめて明確に概念規定された用語である。それがあるのになぜ、あえて「見立て」を用いるのか。これについては幸いにも、「見立て」という用語の提唱者とも言える土居健郎が本号に寄稿し、その理由を的確に述べているので、それを参照されたい[1]。本論の「見立て」に関する「見立て」は、土居健郎の説にほとんど同じとも言えるものであるが、この語の原義が日本文化のなかで、どのようにして生まれ育ってきたかを明らかにすることによって、土居の説を表とすると本論はその裏に相当するような役割をもたせている。これによって「見立て」の考えが立体性をもって立ちあがってくれることを期待して、書かれたものである。

土居は「見立て」という「日本語固有のコトバ」を臨床場面に導入する点について、「われわれ自身日本人で、診る患者も日本人である以上、日本語で物を考え、日本語で記載するのは理の当然と言わなければならない」と述べている。そして、この点を超えて、このような用語を用いることの利点があることを、「日本語には分析に馴染まない具体的感覚的なコトバがきわめて多い。しかし臨床ではそういうコトバの方が実は便利で重宝なのである」と指摘している。つまり、単に日本だからという理由ではなく、土居の言う「精神科診察」の場合においては、「診断」よりも「見立て」の方が有用であることを主張している。筆者は精神科医ではないが、心理療法を行う上で、土居の言うような「見立て」が「診断」よりも有用であると考えているわけである。

ここで、『広辞苑』によって「みたて(見立)」の項目を見てみよう。

「①みたてること。見送り。②見て選び定めること。鑑定。診断。③なぞらえること。④遊客が、女郎を選択すること。⑤俳諧の付合(つけあい)で、前句の内容を別なものに解釈しかえて句をつけること。⑥歌舞伎下座音楽の一。」と記載されている。

これを見ると「見立て」が「診断」と同義にも用いられていることがわかる。しかし、それは歴史的には後で生じてきたことで、もともとは、⑤に示されているような俳諧の付合から生じ、日本文化のなかで非常に重要な役割をもつものとなった。その点を明らかにしていくことによって、心理療法を行う上で、あるいは、行わない上での「見立て」の意義について考察してみたい。

「見立て」の意味

日本文化において、「見立て」は重要な役割を果たしているが、それについて考えるために、早川聞多による浮世絵における見立ての考察[2]によって論をすすめることにしよう。この評論は「見立て」の本質をよく示してくれている。以下、早川の論によっての紹介である。

「『見立て』という趣向が最初に流行したのは、俳諧の世界であったが、それは最初は『譬喩の意に近く、江戸時代独特の意味合はまだ薄いやうで』あった。それが浮世絵の領域などにまで拡大されてくると、もう少し深い意味合いをもってくる。

早川のあげている例で示すとよくわかるであろう。江戸浮世絵の寵児、鈴木春信に「風流坐鋪《ざしき》八景」という作品がある。これには「坐鋪八景」という先行作品があるが、これはそもそも、中国伝来の伝統的な山水画「瀟湘八景」の「見立て」である。中国の瀟湘とは「湖南省の洞庭湖の南辺、瀟水と湘水が合流する地域の称で、古来景勝の地として名を有し、多くの文人墨客が訪れてその景を詩画の主題とした」場所である。ところで、それを描いた「瀟湘八景」と鈴木春信の描く「風流坐鋪八景」とを見較べて、後者が前者の「見立て」であることを気づく現代人はまずないだろうし、それが「見立て」だと指摘されても、どうしてそうなのかわかる人はまずないであろう。たとえば、「瀟湘八景」の第五図「漁村夕照」では、漁村の夕照の景色が見事に描かれているが、「風流……」の方の第五図「行灯夕照」の方では、「階段下の小部屋で亭主が浮気の真つ最中、そこへ行灯を手に女房がまさに踏み込んだ処。女房は岩田帯を締めてゐるから妊娠中と判る。とすると、亭主の浮気の相手は手伝ひの娘でもあらうか」という図になる。御存知の浮世絵の春画である。これには驚いてしまう。どこが「見立て」なのか。

これに対して早川は、「『行灯』を『夕照』に見立てる趣向は表の『見立て』に過ぎない」と言う。春信の裏の見立ては、太陽が沈んで光が弱くなるに従い、家々の灯火が目に付くようになり、夕暮において光源が交代する。そこで「沈んでいく『夕日』を妊娠中の妻に、家家の小さな『灯火』を手伝ひの娘に見立て、そして何時しか光源が交代してしまふ『夕照』の情景を、妻の妊娠中をいいことに、つい身近な娘に気を移してしまつた亭主の浮気心に見立てたのである」。そして、これについて早川は、「女房の怒つた顔とはつと気付いた亭主の目付き、まだ恍惚の中の娘の表情、次の瞬間の亭主の狼狽を想像すると笑ひがこみ上げてこよう。行灯を片手に裸身も露に踏み込む妻の姿には、子供を孕んだ女性の根元的な強さが表はされているやうに思われる」とコメントしている。

このような例によって早川は具体的に示しているが、江戸時代の「見立て」が単なる譬喩を超えていることを指摘し、その特徴を次のような三点にまとめている。

第一に、二つの物事の間に類似点を見出すといふ点は、確かに譬喩と同じであるが、「見立て」の場合は類似点以外は出来るだけ飛躍してゐることが望まれるのである。〔中略〕

第二に〔中略〕「見立てるもの」が「見立てられるもの」の単なる譬喩ではなく、「見立てられるもの」(不在の価値)が「見立てるもの」(現存の具象)の内に明らかに存在するかのやうに、「実感を伴つて見る」といふことである。〔中略〕

第三に、〔中略〕所謂「聖なるもの」「雅なるもの」を「日常的なるもの」「俗なるもの」に思ひ切つて転換する発想である。〔中略〕時間的に空間的に手の届かぬ所にある「高遠なる価値」を、現実に手の届く所にある「卑近なるもの」の内に見出さうとしてゐるのである。

以上、早川による「見立て」の特徴をあげたが、このようなことを行う上で、「分析的な知性によつて想像力を磨り減らしてきた近代人」は、「仮にさう想ふ」というような態度でこれを受けとめるだろうが、そうではなくて、「よく出来た「見立て」においては、確かに「見立てるもの」(現存の具象)の内に「見立てられるもの」(価値)を感じとつてゐたに違ひなく、その感覚の感得にこそ「見立て」の真の面白さがあつたのではないか」と早川は述べている。先に、土居が「日本語には分析に馴染まない具体的感覚的なコトバ」があり、「臨床ではそういうコトバの方が実は便利で重宝なのである」と考えて、「見立て」という用語を導入したことを紹介したが、早川が「見立て」の中核にあることとして指摘していることは、土居の言葉と重なり合っている。

臨床場面における「見立て」

以上ごく簡単に江戸時代における「見立て」について紹介した。このことを踏まえながら、われわれが実際に臨床場面において「見立て」をどのように考えるべきかについて述べる。

たとえば、先に浮世絵の例としてあげたような場面に実際に遭遇した女性が、われわれの相談室に訪れることがあるとする。亭主の浮気の現場を見た女性がヒステリー症状を呈して来談するかもしれない。これを「ヒステリー」と診断するのは容易である。しかし、実際に心理療法を行うとすると、「見立て」が必要である。そして、真の「見立て」を行うためには、早川の言うように、そこに「見立てられるもの」(価値)を「見立てるもの」のなかに「実感を伴って見る」ことが必要である。

実感を伴う「見立て」をするには、それをする者(治療者)と「見立てるもの」(クライアント)の間に深い関係が存在していなくてはならない。このことを抜きにして真の「見立て」は生じ得ない。それに非常に面白いことに『広辞苑』のなかに「④遊客が、女郎を選択すること」というのがあったのを想起すると、「見立て」はクライアントの方が治療者に対しても行なっているのだ。つまり、転移／逆転移は、両者が会ったときに動きはじめている。われわれの関係は「相互見立て」の関係にある。このことをよく認識していなくてはならない。クライアントが治療者をどう「見立て」ているか、というように考える方が、「転移」などという堅い言葉を用いるよりも「実感」が湧くのではないだろうか。

早川が「見立てられるもの」(価値)として述べていることは、われわれ臨床家にとっては何になるのだろうか。亭主の浮気を発見してヒステリー症状を呈している女性の姿に「瀟湘八景」の「漁村夕照」の景色を「見立て」

ることは、われわれには難しい。難しくはあるにしても、それに近いことを行えるように、臨床家は努力すべきである、と筆者は考えているが。

臨床家の場合、「見立てられるもの」(価値)に対応するのは、その人のもつ価値体系であり、それはその人の依拠する人格理論なり治療論が大いに関係してくるであろう。しかし、われわれがそこで「診断」と言わずに「見立て」と言うときは、その理論が当人にとって生きたものとして実感されること、そして、単に理論に人間を当てはめたり、人間を理論に当てはめてみたりするのではなく、想像力の本来的なはたらきによって、そこに「見立てられるもの」の存在を感得できなくてはならぬのである。

このようなことを可能にするためには、心理療法家は、「見立てられるもの」に相当する自分の価値観、世界観を豊かにし、それを生きることを心がけねばならない。

早川は春画の場合を例にとって、それは「単なる好き者の男性の慰みものでなかつたこと」を指摘し、その「見巧者」は「当時の第一級の教養人でもあり、また粋人でもあつた人情の通人たちであつたこと」を強調している。われわれが見立てをする「見巧者」となるためには、どのような人間になるべきかについて、これは示唆を与えてくれている。

早川の評論の結びの言葉を引用してみよう。

その眼の奥には、表の理屈は何如やうにあらうとも、人間の根源的な性愛感覚に響かないやうなものは信ずるに値しないといふ、誠に官能的な「実感信仰」が宿つてゐたのである。それは一見彼岸を想定する伝統的な宗教とは無縁のやうに見えるが、やはり人間にとつて退っ引きならない価値を追ひ求めるといふ点で、人間の素質に深く根差したある種の宗教的情念の表はれと言へるのではなからうか。

この言葉には、フロイトもユングをもそれなりにうなずかせるような重みがある、と思われる。そして、われわれが「見立て」の「見巧者」となる努力をするための方向についても重要なヒントを与えてくれている。

（1） 土居健郎「「見立て」の問題性」『精神療法』二二巻二号、金剛出版、一九九六年。
（2） 早川聞多「浮世絵春画の情念——鈴木春信「風流坐鋪八景」をめぐつて」『人類の創造へ——梅原猛古稀記念論文集』中央公論社、一九九五年。

聴き入る——心理療法の根本

与えられた課題の言葉、「聴き入ること——その効用とむずかしさ」は、心理療法の根本を実にうまく表現している。ここに「聴く」という動詞ではなく、わざわざ「聴き入る」とされているところに深い意味を感じる。その点は後に述べるとして、ともかく「聴く」ことは心理療法の基本であると私は思っている。角力に「押さば押せ、引かば押せ」という格言がある。若い力士が勝ったとしても「引き技」のときは感心されないのもこのためである。ともかくひたすら押しに徹することで強くなる。それを基本にして他の技法も身についてくるのだ。これと同じく、心理療法においては「聴くこと」が根本であり、角力の格言をもじって言えば、「話さば聴け、話さずとも聴け」ということになろうか。よく耳を澄ますことによって、「相手の沈黙を聴く」こともできるはずである。

ところで、私が心理療法の道を志した頃いろいろな書物を読んだが、そのなかで感激するのは、その著者が思いがけない「解釈」や「助言」などをして、クライアントが翻然として「洞察」したり、行動が急変したりするところである。俗な表現で言うと、まさに「カッコーがよい」のである。それと、心理療法の専門家でなくとも、教師や矯正関係の人たちのひたすらな熱意によって子どもが立ち直っているところにも感激させられた。そして、自分もやはりそのようなことをしなくてはならないし、それができる人間にならなくては、と思ったものである。

しかし、自分が実際に長い間心理療法の仕事を続けてみると、上記のようなこともなくはないが、結局のところは、もっとも大切なことは「聴く」ことにあることが実感されるのである。むしろ、「洞察」によって人間が急激に変化するようなことはあまりなく、あったとしても、長い間の「聴く」経験の積み重ねの上に生じてくることで、そのこと自体それほど重要ではないと言っていいだろう。あるいは、熱意によって人が立ち直る場合も一般に言って問題が浅い場合と言っていいだろう。

それでも上記のような話は絶えないし、自分自身も人前に話すときは、そのようなパターンの話をついしたくなるのは、現代人というのが、いかに因果律的思考に縛られ、「こうすれば、こうなる」というタイプの考えを好み、それに基づく「操作」をしたがるかを示している。「ただ聴いているだけ」でよくなる話は信じがたく、治療者が積極的に何かをすることによって「治す」ことが常に期待されるのである。

現代人のこのような「操作」や「対策」好きが、人間関係の希薄化をもたらし、そのために心を病む人が増えているとも言えるのに、その治療にあたるものが、同様の考え方に立ってうまくゆくはずはない。「聴き入る」のは、操作や対策的方法の対局に立つものである。

そこで「聴き入る」の「入る」はどこに入ることを意味するのかを考えてみよう。まず考えられるのは、相手の話を聴くことによって相手の心に入ることかもしれない。しかし、これは下手をすると「侵入的」態度になり、むしろ有害ですらあるだろう。しかし、単に「聴く」では受動的姿勢にのみ偏ってしまって、これも効用をもたらさないときがある。もっとも、何か変なことをするよりも、単純に聴いているだけの方が、はるかにいいとは思うが。

そこで「聴き入る」ということの能動的姿勢の方向を、まず治療者側の心の動きとしてクライアントと治療者の間の何らかのポイントXに向かうことを考える。外見的態度としては、受動的に見えるが内面的には、Xに向かう能動的運動があり、Xという地点において両者は出会うことになる。そして、クライアントの状況によって、この地点Xを見出すことは非常に重要なことがある。

Xを見出すことに焦ると、なかなか「聴き入る」ことができなくなる。そうなると治療者は「聴く」ことをやめ、何かを「告げる」ことや、時には「説教」までをするようになるが、そもそもミーティング・ポイントを失っているので、言葉は空を切ることに終わってしまう。ここに「聴き入る」ことの第一のむずかしさがある。

ところで、このXとはいったい何であろうか。それはある程度一般化された言葉で言えば、心理療法の学派がこれまでいろいろと見出してきた概念や用語によって、ある程度は記述可能なものであろう。たとえば、それはエディプス・コンプレックスとかアニマとか呼ばれるかもしれない。しかし、ここで大切なことは、治療者が能動的に未知のミーティング・ポイントを探る努力を払うことであり、既知の概念に当てはめてクライアントの話を聴くことではない。その場合も「聴き入る」態度はなくなり、心の運動の方向は、治療者の一方的なものになる。

このようなミーティング・ポイントは、あくまでクライアントと治療者の個性と、そのときその場での全体的状況によって生じてくるものであるので、単純には既知の概念に頼れない。これが「聴き入る」ことの第二のむずかしさである。それは、あくまで発見の過程である。

Xはなかなか簡単には見出せないし、見出したとしても次の発見を目指して歩み続けねばならない。このため、治療者の「入る」世間は自分の内界であると言ってもいい。自分の内界での彷徨がはじまる。と言っても、実のところは、内界と外界という区別も、こうなると曖昧になってくる。たとえば、面接中に降っている雨の音に聴き入るとき、それは自分の心の中に降っているのか、単に窓の外に降っているのかわからないほどになる。

ここで「聴き入る」ことの最大のむずかしさが生じてくる。果たして自分の「聴き入る」声なり音なりのどれがどこまで確かなのか、という問題である。この際、通常は「現実」として信じられている外的事象をそのまま信じるならば、何が確かであるかは明確である。しかし、われわれはあくまで心理療法をしているのであり、「こころの現実」の方に焦点を合わせてこそ、それは可能になる。クライアントの言葉に深く「聴き入る」と、たとえば、その人が妄想を語るとき、どこからどこまで妄想なのかがわからないようになったりする。そのような「聴き入る」姿勢が心理療法には必要であるが、さりとて、妄想をクライアントとまったく共有することになると、危険なことは言うまでもない。こうなると、「聴き入る」ことは羅針盤なしで航海するような状況になるが、これも時には致し方がない。あまりにも不確実なので、偽りの海図や偽りの羅針盤にだまされそうになったりする。これは、まさに「聴き入る」ことのむずかしさである。

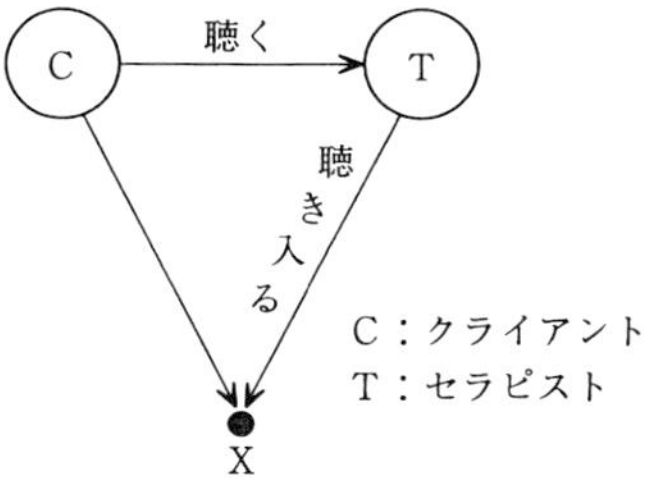

なぜそのようにしてまで、「聴き入る」のか。それはそのことこそ心理療法の基本であり、これによってこそ成果があげられるからである。聴き入ることの「効用」について、あまり述べていないと思われるかもしれないが、「効用」などというより、私にとってはこれしか方法がないと思うほどである。つまり、治療者がうまく聴き入ることができたとき、クライアントのなかの自己治癒の力がはたらきはじめ、自ら「治る」のである。治療者が何らかの方法によって「治す」のではなく、クライアントが「治る」。しかし、それが生じる前提として、「聴き入る」ことが必要なのである。いろいろな方法によって、治療者がクライアントに積極的にはたらきかける治療法に

おいても、それを支えるものとして、治療者の「聴き入る」姿勢がある、と思う。
心理療法の上述のような態度は、「耳をすます」という表現によっても示されるだろう。これはきわめて日本的で外国語に訳すのがむずかしいことばであるが、このような表現をわれわれが持っているのはありがたいと思う。詩人の谷川俊太郎による同名の詩(1)は、心理療法家にとって実に示唆に富むものと思う。そのなかの一節を次に示す。

(ひとつのおとに
ひとつのこえに
みみをすますことが
もうひとつのおとに
もうひとつのこえに
みみをふさぐことに
ならないように)

クライアントの言葉に「聴き入ろう」と努力しすぎると、肩に力が入って、それとともに聞こえてくる「もうひとつのこえ」が聞こえなくなってしまう。一人の人に会うのは、世界と向き合っているようなもので、そこにはさまざまの音や声が聞こえてくるはずである。「聴き入る」ことのむずかしさを如実に示すものとして、この詩の一節を私は自戒の言葉としている。

(1) 谷川俊太郎『みみをすます』福音館書店、一九八二年。

心理療法における「物語」の意義

はじめに

心理療法における「物語」の重要性については、筆者は早くから指摘してきた。それはまず、クライアントを深く理解するために、神話、伝説、昔話のような「物語」から深い示唆を得るということにはじまり、次にクライアントが自ら創作してくる「物語」が、単にそれによって、クライアントの心理を理解するということをこえて、治療そのものに役立つ例を多く見出す、ということになった。したがって、クライアント自身の夢や、創造する絵画や箱庭が、「物語」を内在せしめているとして見ることが治療に役立つことがわかってきた。

そのように心理療法に「物語」が役立つことを経験した上で、心理療法を見ると、その過程そのものが「物語」である、あるいは、人間の人生が「物語」であると考えられるようになった。人間は、それぞれ自分の「物語」を生きているのだ。したがって、事例研究というものは、すべて「物語」であるという観点から見直す必要があると考えられる。それはクライアントにとっての「物語」であると同時に、治療者の構成した「物語」でもあるのである。

近代科学はその方法論からも導き出されるように、「普遍性」という点で非常に強力である。それがテクノロジーと結びつくとき、現在のわれわれが享受しているような便利で快適な生活を生み出すのに役立った。近代科学の力があまりにも強かったので、「科学」あるいは、「学問」という場合に、その方法論に基づくべきであるという考えが、学者の間で強力になっていった。わが国は欧米の先進国に「追いつけ、追い越せ」ということに努力してきたので、とくにそのような傾向が強かった――現在もまだその傾向を残している――と言えるだろう。

しかし、近代科学の方法論が通用するのは、研究者と研究対象とが明確に切断され、そこに関係がないときである。ところが、人間が人間を相手にするとき、両者の間に何らかの関係が存在することが多い。とくに心理療法においては、治療者とクライアントとの関係が、重要な因子となってくる。そして、人間と人間の関係が生じ、両者の主観のかかわりが大切になってくると、そこに「物語」が発生せざるを得ないのである。

治療者・クライアント関係の問題は、深層心理学の領域では、「転移と逆転移」として論じられてきた。このことと「物語」との関係については、本誌の皆藤章の論文を参照されたい。(1)「物語」の本質についての深い論が展開されている。

少し話は横にそれたが、心理療法における「物語」の重要性という点では、今日、多くの心理療法家が、精神科医、臨床心理士を問わず、関心をもつようになったのは嬉しいことである。したがって、本誌の今回の特集も組むことができたのである。

パラダイムの転換

心理療法において物語の重要性を考えることは、単に物語が心理療法におけるひとつの素材として大切だなどというのではなく、「人間の科学」における重要なパラダイムの転換であることを、よく認識しておく必要がある。さもなければ、「近代科学至上主義」の学者からの批判に耐えられないであろう。これが、パラダイムの転換を引き起こす点については、本誌の江口重幸の論文にも論じられている。[2] 筆者も「人間の科学」におけるパラダイムの転換の必要性と、その際における物語の役割については、つとに論じてきたが、[3] ここでは、心理療法の具体的場面にできる限り限定して論じることにする。

「物語」は、何かと何かを「つなぐ」役割をもつとともに、何かと何かが「つながれる」ことから生まれてくると言える。これは、近代科学の方法論において、何かと何かを明確に切断するという機能が重視されるのとは逆のことである。

次に大切なのは、物語のもつ「個別性」である。心理療法はそもそも個別性の重視からはじまっている。心理療法においては、ノイローゼの症状をもった人が訪れてきても、その症状について「客観的」に調べるということよりも、むしろ、その人の語りに耳を傾けて聴くことを重視する。その症状のみを切り離して見るのではなく、その症状をもった人、個人に焦点を当てて、その個別の状況に注目する。そして、その個別性というものは、その個人といろいろな人、いろいろなものとのつながりの総和であり、それは「物語」によってしか伝えられないのである。

「物語」はそれを語ることが、すなわち治療につながってくる。つまり、物語を創り出しているなかで、その個人、およびその個人の症状、悩みなどが、全体的コンテキストのなかに位置づけられるのである。治療者がそのような位置づけを探し出したり、押しつけたりするのではなく、クライアントが自発的に位置づけを行うのである。

このことは、近代科学のパラダイムによって何かの現象の原因を見出し、その原因を除去することによってもとの現象を消去するというのとは、まったく異なっている。つまり、近代科学のパラダイムによると、人間がある現象や対象をコントロールしたり、操作したりすることが可能である。これがあまりに有効なので、すべてのことについてこの方法を用いたくなるのだが、対象が人間となってくると簡単にはいかない。本誌の狩野力八郎の表現で言えば、対象は「生命現象」なのである。(4) 人間は他との関係から切断され、一義的に定義できるような存在ではないからである。そこで、人間存在の生成的機能の方に注目すると、そこから自然発生的に創られてくるものが治癒に至る道を拓くことがわかるのである。

たとえば、本誌の滝口俊子の論文における精神分裂病のクライアントの例を見てみよう。(5) この場合、その病気の「原因」を探るのでもなく、そのクライアントの創る物語に注目した。この際、クライアントが自分の人生を「物語る」のではなく、新しい別の物語を創ってきている。しかし、これを読むと、このクライアントが自分の苦しみや悩みを、全体的人間関係のなかで、また自分という存在全体のなかで、どのように位置づけるかという点に多大な努力を払っていることが理解される。そして、そのことは、そのクライアントがこの社会のなかに適応してゆく上で大いに役立っている。

最後に、パラダイムの転換という点で、本誌で皆藤章が論じているような「偶然の重視」ということがあるのを指摘しておきたい。このことは詳しく論じはじめるときりがないので、ここで切りあげて、このことの重要性のみを指摘しておく。

治療者の役割

それでは、心理療法を物語の重要性という観点から見た場合、そこにおける治療者の役割は何か、という点を論じてみたい。

つなぐことによって物語が生まれる、とすでに述べたが、心理療法において物語が生まれてくる根本に、治療者とクライアントの関係があることを忘れてはならない。そうして、その関係の在り様がそこに生まれてくる物語に対して、強い作用を及ぼすのである。これは非常に重要なことである。

たとえば、本誌に滝口俊子の発表している精神分裂病の例においても、治療者とクライアントとの深い関係があってこそ、あのような興味深い物語が生まれてきたと考えられる。しかも、その物語は回を追って変化し、発展してゆく。この例を見て興味深いからと言って、分裂病者に誰かれとなく、「物語をつくって下さい」などと言ってみても、実りある結果は得られないだろう。そうして、治療者とクライアントの関係はやさしいキリンのおばさんと足の遅いウサギとして、物語のなかに組みこまれてもいるのだ。

治療者の態度がクライアントとの関係に開かれたものであるばかりではなく、治療者の意識が無意識に対して開かれたものであること、が前提である。そのとき、治療者が自分の意識のみに頼ってクライアントに接していると、それは物語の生成に対しては破壊的に作用するだろう。下手な「理解」や「解釈」が治療の流れをとめてしまうことにもなる。

と言って、治療者は知識がない方がいい、などというのではない。治療者は多くの物語を知っているべきである。しかし、それは単に、その内容や筋を知っているというのではなく、その物語が伝えてくるもの、人間存在全体に対してはたらきかけてくるものを、体験を通して知っていることが必要である。そのような体験知に支えられてこそ、クライアントの語る物語を共感的に理解できる。本誌の斎藤清二の論文は、そのような例をいろいろとあげていると考えられる。(6) 心身症のクライアントは、「失感情症」などという用語で示されるように、感情表現が乏しく、したがって、その人の生み出す物語も貧困な感じがすることが多い。しかし、治療者の物語に関する体験知が豊富であると、斎藤の示しているように、簡単なイメージや物語が、豊かな意味をもつのである。

斎藤のあげている例では、「授業中に気分が悪くなって倒れる」、「猫が目の前に来てないた」というような、物語とは言えないほどの簡単な夢に対して、治療者の斎藤は連想を豊かにふくらませている。そのようなことをクライアントに告げるかどうかは微妙な問題であるが、たとい、何も言語的に伝えなくとも、そのような治療者の内面の活動は、物語の発展に寄与していると思われる。

このようなことを「実証」することは難しいが、自分自身およびスーパーバイズなどの長い体験から、正しいと思っている。

ナラティヴ・セラピーの場合は、治療者の役割が積極性をもつように思われる。この点については筆者は論評するほどの経験をもたず、本誌の狩野力八郎の論文によってそれに当てることにした。

斎藤清二が本誌の論文のなかで、近代医学的な治療を、「生物医学的な物語」によるものとして論じているのは非常に興味深い。近代医学の場合も本来的には「生命現象」を扱っているのだから、何らかの意味で「物語アプローチ」をとらざるを得ないわけなので、斎藤の述べるように、治療ということを、いかなる方法を用いるにしろ、「物語」として見てゆく考え方も有用であろうと思われる。行動療法にしても、やはり物語をもっていると言える。ただ、その物語の性格がどれほど異なるのか、という観点から論じることが可能である。

医療における物語

前述のような見方をすれば、心理療法と限らず、すべての病気を「物語」の観点から見ることが可能になる。

それを、江口重幸は、「病いは物語である」と表現しているとも言える。したがって、彼も言及しているが、最近は「物語を基礎とする医療」(Narrative Based Medicine)という考えが英国に登場してきている。筆者は昨年、内科学会に招かれて講演をした際に、日本の「医学」は近代科学の方法論によって発展してきたし、今後も発展するであろうが、「医療」においては、それと異なる考えも必要であり、それには、このNarrative Based Medicineの考えが参考になる、という意見を述べた。「医療」という場合、そこに人間関係ということを積極的に取りこまざるを得ないのである。

あるいは、江口の「実際の患者や家族が経験する「病い(illness)」と、医療専門職がそれを専門的モデルにしたがって再構成する「疾患(disease)」を区別して考えるべきであるという視点」という表現にもなる。しかし、これは近代医学の観点から見ると肯定的にも言えるわけで、患者がわけのわからない「病い(illness)」に苦しめられているとき、医者は専門家として、その本質を明らかにして「疾患(disease)」として名づけ、それを治療する、とも言うことができるのだ。問題は、後者の考えが強くなりすぎて、それが医療だと思いはじめたときに、近代医学によっては治せない病気の場合とか、死に至ることが明白なときのケアとか、が生じてきたために、もう一度、「病い(illness)」を重視し、その背後に存在する物語に注目しようとする動きが生じたと言うことができる。

哲学者の坂部恵は、「語る」ことの意味を明らかにする上で、まず「言う」と「告げる」との相違に注目している[7]。「言う」の場合は、話し手と聞き手は水平の関係にあるが、「告げる」の場合は、話者は何らかの意味で聞き手よりも「上」の関係にあると述べている。たとえば、「癌の告知」と言われるように、それを告げる医者は、専門的知識をもつ者として、患者の「上」にいる。上から告知を受けた患者は、それを受けとるより仕方がない。

そして、その瞬間から患者の「病い（illness）」が発生するが、医者はそれにまったく関係しない。しかし、「医療」という点から考えてみて、それでいいのだろうかと反省する医者が出てきた。医者も illness にかかわってみようとすると、そこに必ず「物語」の存在することがわかってきた。これが、「物語を基礎とする医療」の考えである。

T・グリーンハルとB・ハーウィッツの"Narrative Based Medicine"は画期的な書物である。(8) このなかには、Illness Stories という章があるが、これまで、もっぱら医者の観点からする disease の記述ばかりだったのに対して、患者の観点から見た illness の物語を重視してゆこうとする態度がよく認められる。わが国でもこのような動きがこれから生じてくるものと期待している。最近、心理療法家の川戸圓が、癌になった自分の体験を発表している。(9) これはまさに、illness story である。患者として語りながらも、彼女が心理療法家であるために見えてくる世界も描かれているので、「物語を基礎とする医療」体験の報告として非常に貴重なものと感じられる。

Narrative Based Medicine は、今後の医療においてますます重要になると思われる。そのひとつの領域として、心身症があげられるだろう。本誌の斎藤論文に述べられているように、心身症のなかには近代医学的アプローチが有効にはたらかないときがある。そんなときに、むしろ、「物語」ということが心身症の治療に効果を発揮することもある。このことは、今後大いに研究すべきことであろう。しかし、心身症の場合は、そもそも「物語」の世界に心が開かれてない人が多いとも言えるので、治療者とクライアントとの関係に注目せず、単に「物語をつくって下さい」、「箱庭をつくって下さい」と言ってみても、実りある結果を得るはずがない。この点についての明確な認識が必要である。

「物語」が重要な役割をもつのは、「死の臨床」である。医学的には治療が不可能とされていても、その人たちは医療のケアを必要としている。このときこそ、その人にとっての「物語」がもっとも大切なことになってくる。それはむしろ、病いの物語というよりは、「人生の物語」ということになると言っていいだろう。

このように考えてくると、医療において、心理療法家が活用される分野が非常に広いことがわかる。さりとて、医師がすべての患者のみならずその家族に対して Narrative Based Medicine をすることは、体力的にほとんど不可能であろう。このときこそ、チーム医療が必要になってくるし、臨床心理士をそのなかに活用することを、もっと積極的に考えていただきたいと思う。

物語の危険性

心理療法、そして医療においても「物語」が重要であることを強調してきたが、最後にその危険性についても述べておかねばならない。すべて価値あるものはリスクを伴うことが多いが、物語もまさにその通りである。あるいは、物語の危険性をあまりにも強く意識したので、近代科学一辺倒になり、今それを補正しようとしている、と考えてもいい。

「物語」がまったく外的現実と離れて構築され、しかも、それをそのまま外的現実として見なされると「妄想」になる。それだからこそ、逆に、妄想をその人にとっての重要な「物語」として受けとめ治療することも考えられるのだが、ここで、心理療法家は「現実」というものの微妙な在り方について、細心の注意をもって接しなくてはならない。

「物語」に無警戒にひき寄せられると、クライアントとともに妄想の世界に落ちこんだり、転移／逆転移関係のなかで身動きできなくなったりする。さりとて、最初から単純に、真実と虚偽、現実と非現実などの区別を明確にするような態度でクライアントに接していると、物語は進展しないであろう。

あるいは、Narrative Based Medicine を重視するにしろ、Evidence Based Medicine を無視したり、拒否したりしていたのでは、大変な失敗を犯すことになる。この両者は対立するものではなく、補完関係にあることをよくわきまえていなくてはならない。さもなければ、クライアントに重大な疾患(disease)のあることを見逃して、物語にのみ注目する失敗を犯すことになる。

次に、治療者は自分の「お好み」の物語によってクライアントを見る傾向が強くないか、よく反省する必要がある。とくに、ある物語によって印象的な好結果が得られると、どうしてもそれを大切にし、時にはクライアントに対して操作的に接するようなことが起こってくる。個別性を重視するための物語が、無意識のうちに誰にも通用し得るマニュアルのように受けとめられてしまう。この危険性を防止するためには、治療者は自分自身がどのような物語を生きているのか、自分の好みの物語は何か、ということをよく自覚している必要がある。深層心理学の諸学派がすべて教育分析を必須としているのは、このためである。

ここに教育分析のことに触れたが、以上のような「物語」によるアプローチの危険性を考えると、治療者の訓練ということが大切であるのがよくわかる。たとえば、臨床心理士を養成する大学院において、どのようなカリキュラムを設定するか、よく考えてみる必要がある。先にあげた Narrative Based Medicine では、訓練のひとつとして、このような点について理解を深めるための文学について論じられていた。臨床心理士の訓練においてもこれは必要であろう。すでに述べたようにパラダイムの転換を考える限り、その訓練の方法においても、従来の心理学、医学の訓練にとらわれないカリキュラムの設定について真剣に考える必要があると思われる。

（1） 皆藤章「物語による転移／逆転移の理解」『精神療法』二七巻一号、金剛出版、二〇〇一年。
（2） 江口重幸「病いは物語である」注1前掲誌所収。
（3） 河合隼雄『物語と人間の科学』岩波書店、一九九三年〔第I期著作集第一二巻所収〕。河合隼雄編『講座心理療法 第二巻 心理療法と物語』岩波書店、二〇〇一年。
（4） 狩野力八郎「生命現象と物語」注1前掲誌所収。
（5） 滝口俊子「心理療法と女性の物語」注1前掲誌所収。
（6） 斎藤清二「心身症と物語」注1前掲誌所収。
（7） 坂部恵『かたり』弘文堂、一九九〇年。
（8） T. Greenhalgh & B. Hurwitz (eds.), *Narrative Based Medicine*, BMJ Books, 1998.
（9） 川戸圓「実体験としてのイニシエーション」河合隼雄編『講座心理療法 第一巻 心理療法とイニシエーション』岩波書店、二〇〇〇年。

心的外傷の癒しの彼岸

PTSDと心的外傷理論

一九九五年に起こった阪神・淡路大震災においては、「心のケア」ということが全国民の関心事になったという点で、稀有のことであった。それまでの大災害において、「心のケア」が問題とされたことはなかった。このことは、最近における日本人の生き方の急激な変化を反映していると考えられる。それは、物質的に豊かになったので、心のことにまで関心をもつようになったこと、および、日本人が以前よりも自分の内面を言語表現するようになったことである。

一昔前であれば、災害があっても、それこそその日に食べるものの心配をしなくてはならぬという人も多く、心のことなど言っておられなかったであろう。そして、多くの人が恐怖や不安を感じるとしても、それを言葉で表現したりせずに、じっと黙って辛抱したであろう。そして、辛抱しきれぬ人は心身の病気になり、もっと大きい不幸な状態になったと思われる。ただ、以前は、人間関係が緊密だったので、それによる支えは大きかったと思われる。現代は、家族や地域の人間関係が以前より緊密でない。もっとも、阪神・淡路大震災の被災者の経験によると、ふだんはそれほど親しくなかった人でも、震災と同時に、人間関係が密になることはよく生じたらしい。思いのほかに、隣近所の支え合いが機能したとのことである。

大震災以来、国民一般に「心のケア」に関する関心が高まったことと、そのときの体験が教訓となって、その後に災害が生じたとき、「心のケア」については以前と比較にならない配慮がなされるようになった。たとえば、一九九九年に生じた、京都市の日野小学校における児童の殺害事件のときは、京都市教育委員会は、緊急措置として日野小学校に臨床心理士の専任カウンセラー二名を常駐・待機させた。三学期になってからは、スクールカウンセラー(臨床心理士)を月曜から金曜、常に一名を配置することにしている。これは今までなら考えられなかったことで、非常にありがたいことである。

このように「心のケア」のことが一般化するとともに、フロイト(S. Freud)が初期に提唱した心的外傷の理論が復活してくるような傾向が見られる。これに関しては本書の第Ⅱ章、第Ⅶ章で論じられているが[1]、簡単に述べておく。それはフロイトのごく初期の考えであって、ヒステリーの治療において、分析的な作業によって、患者が幼児期に性的外傷体験をしたことが明らかにされ、それを意識化することによって、ヒステリーの症状が消滅する、というのである。つまり、患者はヒステリーの症状に悩みつつも、その「原因」がわからないままでいるが、分析作業によって、その原因としての外傷体験の存在をつきとめると、患者は治癒される。しかし、この理論はフロイト自身によって改変される。それは、患者の想起する性的外傷体験が実際に存在しなかったことの明らかな例が出現し、フロイトはそのような事実があったかなかったかというよりは、「心的現実(psychic reality)」として存在することこそ重要と考えたからである。このことは、後にコンプレックス理論へと変化してくるのだが、そのことはしばらくおいておく。

精神分析の理論はその後発展してくるし、複雑化してくる。にもかかわらず、フロイトが最初に思いついた素朴な心的外傷理論は一般に「信じられている」と言いたくなる。とくに最近のように災害、事故などによるPTSD（心的外傷後ストレス傷害）のことが一般に知られると、「心のケア」に関心のあるボランティアや、臨床心理学や精神分析学などの本格的訓練を受けていない人で、対人援助にかかわるような人が、素朴な心的外傷理論によって「心のケア」を行おうとするような無意味で危険ですらあることが生じてきた。これは素朴な心的外傷理論は、どのような現象も、原因 - 結果という因果関係によって考え、原因が明らかになると問題が解消するか、解消する手段が見つかるはずだ、という現代人好みの思考パターンによく合致するために、一般的人気を獲得しているからである。

近代医学は近代科学の方法論を用いているので、病気の症状に対して、その病因を明らかにすることを重要と考える。病因が明らかになると、それに対する予防や治療の方法が考えられる。実際、このような方法によって、手術や薬が有効な結果をもたらすことは事実である。しかし、医療がすべてこのような方法で行われているわけではない。生きている人間の身体のもつ自然治癒力に頼っているところも大いにある。このような点も考慮して、医学の考えを参考にしつつ、心的外傷の問題を考えてみることにする。

医学モデルによる検討

すでに述べたように、現代人は因果関係によって現象を理解するのが好きである。そして、近代医学が相当にその考え方や方法論によって成功しているので、近代医学への信頼も高いし、その考えに強く影響されている。このようなこともあって、フロイトがヒステリーの治療をしているときも、自分の行なっていることが、まやかしではなく、信頼できるものであることを世に示すためにも、それが医学モデルに従っていることを示そうとした。それが、先に紹介した心的外傷理論であり、身体医学において病因をつきとめて、それを除去する、というところに、「意識化」ということをおいたのである。

ところで、このような素朴な理論をPTSDの治療のために用いようとする人は、次のような点をどう考えるであろう。フロイトの場合は、ヒステリーという症状をどう扱うかが問題となるのだが、そのとき、患者にとってその原因は不明である。だからこそ、原因を見出すための分析作業が必要になる。しかし、PTSDのとき、症状としては、不安によるさまざまのものがあるが、その「原因」を探し出す苦労など不要で、災害や事件によるショックということは明らかである。あるいは、そのように理解されている。とすると、これに素朴な心的外傷理論を用いようとしても、話が違うのではなかろうか。意識化することが重要などという前に、原因は明確に意識されている。

そうすると、どう考えるべきだろうか。ここで、医学の方法をもう一度検討してみよう。身体の外傷の場合を考えよう。たとえば、顔にけがをしたとき、医者として大切なことは、その程度を見分けることであって、「原因」を調べることではないのである。その傷が、動物にひっかかれたのか、夫人にひっかかれたのか、なぜひっかかれる状況になったのかなどと原因を探究するよりは、傷が浅いと判断し、毒物と関係ないとわかると、消毒をし、二次感染を防ぎ、後に自然に治るのを待つことになる。二次感染を防ぐことは大切だが、要は、その人間の自然治癒力に頼るのである。

身体の外傷の例で考えると、たとえば、血がとまって、かさぶたができ、皮膚が新しくなってくると、かさぶたがとれる。ここで、「かさぶたがとれたとき傷は治っている」というのを「かさぶたがとれると、傷は治る」と因果的に把握し、できるだけ早く治すために、できるだけ早くかさぶたをとる方法を考えるとどうなるだろう。

あまり早くとると傷は逆もどりする。馬鹿げた話をしているようだが、これに似たことを心的外傷に対して行なっていないだろうか考える必要がある。

意識化することによって治る、という命題も、たとえば、この意識化をかさぶたをとることとパラレルに考えてみると、再考の余地があるようである。かさぶたが落ちるのは治癒の結果であって、かさぶたをとることによって治るのではない。これと同様に、「意識化」も、それによって治癒されるのではなく、それは治癒の結果生じることと考えられないだろうか。心理療法家に会って、自分の病気は治ると確信できる。そして定期的に話をし、共に考えてくれる。このようなことは、要は二次感染を防ぎ、傷口を守っているのに相当し、その間に自然治癒が進み、傷が癒えたとき、かさぶたが落ちるように、外傷を言語化することになる。このように考えてはどうであろうか。クライアントのなかには、長い治療期間を経た後に、「やっと〜を話せるようになった」という言い方をする人がある。つまり、あることを言語化しても大丈夫な状態になったというわけであり、その内容は何らかの意味で、心的外傷と考えられるものであることが多い。つまり、よくなったから言語化できるというわけである。

医学モデルによるとしても、治療者はやたらに原因をつきとめようとするのではなく、その現状を把握して、二次感染を防ぎつつ、人間のもつ自然治癒力に頼る、というのは、心的外傷の治療に対しても役立つものと考えられる。しかし、心的外傷の場合は必ずしも、これと同一とは言えないし、先に述べたような、「治癒したから意識化が生じる」と言い切るのも、実は一面的であると思われる。というのは、身体の場合は、まさに「自然現象」として生じるわけであるが、人間のこころはまさに「自然に反するもの」として存在しているとも言えるからである。すべての生物のなかで、人間のみが自意識をもち、意識を体系的に統合したものとしての自我をもっている。この自我が不安によって脅かされるので、いろいろな症状が生じるわけであるが、自我の体系は「言語」によってつくられているので、治癒の過程における言語の役割を無視することはできない。

身体が自然治癒するとき、その過程を人間は意識する必要はないが、こころの場合は、治癒されるから意識できるというのと、意識化することによって治癒するのとは、どちらが先とは言えないように思われる。この微妙な関係のために、治療法にも差が生じるのではなかろうか。

たとえば、ＰＴＳＤの場合、アメリカでは、心的外傷体験について言語化し、明るみに出して直面するという方法がよくとられる。しかし、日本でこれを試みても拒否されてうまくゆかなかったり、かえって悪くなったりした例もある。このときは、先にあげた、「かさぶた」のたとえが思い起こされるであろう。こうなると、単にどのような方法を用いるかだけではなく、治療者とクライアントの関係の在り方や、治療者の共感の度合なども考えねばならなくなってくるであろう。そして、後者を強調すると、意識化の問題は第二義的なことになる。

因果律の拡大

身体的外傷を例にとって、心的外傷の場合も「原因」を追究しても意味がないし、治癒の根本に自然治癒があると述べたが、人間のこころというものの特性から考えて、そうとばかり言えないことも明らかにした。人間にとっては、言語を用いて表現し、それが自分のこころのなかに収まることが大切だからである。そのときに、人間のこころは因果的連関によって事象を関連づけることが好きであるとも述べた。何か「原因」が明らかになると安心するし、対策法も思いつくわけである。

このように考えると、人間は古来からいろいろな方法で、事象の因果的理解を試みてきたことがわかる。それはあらゆる呪術的思考のもとになっている。誰かの呪い、前世の報い、狐つき、などなど、すべて何らかの外傷体験の「原因」を明らかにして説明し、また、それによる治療法も考え出される。そして、大切なことは、それらは有効のこともあるし、無効のこともあったということである。つまり、正しいとは言えないにしても、まったく役に立たぬとも言い切れぬのである。

しかし、啓蒙時代を経た近代においては、このような「非科学的思考」は、ともかく学問の世界からは拒否されてしまった。そこに、あらたに、フロイトによる「心的外傷理論」が、科学的にも受け入れられる粧いをもって現われたが、すぐに本人自身によっても否定され、実際的な外傷体験よりは、「心的現実」としての外傷が原因になると考えた。これはいうなれば、近代においても受け入れられる因果的理解の方法である。ここで、「心的現実」という新しい概念を導入して、前近代的な因果関係によるのを避けている。

因果律を拡大する、もうひとつの試みとして、オットー・ランク(O. Rank)による「出生外傷(birth trauma)」の考えがある。ランクの考えによると、人間にとって母胎内の生活は安全、快適であり、何らの葛藤もない状態である。にもかかわらず出生するということは、この楽天地を追われ心身の両面で多大な衝撃を次々と与えられることになり、まさに外傷体験の根本である。したがって、人間は、このような全能の楽天地を何とかして回復したい、と繰り返し努力することになる、というのがランクの考えである。そして、このような根本的な外傷を克服するために、人間は強い意志をもって努力すべきであると考える。ランクの考えに従うと、人間である限りすべて外傷(trauma)をもっている――つまり、出生外傷をもっている――わけであり、いわゆる「外傷体験」は、出生外傷がそれによって強化されたり、思い出させられたりしていることになる。

この考えによると、心的外傷があるとしても、そのことを超えて、出生外傷の克服という大きいテーマに取り組むことこそ、人生の課題ということになる。ランクの考えは、それを「実証」することはできないので、興味深いひとつの「人間観」と見るか、出生のことを重く見すぎているだけと考えるかは、意見の分かれるところだろう。

ところが、実証的な方法によって、もっと因果関係を拡大した心理療法が出現してきた(もっとも、これを実証的と考えるかどうかは意見の分かれるところだろうが)。それは、ブライアン・L・ワイスによる「前世療法」である。興味のある方は、ワイスによる書物[2]を読んでいただくとして、要するに、患者に催眠をかけ、「前世」について想起してもらうことによって、患者の現在の状態についての「原因」を明らかにする心理療法である。ワイスは「前世」などをまったく信じない、「科学的」な医者であった。彼は患者に催眠をかけ退行させて、幼児期の記憶のなかに外傷体験の原因を見出す療法を行なっていた。その方法をいくら試みても症状が軽減しない患者に対し、催眠状態で退行中に「あなたの症状の原因となった時まで戻りなさい」と指示したとき、患者が自分の「前世」について語りはじめた。その後、患者の前世についての記憶を聞くが、そのなかには死の体験もあり、死んで後、この世に生まれてくる間の「中間生」に関する報告もあった。とくに患者(女性)がこの「中間生」にある間は、そこにおいて彼女が会った「マスター」たちの言葉を、彼女が伝えることもあった(このとき、その声は、しゃがれ声の男性の声になった)。彼女は何度も輪廻転生を繰り返しており、時には、男性にもなっているが、そのさまざまの生について語ることによって、三カ月半の治療の後に、症状がまったく消失し、治療を終結した。

このワイスの著書を読んで、輪廻転生をそのまま信じることは難しいにしろ、ともかく、著者が現実に体験したことを書いており、嘘偽ではないと感じる人は多いと思う。筆者もそのような感想をもった。つまり、ある患者が催眠状態のなかで、さまざまの自分の前世体験について語り、そのことによって癒されていったという事実は信用できる。ただ、患者の前世がそのとおり歴史的事実であるかどうかについては判断を留保せざるをえない、ということである。

この「前世療法」を、昔からある「狐つき」などと同じく迷信の類として否定し去るのは早急であると思う。ともかく、ワイスの報告している例においては、彼は科学者らしい客観性をもって療法を行い、そこに生じた現象を客観的に記述するように努めている。ただ、ここでワイスが「前世」の存在を認め、それにもとづいて、誰に対しても「前世療法」を試みようとすれば、それは「科学的」ということはできない。この療法が、近代科学の方法論から逸脱していることは明らかである。退行催眠によって過去生まで行けるケースは、「被験者の三ないし五パーセントというきわめてまれなケースだ」とワイスはあるインタビューで語っているとのこと。

ただこの場合でも「因果関係」そのものも物理学のように明確なものではない。前世の体験を語ることによって、症状が消失したことは事実であるが、前世のどのような外傷体験がどのような症状を発生せしめ、どのような意識化が行われたときに、どの症状が消失するのか、などを明確にすることはできない。したがって、これは近代科学が扱っている因果関係とは異なっている。

ここでもやはり、意識化が先か治癒が先かという問題が生じてくる。つまり、退行催眠が行われる状況において、患者が前世を語るというのは、その催眠の状態がきわめて深いことを示すと考えられ、そのような深いトランス状況になることが、治癒の条件であり、そのような状況で心身のバランスが良好な状態へと回復することが治癒である。そして、そのような過程を意識によって把握するとき、前世の物語として語るのが、最も適切であるという考え方もあるわけである。

これは別に異を立てるために因果関係を逆転させているのではない。筆者は治療において夢分析を用いることが多いが、そのときにクライアントの「前世」が夢に出てきているとも思えるようなことがある。「それは江戸時代のことでした」とか、「ヨーロッパの中世のことです」というような前置きがあって夢が語られるが、多くの場合、クライアント自身は夢に登場せずに、夢の物語が進行する。しかし、だんだんとその登場人物の一人にクライアントは同一視を感じる。このような夢の報告を受けたとき、「なんだか、あなたの前世のことのように感じますね」というと、納得する人が多い。しかし、「なんだか～のように」というのと「～である」というのはずいぶん異なるとも言える。それにしても、このように夢見ること自体が――あまり解釈など必要とせずに――治癒につながっていく。この場合も同様に、治癒することが先で、その過程において夢の報告がある、と考えられるわけである。

このように考えてくると、単純に因果関係として結びつけるのではなく、治癒のプロセスというものが、治療者とクライアントの人間のあり方、およびその関係などすべてと関連するものであり、それらを全体として把握することが大切であり、どれかを原因として抽出する態度そのものに問題があるとも言うことができる。ランクの出生外傷説も、それが「原因」などと考えるのではなく、すべての人間存在が背負っている実存条件について述べている、と考える方がいいと思われる。

癒しの意味

癒しの根本は自己治癒にある。しかし、この場合の「自己」という言葉に注目する必要がある。身体の外傷の例に示したように、外傷はその本人(自己)の治癒力によって治ってゆくのだが、それは、その本人が何かをすることによって治るのではない。それを誤解すると、すでに述べたように、かさぶたを早くとりすぎてまた出血するようなことになる。自己治癒の「自己」は己の知らない自己であり、己の知らないうちに作用しているところに特徴がある。これは「操作」ということのまったくの対極にある。

近代の科学技術の特徴は、人間がいかに他を操作することによって、快適で便利な生活を可能にするか、という点にある。これはたいへんな成功を収めてきた。したがって、近代人はこの思考法にとらわれすぎている。単純な心的外傷理論は、これにマッチするかのごとく見える。したがって、軽症の場合は、これに準拠できるという安心感が作用して、ある程度の効果をあげることができる。

しかし、困難な場合は「原因」がわかったとしても、どうしようもない。ＰＴＳＤの場合は、一応「原因」はわかっていることになっているのだが、だからといって症状が消えるのではない。そこに癒しが生じるためには、生じやすい状況をつくって待つより仕方がない。とはいうものの、何もせずに待つ、ということはきわめて難しい。したがって、何か有用のごとく見えながら、「操作」とは無関係のことをしているとか、自然のはたらきにまかせるようなことをするのがよい、ということになる。

先にあげた「前世療法」などは、その一例ではなかろうか。催眠誘導をしたり、前世のことを尋ねたり、治療者は大いに操作をしているように見えるが、「前世」という、実際には操作不能の世界の存在を前提としているという点で、まず、現実に何かをすることを放棄しているのである。もちろん、催眠誘導はするが、そこでいかなる前世が語られるかについては、治療者はまったく何の操作のしようもないのである。このように考えると、この方法は、「何もせずに」というよりは、「意識的努力を放棄」して待っている状態と言えるのである。

そこで「前世」のことがわかったとするとき、それを自分の前世のこととして受けとめる主体が大切ではなかろうか。それを引き受けた者として現世に生きる覚悟がなかったら、ただ前世がわかっても何の意味もないであろう。夢の内容から、「まるで自分の前世のようだ」と感じても、そのように思って生きる、あるいは、生きる方向を見出そうとするから意味をもつのである。ここで大切なことは、催眠の体験にしろ、夢にしろ、それは己の知らない己から送られてきていることである。自分が通常に知っている自分を超えた存在のつくりだすものに、自分が主体的にかかわるとき癒しが生じてくる。

このとき、原因‐結果の筋道は、現代人に好まれるので、そのような外的な形に沿って話をしたり、考えたりするにしろ、癒しの本質はそれと異なる筋道によって生じていることを、心理療法家は自覚しているべきだと思う。

(1) 河合隼雄・空井健三・山中康裕『臨床心理学大系 第一七巻 心的外傷の臨床』(金子書房、二〇〇〇年)所収、第Ⅱ章「心的外傷理論の批判的検討」(河合俊雄)、第Ⅶ章「境界例と心的外傷」(伊藤良子)。

(2) ブライアン・L・ワイス『前世療法』山川紘矢・山川亜希子訳、PHP研究所、一九九一年。

スプリッティング——解消か、保持か

スプリッティングの概念は、現代人の意識のありようを考えるとき極めて重要になっている。フロイトが精神分析をはじめたとき、はじめはヒステリー患者に苦しむ患者に注目した。そしてヒステリー患者の意識に強力な抑圧のメカニズムを当てはめ、意識にとって受け入れがたい心的事象が無意識に押し込まれることを見出した。そして、こういうケースには意識と無意識の分裂があり、この分裂の解消をとおして患者は癒される、と説明した。

このように人間のこころを理解し治療するフロイトの方法は、その後心理療法の重要なモデルとなった。しかし近年、この種のモデルでは理解できない事例が多い。こういう場合の患者の心的状態は、フロイトによって発見された意識と無意識の水平分裂の類ではなく、「垂直分裂」と呼ぶのが一層ふさわしい。最近の心理学では「スプリッティング」という用語が用いられるようになった。スプリッティングとは周知のように、現代の心理治療家の主問題であり、境界例のケースを理解する重要な鍵概念である。

心理治療家にとっての問題は、この種のスプリッティングをどう癒すか、である。しかし、これを実行に移すには一つの落とし穴がある、と私は考えている。フロイトのヒステリー治療のモデルでは、患者は治療者の影響を受ける。しかし境界例もしくはスプリッティングの問題をもつ患者と会う場合、治療者が分離‐再統合のプロセスを完了しようと急ぎすぎることが認められる。ヒステリーの場合、再統合されるべき心的内容は無意識の中にある。治療者はそのことを患者に指摘し、患者の意識化を援助する。この種の方法は非常にわかりやすいし、治療者の果たすべき役割ははっきりしている。したがって、この種の考えが境界例の治療に際しても治療者に影響を及ぼす。

境界例のケースでは、患者が暴力的なアクティング・アウトをすることがよく知られている。治療者に対する批判と攻撃は度を越して強烈なものになる。ときには暴力をふるうと治療者をおどしたり、実際にやる。攻撃が患者自身に向かうと自傷行為や自殺企図となる。しかし治療者には、患者に対する自分の態度が彼らの強烈なアクティング・アウトを促したのではないか、と省みる必要がある。言いかえれば、スプリッティング状態を扱う場合、治療者がすぐさま分離-再統合の図式に合わせようとすれば、患者は、部分的にはそれが正しいと感じながら、ちゃんと理解されていないことにどこか不満を感じ、本当の自分の状況を何とか伝えようとする。しかしそれを言葉にすることがほとんどできないので、行動化せざるをえない。

境界例ケースはしばらくおいても、現代人は何らかのスプリッティングに苦しんでいるようである。現在、普通の生活を営んでいる人々でさえ、内にスプリッティングを抱えている。これを何とかしたいと考えている人は多い。私の体験から言えば、私は日本人として伝統的な日本の生活様式に生きている。しかし西洋文化のある種の側面を取り込んでいるので、二人の人間に分裂していることに苦しまなければならない。これについては別のところで詳しく論じたので(1)、これ以上ここではふれない。現代では、文化差によるこのようなスプリッティングをもつ人々がおそらく大勢いる。彼らはこれを自分自身の問題として引き受けている。こういう場合の特徴は、どちらか一方が抑圧されるというよりも、両方がある程度意識化されており、しかもその統合の方法を簡単に見つけられないことである。

ヨーロッパやアメリカで多重人格がたびたび生じることは、この種の現代のスプリッティングのメカニズムがどれほど多く用いられているか、を示している。この症状は、十九世紀末から二十世紀初頭にしばしば報告されていた二重人格とは異なる。後者は解離という概念で説明できる。しかし、前者の心理機制はスプリッティングである。それにしても、多重人格の治療に二重人格の治療法をもちいている傾向があるのではないか、と懸念している。多重人格をひとつの人格に統合することによって解決しようとする治療者は、患者のなかに新しいスプリッティングを作り出すかもしれない。このため多重人格の症状が重くなることがある。

この種の心理学的治療に問題が生じる主な原因のひとつは、意識のありようを考える際に、近代の西洋的自我に最大の価値を置く傾向のあることによる。意識がどうあるべきかは文化によって非常に異なる。もともとは、単純に判断を下すのは難しいと考えられていた。しかし二十世紀においては、近代西洋に生まれた自我の現実を認識しなければならない。それは科学と技術で身を固め、世界中ではなはだしく強い力となった。その結果、世界中がヨーロッパとアメリカ文化に強く影響されている。エーリッヒ・ノイマンは、こうした自我形成について注目すべき研究を行い、自我が男性の英雄イメージとしてふさわしく現われることを指摘した。(2)ノイマンは、強い英雄が怪物を倒し、囚われていた女性を救い彼女と結婚する物語を詳細に検討し、それが自我形成を象徴的に表わしていることを示した。

しかし現代人の課題としては、意識がノイマンのいう自我を乗り越える方法を考えなければならない。すでに述べたように、スプリットした意識については、一方が英雄をあらわして他方を「征服する」治療プランは問題を大きくするだけである。こういうことを避けるためには、近代的な自我とは異なる意識について考える必要がある。そのためにここでは、ノイマンが神話からイメージを取り出したように、おとぎ話に手がかりを求めたい。

おとぎ話の中のスプリッティング

幸いなことにスプリッティングについてぴったりの話があるので、ここでとりあげたい。「鬼の子、子綱」と呼ばれる一群のおとぎ話である。(3) そのひとつが「鬼の大笑い」と呼ばれる話で、その詳細については以前別なところで論じた。(4) そのさい、スプリッティングについては触れなかったので、ここで改めてこの話を論じたい。まず、ここで述べる鬼について少しばかり説明する必要がある。鬼は日本のおとぎ話に登場する想像上の怪物で、人を食う恐ろしい存在である。しかし時にユーモラスな面も見せる。死者の霊もしくは幽霊と考えられる鬼もいる。最初に取り上げたい話は「片子」(半分の子ども)と呼ばれる。あらすじは次のとおりである。

きこりが働いていると鬼が現われ、あんころもちは好きかと尋ねた。きこりは、女房と取り替えてもいいくらい好きだと答えた。鬼のくれたあんころもちをたらふく食って家に帰ると、女房がいなかった。きこりは女房を探しに出て、十年後に鬼ガ島にたどり着く。そこに十歳くらいの男の子がいた。彼は半分が鬼で半分が人間だった。そして、自分の名前は片子で父は鬼の頭《かしら》で母は日本人だ、と言った。それからきこりを鬼の家に連れていき、きこりは女房と再会した。きこりが女房を連れて帰ろうとすると、鬼は「勝負に勝ったらな」と言い、あんころもち食いと木刈りと酒飲み比べを挑んできた。片子の助けを得て、きこりはそのすべてに勝った。そして鬼が酔っ払っている間に三人は舟で逃げた。鬼は正気にもどると、海の水を飲み干して舟を吸い寄せようとした。しかし片子は知恵者で、鬼を笑わせて水を吐き出させた。それで三人は無事日本に帰った。片子は後に鬼子(鬼の息子)と呼ばれた。人々は何かにつけ彼をのけ者にし、日本で彼が生きていくのを難しくした。彼は両親に書置きを残し、自分が死んだら体の鬼の半分を切り取って小さく刻み串に刺して戸口にぶら下げたら、多分、鬼は怖がって入ってこない。もしそれでうまくいかなかったら鬼の目玉を狙って石を投げるように、と告げた。そして欅のてっぺんから身を投げて死んだ。片子の言った通りにしながら、母親は泣きに泣いた。鬼が現われて「日本の女はなんて恐ろしい。自分の子どもを串刺しにするとは」と言って、裏木戸に回って押し入ろうとした。そこで両親は石を投げ、鬼は逃げていった。これが節分会の鰯の串刺しと豆まきの始まりである。

この話の主人公——片子——は、半分鬼で半分人間というスプリッティングの一つの形である。初めてこの話を読んだとき、片子の自殺に大変なショックを受けた。私は自分を一種の片子と見なしていた。日本人でありながらスイスに留学しており、そこで自分の人生観を作りあげるのに諸々の影響を受けていたからである。だからこの悲劇的な結末に衝撃を受けた。この物語で片子があからさまに、母親を「人間」とし「日本人」と呼んだことに打たれたのである。「人々は何かにつけて彼をのけ者にし、彼が日本で生きていくのを難しくした」という一節も、心から離れなかった。スイスで分析家資格を得て一九六五年に帰国してしばらく、まさしく同じ気持を味わったからである。日本では直接非難されることはほとんどない。しかし、外国の異質なものを排除しようとする見えない強い力があり、片子はそれがいつしか我慢ならなくなる。そしてそれに耐え切れず自殺したのである。

片子については後で考えるが、ここでは半人間についてふれたい。文化人類学者のロドニィ・ニーダムは、「体が片側しかない想像上の人間」もしくは「垂直または水平に分割され、各々がまったく相反する性格をもつ人間の形」についての神話やおとぎ話が、世界中にあると述べている。(5) 一例として、南アフリカのイボ族では、特別な儀式を行う人の身体は半分が人間で半分が精霊になる、と考えられているという。その身体は右半分が黒く左半分は白く塗られている。相反する性格をもつ半身がひとつの体になる例は世界中にあるので、ニーダムは、半人間という文化的なシンボルは心理学的な要素に起源をもつ元型と考えられる、と結論している。

この結論に賛成するか否かはさておいて、このことから半人間の主題が世界の多くの神話やおとぎ話に現われていることがわかる。そこで半人間の物語のもつ心理学的な意味について考えたい。半人間の意味を考えるのだから、日本のおとぎ話と比較しながら、同様のテーマをもつイタリアの物語について考えたい。ここで取り上げるのはイタ一ロ・カルヴィーノの編集した物語集にある「裂かれた若者」である。(6) あらすじは次の通りである。

魔女の庭とは知らないで、女がそのパセリを全部食べてしまった。女は妊娠していたので、怒った魔女は「子どもが生まれて七つになったら半分もらっていくからね」と言った。男の子が生まれ七つになった時、魔女は彼を縦に二つに切り半分を持っていった。残った半分の少年は大きくなり、ある日釣りに行って大きな鰻を捕った。命乞いをしたので放してやったのに、またその鰻が網にかかった。すると鰻が「子鰻のために放してください。そしたら何でもお望みの事を叶えます」と言ったので、放してやった。

男が町に出かけた時、王女とその召使が奇妙な半分の体を笑った。男は怒りにまかせて祈った。「子鰻にかけて、王様の娘に私の子どもを産ませたまえ」。まもなく王女は妊娠し大騒ぎになった。両親は彼女に父親の心当たりを尋ねたが、王女は知らないと答えた。とうとう男の子が生まれた。魔法使いの示唆で、王様は子どもに金と銀のりんごを持たせ、大勢の人を城に招いた。子どもは銀のりんごを祖父に、金のりんごを父に渡すことになっていた。そして子どもはすぐに銀のりんごを王様に与えたが、父親は見つからなかった。最後に金のりんごが「裂かれた若者」の手に渡された。王様は怒って、若者と王女と息子を樽に詰めて海に流した。それは岸に流れ着いて三人は助かった。若者は「子鰻にかけて」いくつかのお願いをした。それで全身のそろったハンサムな男になって王女と結婚し、大きな宮殿で暮らすことになった。そして近隣の王様たちを招待し、そこで一本の木に金と銀のリンゴの実をつけさせた。それから客に実に触れないように頼んだ。王女の父が来た時、裂かれた若者は、王が見ていない間に金と銀のリンゴを王のポケットに入れた。誰かがりんごを盗んだと告げられ、王が犯人と見なされた。王はどうしてこうなったのかわからない、と主張した。そこで若者が「たとえ身に覚えがなくても何かが起こったら、あなたは罰してきたではありませんか。あなたも同じ罰を受けなければならない」と言った。そして王様を樽に詰めて海に流そうとした。しかし王女が命乞いをしたので、王は助けられた。

この物語のヒーローは日本の「片子」とは違っている。彼は体を半身しかもっていない。テーマは同じ「半人間」であるが、日本の物語では非人間の要素が加わっている。イタリアの物語では人間の要素の半分が持ち去られている。いずれの場合も物語はスプリッティングに関係している。日本の話は悲劇的な結末で、イタリアの話は古典的なハッピーエンドである。

ここではイタリアのおとぎ話の意味について論じたい。この話が、聖書にあるエデンの園のエピソードと「清浄受胎」を下敷きにしているのは明らかである。ここでは「罪《クライム》」もしくは「原罪《シン》」、善対悪が主題である。舞台装置にりんごを使うのは、おそらく聖書にある禁断の木の実を反映しているのであろう。ただし物語のテーマは罪であるが、主題は「無実の罪《イノセントクライム》」になっている。罪には罰がある。しかしイノセントクライムが罰せられないのは明らかである。問題は「無意識の罪」である。この場合何が起こるのだろうか？　スプリッティングの機制に頼っている人はしばしば他者に批判される。しかしこういう人の行動は、ほとんど「無意識の罪」ではないだろうか？

イタリアの物語を初めから見てみよう。ある女が誰かの庭のパセリを全部食べてしまった。明らかに盗みである。しかし話はそう単純ではない。魔女のパセリの庭のくだりには「扉はいつも開いていた。パセリはたくさんあったので欲しい人は入って勝手に食べてよかった」とある。言いかえれば、この庭のパセリは「禁じられて」いなかった。しかしこの女は、パセリを全部食べたことで魔女の怒りをかった。おそらく魔女は、わざと庭の入り口を開けておき、女性――妊娠している――が現われてパセリを全部食べるのを待っていたのである。魔女が彼女を誘いこんだ、と私は思う。

この女が「無意識の罪」を犯したかどうかはともかく、彼女は魔女に罰せられた。息子を産んで、七歳になったとき彼は真っ二つに切られ、その半分が魔女に持ち去られた。これはかなり厳しい罰である。ここで実に興味深いのは、母親に戻された子どもの半分が完全に普通の生活を送っていることである。半分しかないことによる不都合は、何も語られていない。逆に釣りに出かけさえしている。これは、この半人間が普通の人々とまったく同じ生活を送っていることを意味している。言いかえれば、魔女に持ち去られた半分は彼の正常な自己とは何の関わりもない、ということである。先に子どもの人間的要素の半分は持ち去られたと述べたが、もっと正確に言えば、人間的要素のうちで正常な生活とは関係のない要素が持ち去られた、というほうが多分正しい。世間は、彼が「半人間」とは気づいていなかったようである。王女が彼の半分の姿を見て笑ったとき、彼が激怒したのは、この時点まで彼自身がこの種の侮りを体験していなかったこと、を示唆している。

このように考えると、世界は多分、半人間であふれていることになる。しかし一般には普通の人間に見える。彼の本当の姿を見ることのできる王女は、「裸の王様」を思い出させる。彼女の無邪気さが、現実に対する自然な反応を引き起こす。その無邪気さのゆえに罰せられることはないのである。王女の笑いについて述べておきたい。笑いはおとぎ話や神話では重要な要素である。ここで詳細に立ち入る余裕はないが、この話の笑いの本質は、世界が開かれること、物語の次元が変容すること、を表わしている。実際、「鬼の笑い」は同様の片子の類話でも重要であった。この場合の笑いは同じ意味を担っている。

大きな変容が、笑いの結果引き起こされる。主人公はそのときまで一生懸命働き、捕まえた鰻を逃がしてやり、よいことだけをしていた。それが激怒してまったく無邪気な王女に報復した。言いかえれば、思いがけず善の世界に悪が侵入するのである。これを、半人間がまったき人間に回復する機会とみることができる。王女の「清浄受胎」は神の意志でもないし、告知もない。それは彼女の無思慮な笑いによって引き起こされ、何の警告もなく悪意に対する報復として起こる。王女は何も知らなかった。これを「無意識の罪」ということもできる。自分の行為の意味にまったく気づかぬまま王女は罪を犯した。そのことからこれをスプリッティングと考えることもできる。

「無意識の罪」に対して王が下した罰は、あまりに厳しかった。王女と彼と子どもは樽に詰められ海に流された。樽の中の三人は死なずに岸に流れ着いた。鰻の力で奇跡が次々に起こり、幸せな結婚に至る。ところでこうした奇跡を起こした鰻とはどういう存在なのだろうか? 私は鰻を「海のヘビ」と見ている。イヴを誘惑したヘビが、ここでは深い海に住み、まるで神のように人を助ける役目を果たしている。半人間が鰻の力によって、「まるごとの全体」になるとき、それは魔女に持ち去られた半分と結びつくからではない。

このおとぎ話をもっと広い視野からみると、無意識のイノセンスすなわち悪の実現によるスプリッティングが癒され、全体性を回復する物語とみることができる。しかし、魔女に持ち去られた半身の生き方について語られていないことは、若干の疑問を生じさせる。この点については後にもう一度検討する。とりあえず「裂かれた若者」についての議論を終えたい。そしてこのおとぎ話にとって重要な善と悪についてさらに考えたい。

善と悪

スプリッティングの生じるとき、それが善と悪のスプリッティングとして考えるのが最もたやすい。悪の側は善の側から完全に独立して行動する。そして双方とも相手の存在に気づいていない。すでに述べたように、この種のスプリッティングの癒しの過程が「裂かれた若者」に描かれている。しかしその結末に若干の疑問が残る。イターロ・カルヴィーノはこのような疑問のまったくない小説(または物語)を書いている。タイトルは「まっぷたつの子爵」である。一九五二年に出版された。一方、「裂かれた若者」が収められたおとぎ話集は一九五六年に出版された。はたしてカルヴィーノが「まっぷたつの子爵」を書いた時、このおとぎ話を知っていたかどうかは明らかでない。おそらく知っていたと思われる。この問題に立ち入ることはせず、この小説の心理学的な意味を考えたい。

主人公のメダルド子爵はトルコ戦争に加わって、敵に二つに切られた。しかし二つの半身は両方とも、メダルド子爵の善の半分と悪の半分として生き続けた。最後に、分裂した半身は再び一つになる。この小説の細部はとても興味深い。しかし、まず当面の課題について考えよう。想像どおり、悪の半身は動物を半分に切るような酷いことをくり返す。しかし私は善の半身の行為に注目したい。もちろんよいことしかしないのだが、それがよい結果だけをもたらすことにはならなかった。彼は、軽薄で自分勝手で時間を無駄にしている人々に徳を説き、くり返しくり返し忠告した。このせいで人々はしたいようにできなくなり――そうするとたちまち叱られるので――、腹いせのために戦争を始めますます不幸になった。それでこの半身たちについて、結局、善の半身は悪の半身よりはるかに悪い、と言うようになった。

メダルド子爵の支配している村人たちは、人間離れした悪徳と同じくらい人間離れした美徳に引き裂かれているのを感じていたが、徐々にその感情は弱まり、物憂げになっていった。悪の半身だけでなく善の半身(完全に悪から切り離されている)も、結局不幸をもたらすところが面白い。これをどう解決するか、まったく見通しが立たないようなのだが、手がかりは意外なところから生じるのである。

メダルド子爵の悪の半身は気ままに悪行を重ねたが、彼は普通の人が愛と呼ぶものを知らないことに気づくようになった。これを経験するため、彼はパメラという女性と恋に落ちた。彼女は動物とコミュニケートできる、自然と強く結びついた女性であった。そして動物たちの助けを得て悪の半身から逃れ、森の中の秘密の洞穴に住むことになった。それからのことを詳しくは述べないが、悪の半身は善の半身とパメラとの結婚をすすめようとする。彼らが結婚するともちろん善の半身もメダルド子爵なのだから、悪の半身はトリックを使って善の半身と入れ替わろうと考えている。善の半身は人がいいから悪の半身の言いなりになる。パメラは善の半身と悪の半身の両方ともと結婚することを受け入れる。

最後に、善の半身と悪の半身が決闘することになる。この決闘は変わったことになる。お互いの剣が誤って相手のはためくケープを刺し、どういうことかお互いの失われたところ、いわば自分自身と思われる側を容赦なく突き刺す。それでどちらも勝たない。しかし最後に自分たちが二つに切られた線を目がけて額から切り下し、お互いの剣で相手の血管を裂いて倒れる。一人の医者が血管をつなぎ合わせ、善の半身と悪の半身を一つにする。

このようにしてメダルド子爵は幸いにも一人の人間になる。そして善でも悪でもない一人の人間に完全に戻ったが、善い考えが悪い考えと混ざり合うようになった。その体や外見は二つに切られる前と同じだった。しかし、一つになる前の二つの半身であった経験から、いまやいっそう思慮深くなった。こうして話は大団円を迎える。

この物語の心理学的意味については詳細に考える必要がない。分離‐再統合の過程が示されている。そしてその過程にどれほど多くの困難が伴うか、およびそれがどれほど危険な作業であるか、そして女性の愛の必要なこと、が語られている。初めに善と悪の完全なスプリッティング状態がある。それが間もなく、葛藤と呼ぶのにふさわしい状態になり、再統合に向かって進み、スプリッティングは解消される。ここで示されたプロセスがそのまま、心理療法に生じるプロセスの象徴的なおきかえである。

もしそうならば、この物語は現代のスプリッティングの治療に役立つのではないか？　役に立つ、と私は確信している。しかし社会状況が、この物語の書かれた一九五二年とは著しく違っていることを認めねばならない。現在出会うスプリッティングに、これほどはっきりとした善悪のスプリッティングがあるだろうか？　たとえカルヴィーノのイメージに示唆されている、善が悪に勝つという単純な図式を超えた意味をあらかた受け入れても、現代のスプリッティングについて考える際には、善悪の対決という先の問題を超えてさらに検討する必要がある。

この物語のはじめには、正確に二つに分割されるくだりがあるから、善の半身と悪の半身の再統合のイメージは、スプリッティングと結びつけられている。そのプロセスを見るにつれて、それが先に述べた水平分割のイメージにかなり近いことが考えられる。そのプロセスは二重人格の治療に用いられるそれのようである。「対立物の統合」という表現はある種の理由で理解しやすく、都合よく用いられる。しかしそれとは違う考えについて検討したい。

スプリッティングの保持

すでに論じた片子の話は悲劇的な結末をもっていた。そこで、片子の自殺で終わらない話があるかどうか調べてみた。同じような話の第一番目では、片子は半分が鬼なので、日本では暮らせず父の国に帰った。これも一つの解決策である。しかし父の国に戻っても半分は日本人だから、おそらく同じような目に会う。

二番目の類話(7)の主人公の幼名は幸助である。結末は次の通りである。幸助は成長するにつれ、毎日、「お母、このごろどういうわけか、人が食いたくて我慢ならないから、俺を瓶に詰めて庭の隅に埋めてくれ。そして三年たったら掘り出してくれ」と言うようになった。母親はそんなことはできないと言うが、幸助は聞かない。そこで母親は不本意ながら彼を瓶に詰めて埋めた。三年後瓶を掘り出すと、中はお金でいっぱいだった。

子どもがお金に変わっても、幸福な出来事とはおそらく誰も思わない。しかしもう少し象徴的に考えてみよう。子どもの名前は幸助だった(日本語では幸福の幸と同じである)。それが縁起のよい結末を予想させる。なによりもこの物語では、瓶に詰めてくれと子ども自身が頼んだことに注目したい。これは、スプリットした自己自身が変容の過程に参入すること、を示唆する。どちらの半分とかスプリッティングがどう扱われるべきかの問題ではなく、スプリッティングの扱いを自己に委ねるケースなのである。「瓶詰め」にされるところはイタリアの民話に似ている。そこでは主人公の「裂かれた若者」と、同じようにスプリッティングに苦しむ王女が樽に詰められた。言いかえれば、樽の中にスプリッティングをしばらく保持することで、変容を待つのである。イタリアの民話では、この保持の後に奇跡が起こり主人公と王女は結婚する。日本の民話では、結婚に高い象徴的価値をおかないので(8)、お金(言いかえると、利用できるエネルギー)に変容する。

第三の類話がこの考えをさらに進めるのに役立つ。鬼のところから戻った後、子どもがいなくなる。その子を捜しているうちに、両親は疲れて眠り込む。神が夢の中に現われて告げる。「私がおまえ達を助けるために子どもになっていた。だから探すのをやめてよい」と。この話は、今までスプリットされていたものの化身——否定的な光のもとで見られていた半人間——が、肯定的《ポジティブ》な意味をもつ神として現実に現われたのだから、私は感銘を受けた。言いかえると、スプリッティングが肯定的《アファーマティブ》に評価されているのである。

先に紹介した南アフリカ、イボ族の話(ニーダムによる)は、おそらく半人間が肯定的に評価されているもの、と分類できる。儀礼がすむと半身が精霊になるという考えは、その人が普通の人とは異なる存在として選ばれていることを示す。精霊は人間とははるかに隔たっているので、統合されることはない。この半人間は疑いなく、人間にとって不可思議な行動をする。しかしそれは、他の人間と違う、より高いレベルを身につけているのである。

このように考えると、イタリアの民話で、魔女に持ち去られた半身が戻ってくることの語られない理由がわかる。魔女のところにある半存在の人間が統合されることはない。それはむしろ、魔女的存在と人間的存在のスプリッティングの経験の中に取り残されているのである。一方主人公は、普通の人間世界のレベルで一人の人間として機能するようになる。イタリアの民話では、魔女に対する鰻(もしくは海のヘビ)がいる。しかし鰻は完全な善ではない。裂かれた若者が王女に腹を立てたとき、彼女が妊娠するように助けるからである。最後にはよい行いへの動きがある。しかしいずれにしろ、善悪にはメダルド子爵の物語のような明らかな区別がなく、むしろ微妙なニュアンスをもつ。これに従えば、おそらく魔女を完全な悪とは決めつけられない。

日本の三番目の類話では、スプリッティングが神の領域になる。これは片子によって人間化されている。彼は神の領域へと帰っていくのであるが、それまでは人間として存在し現実生活に戻っている。同様の考えはイタリアの民話でも語られている。魔女のもとの半身は、最後までそこに留まるようである。

このように考えると片子の話の結末は、初めに指摘したほどに悲劇的ではない。自殺を文字通りにとると悲劇だが、象徴的に見るとスプリッティングに対する自己‐解決と解釈することもできる。見かけの変容が、後の鬼の侵入を防ぐことになる。鬼は捕まらなかったから、いつの日か別の方法で侵入してくるかもしれない。しかしその場合は、多分また新たな物語が始まる。

最後に、上述の話(および関連する物語)と心理療法における実際の問題とを比較しておきたい。今日生じているスプリッティングの特徴は、分裂した側面を単純な善悪の基準では判断できないことである。たとえば、私自身——西洋で学んだことと伝統的な資質とをもち合わせている日本人——にとって、何が善であり優れているのかについて判断を下すことは不可能であり、少なくとも私の経験からは、二つの人間を統合することはほとんどできない。先に紹介したおとぎ話から、スプリッティングは選択とか統合を目ざすのではなく、保持されること、そこからすばらしい例が生まれてくること、がわかる。スプリッティングは差し迫ったものであるが、通常の状態では、スプリットしていても一般に一人の人と見なされる。私にはこの種の経験がいくらかある。

境界例の患者にさえ、私は両方の方法を試みている。スプリッティングの状態を指摘しそれにどう対応するかを細かく考えるかわりに、何よりも重要なのは、治療者がスプリッティングの容器として存在することである。これがうまくいって、もはや治療者がどのように操作したか、どう扱ったかが問題にならなくなると、スプリットした内容がそれ自体変容しはじめる。これがプロセスの中で可能になるまで、私は誠実にそれに沿っていく。これをスローガンにすれば、スプリッティングは解消しようとするよりもむしろ保持すること、となる。

おとぎ話にもあるように、スプリッティングは危機をもたらす。しかも一方で、危機を通過する際の助けにもなり、新たなものを積極的に生み出す力さえもつ。これがわかると、治療者自身が自らの内界をうまく保持しつづけられる程度が、治療者としての能力に関わってくる。もしも持ち前のスプリッティングのない治療者が、患者のスプリッティングをできるだけ早く解消しようと努めれば、その治療者は単なる善意の人となり、患者は悪者役を押しつけられる。それによって治療者は善の半身、患者は悪の半身というスプリッティングが生じる。患者は、この不合理を責めるためにアクティング・アウトをくり返し、ますます悪の半身の行状をさらけ出し、悪循環が生じる。これを避けるために分離‐再統合のかわりに、保持‐変容の考えに従うことが実際の状況にいっそう合っている、と感じている。前者の場合には「終了」とか「完了」ということが経験されるが、後者の場合、せいぜい「時がきて終了した」と感じるぐらいで、ただの「完了」などない。もし人生をプロセスと考え、自己実現をゴールではなくプロセスと見るならば、こういうことは避けがたいのである。治療を無制限に続けるべきだ、と言うのではない。患者自身がスプリッティングの意味を理解し、保持し、自分で処理できるようになれば、おそらく会い続ける必要はない。治療者と患者の関係は解消し、彼らはそれぞれ自分自身のスプリッティングを抱きかかえ、共存の道を考えながら、各々の個性を踏まえて個々の道を歩んでいくのである。

（1） H. Kawai, *Buddhism and the Art of Psychotherapy*, College Station, TX: Texas A & M University Press, 1996.『ユング心理学と仏教』岩波書店、一九九五年。〔本著作集第三巻所収〕

（2） E. Neumann, *The Origins and History of Consciousness*, New York: Bollingen Foundation and Pantheon Books, 1954. 林道義訳『意識の起源史』上・下、紀伊国屋書店、一九八四年。

（3） 関敬吾編『日本昔話大成』全一二巻、角川書店、一九七八―八〇年。

（4） H. Kawai, *The Laughter of Oni*, in *The Japanese Psyche, Major Motifs in the Fairy Tales of Japan*, Dallas, TX: Spring Publications, Inc., 1988.

（5） R. Needham, *Reconnaissances*, Toronto, Ont: University of Toronto Press, 1980.

（6） I. Calvino, *Italian Folktales*, translated by George Martin, New York: Pantheon Books, 1956.

（7） 稲田浩二・小沢俊夫編『日本昔話通鑑 第四巻 宮城』同朋舎、一九八二年。

（8） 注4前掲書。

（三船直子訳）

初出一覧

序説　心理療法と現代　書き下ろし。

Ⅰ

心理療法入門　『講座心理療法』全八巻、二〇〇〇年一〇月―二〇〇一年五月、岩波書店。『心理療法入門』二〇〇二年二月、岩波書店刊、に所収。

Ⅱ

ブックガイド心理療法　『こころの科学』三〇号―四八号、一九九〇年九月―一九九三年三月、日本評論社、に連載。『ブックガイド心理療法』一九九三年七月、日本評論社刊、に所収。

Ⅲ

ユング派心理療法と日本文化　『精神療法』二一巻一号、一九九五年二月、金剛出版。『ユング派の臨床』二〇〇〇年二月、金剛出版刊、に所収。

日本文化における「見立て」と心理療法　『精神療法』二二巻二号、一九九六年四月、金剛出版。

聴き入る　『精神療法』二四巻六号、一九九八年一二月、金剛出版。

心理療法における「物語」の意義　『精神療法』二七巻一号、二〇〇一年二月、金剛出版。

心的外傷の癒しの彼岸　『臨床心理学大系　第17巻　心的外傷の臨床』二〇〇〇年八月、金子書房刊。

スプリッティング　『ユングの13人の弟子が今考えていること』二〇〇一年三月、ミネルヴァ書房刊。

■岩波オンデマンドブックス■

河合隼雄著作集 第II期 2
心理療法の展開

2002 年 9 月 5 日　第 1 刷発行
2015 年 12月10日　オンデマンド版発行

著　者　河合隼雄《かわいはやお》

発行者　岡 本　厚

発行所　株式会社　岩波書店
〒 101-8002 東京都千代田区一ツ橋 2-5-5
電話案内 03-5210-4000
http://www.iwanami.co.jp/

印刷／製本・法令印刷

ISBN 978-4-00-730334-0　　Printed in Japan